Meister Saint Germain

Das Tor zur körperlichen Transformation

Band 1

gechannelt von
Sibylle Weizenhöfer

ch. falk-verlag

Zum Schutze unseres Kanals versichern wir, dass alle unsere Aussagen eure eigene Glaubensfreiheit anzusprechen suchen, und wir nicht dazu raten, die äußeren Wege eurer bisherigen Medizin und Psychologie außer Acht zu lassen, wenn eure Seele glaubt, äußere Hilfe zu benötigen.

Unseren Worten zu folgen, ist eure eigene bewusste Entscheidung, die aus eurer eigenen bewussten Selbstverantwortung und somit eurem eigenen göttlichen Glauben auf Erden geboren werden sollte.

Es ist die goldene Zeit der bewussten Selbstverantwortung auf Erden, die stets von euch selbst bewusst übernommen werden darf und die wir nicht für euch übernehmen dürfen.

Denn nur der Weg der bewussten Selbstverantwortung wird euch den Weg in eure bewusste Schöpferkraft auf Erden ermöglichen.

Es lebe das göttliche Licht in euch!

Meister Saint Germain

Originalausgabe
© ch. falk-verlag, seeon 2005
2. Auflage, Juni 2005

Umschlaggestaltung: Ch. Falk und Ch.Riecken
            unter Verwendung eines Porträts von St. Germain
            mit freundlicher Genehmigung des R. Lippert-Verlags, 88639 Wald

Satz: Plejaden Publishing Service, Neetze
Druck: Druckerei Sonnenschein, Hersbruck
Printed in Germany
ISBN 3-89568-137-7

Inhalt

DIESES BUCH IST EINE EINWEIHUNG in das göttliche Mysterium, das sich durch euren Körper in dieser goldenen Zeit zu offenbaren sucht.

Wir sind bereit, euch in diesem Buch die notwendige Bewusstheit zu ermöglichen, die ihr benötigt, um euren physischen Körper bei seinem großartigen Transformationsprozess zu unterstützen.

Jede Seele durchlebt in dieser Zeit diesen einzigartigen Prozess. Mit unserem Wissen wird es euch möglich werden, diesen Prozess zu beschleunigen und eurer physischen Vollkommenheit zu begegnen.

Es ist das Erwachen eurer sakralen Energie, die euch zur Bewusstheit eurer eigenen Göttlichkeit führen wird.

Wir möchten euch mit diesem Buch an den großartigen Integrationsprozess erinnern, der vor 12.000 Jahren auf dieser Erde begonnen hat und die Aufgabe erfüllt, die sieben Strahlen Gottes und der Göttin in euch und um euch zu integrieren.

Der siebte und somit letzte Strahl Gottes und der Göttin, die violette Flamme in Tätigkeit, wird nun in euch seinen Einzug halten und somit den Abschluss einer großartigen Entwicklungsreise bilden, die ihr auf dieser Erde erfahren durftet.

Die körperliche Integration der göttlichen Strahlen in euch erfolgt über eure Chakren.

Wir führen euch in diesem Buch durch euren Körper, eure Chakren und somit zu eurer eigenen Weisheit, eurer Körperbewusstheit.

Wir werden euch darin unterstützen, die täglichen Botschaften zu entschlüsseln, die euch euer Körper zu übermitteln bereit ist.

Die Menschheit benötigt einen neuen Umgang mit ihrem Körper.

Alle bisherigen Wege eurer Medizin werden sich in dieser goldenen Zeit transformieren.

Denn so steht es geschrieben.

Ihr werdet lernen, eure Selbstheilungskräfte durch die Bewusstheit über eure eigene Göttlichkeit zu aktivieren.

Wir zeigen euch alle Heilmittel auf, die euch und euren Körper bei diesem Prozess unterstützen.

Euer Körper, er ist bereit!

Dieses Buch mag ein Lichtschalter sein, den ihr für euch und eure Entwicklung nutzen dürft, denn es werde Licht, so wie es euch von Anbeginn eurer Zeit prophezeit wurde.

Es werde Licht in euch.

So seid gegrüßt, meine geliebten Erdenkinder

Euer Meister Saint Germain

Das Tor zur körperlichen Transformation

So seid gegrüßt, meine geliebten Erdenkinder!

Nun ist der Zeitpunkt gekommen, euch weiter einzuführen in das Wissen über den Transformationsprozess dieser Erde.

Dieser Transformationsprozess beginnt in euch.

Er beginnt in eurem Körper.

Das Tor der göttlichen Transformation ist auch das Tor der Aussöhnung mit eurem irdischen, menschlichen Körper.

Wie großartig werdet ihr dieses Leben empfinden, empfangen und zu spüren in der Lage sein, wenn ihr den Weg der Aussöhnung mit eurem Körper gegangen seid!

Ihr werdet lernen dürfen, euren eigenen physischen Körper als Bestandteil des großen Mysteriums zu erkennen und zu verstehen.

Ihr werdet die Wunder der sakralen Energie erfahren, die in euren Körpern pulsiert und auf ihre große Befreiung wartet.

Ihr werdet diese Energie in euch aus ihrem Gefängnis der menschlichen Bewertung befreien und somit zu nutzen in der Lage sein.

Diese Entwicklung ist eine Vorsehung in eurem göttlichen Plan auf Erden.

Es ist ein wahrhaft großartiges Ereignis, auf das ihr euch, ob bewusst oder unbewusst, vorbereitet.

Es ist ein festgelegter Bestandteil in eurem goldenen Zeitalter.

Es ist der Weg der Manifestation der göttlichen Ekstase auf Erden.

Es ist der Weg der bewussten Verbundenheit mit eurem Schöpfer und eurer Schöpferin.

9

Bevor der Weg der Bewusstheit über euren Körper gegangen werden kann, braucht es das Erkennen eurer eigenen Unbewusstheit im Umgang mit eurem Körper.

Die Wunden in eurem Körper, die diese Bewusstheit über euren Körper in der Vergangenheit zu verhindern schienen, werden aufsteigen und den Weg in euer Bewusstsein antreten.

Euer Körper, er ist bereit!

Einige von euch erleben Juckreiz, wenn der Körper darauf aufmerksam zu machen versucht, dass ihm Körperkontakt, Streicheleinheiten fehlen.

Einige von euch erleben schmerzhafte Reaktionen, die sehr kurz sein können, wie ein Stich im Herz, wenn euer Körper sein Bedürfnis nach mehr Liebe zum Ausdruck bringt.

Einige von euch bekommen eine Gänsehaut, wenn eure lichten Helfer euren Körper berühren, um euch auf etwas aufmerksam zu machen.

Einige von euch niesen, wenn euer Körper eine getroffene Aussage oder Erkenntnis zu betonen versucht.

Euer irdischer Körper befindet sich in einem Prozess des Erwachens.

Er sucht den Weg der bewussten Integration.

Ist das nicht großartig?

Die oben genannten Beispiele mögen nur eine kleine Auswahl aus der grenzenlosen Fülle an Möglichkeiten sein, die eurem Körper zur Verfügung stehen, um euch seine Liebe und seine Hingabe an euch zu offenbaren.

Einige von euch werden größeren körperlichen Aufgaben gegenüberstehen, die für ihre Heilung einen längeren Zeitraum beanspruchen.

Ihr werdet lernen, die vollkommene Hingabe eures Körpers an euch mit eurem Vertrauen in ihn zu entlohnen.

Anerkennung und Dankbarkeit sind zwei der großen Schlüssel, die euch darin unterstützen, das Tor in das goldene Zeitalter weit für euch aufzustoßen.

Es braucht nur dein: Ich bin bereit!

Ihr werdet lernen, eure körperlichen Reaktionen nicht mehr mit einem der gängigen Krankheitsbilder zu identifizieren.

Es ist in Wahrheit der Glaube an euren Körper und seine Reaktionen, der euch die ersehnte Heilung auf Erden ermöglichen wird.

Zweifelt ihr an dem inneren oder äußeren Zustand eures Körpers, dann hat eine unerlöste Wunde in euch die Führung in eurer irdischen Realität übernommen.

Ihr dürft lernen, euch diesen Wunden liebevoll zuzuwenden, ohne euch mit ihren Illusionen über euch und euren Körper zu identifizieren.

Jeder Zweifel entspringt dem dunklen Pol der Dualität und ist in Wahrheit eine Illusion.

Es ist dabei nicht von Bedeutung, ob ihr an eurer Gesundheit oder eurer Schönheit zweifelt.

Die Illusion der Zweifel sind unerlöste Wunden in euch, die in dieser großen Zeit ihre Erlösung suchen.

Diese Wunden scheinen euch die Bewusstheit über eure eigene Göttlichkeit zu versperren.

Es ist eure Wahrheit, dass ihr Bestandteil der großen Einheit seid und somit die Vollkommenheit in euren Zellen gespeichert tragt.

Das goldene Zeitalter ist der Weg des wahren Glaubens.

Es ist eine eurer größten Wunden, die es in dieser goldenen Zeit zu transformieren gilt, glauben zu wollen, euer Körper wäre ein Feld der Unzulänglichkeit und der Fehler.

Ihr werdet lernen, euren Körper in Liebe, Geduld und voller Mitgefühl zu betrachten, um ihm wahrhaft begegnen zu können.

Es braucht nur dein: Ich bin bereit!

Das körperliche Tor der Transformation befindet sich in eurem 2. Chakra.

Es ist der Brennpunkt der violetten Flamme in eurem Körper.

Es ist das körperliche Zentrum, das dem violetten Strahl zugeordnet ist und sich somit unter unserer Führung befindet.

Mit dem Beginn des Wassermannzeitalters, das im Jahr 2000 eurer gegenwärtigen Zeitrechnung begonnen hat, erfolgt die Integration der violetten Flamme in eurem 2. Chakra.

Alle unerlösten Wunden in eurem 2. Chakra werden durch die Integration der violetten Flamme in eurem Körper aufsteigen.

Sie treten in euer Bewusstsein.

Ist das nicht großartig?

Im Licht der Bewusstheit findet jede Wunde ihre Transformation.

Für eure Heilung ist gesorgt.

Gottes und der Göttin Liebe zu euch ist grenzenlos.

Ihr dürft lernen, euch dieser unendlichen Liebe zu euch und euren göttlichen Eltern ganz und gar hinzugeben.

Die Zahl 2 symbolisiert die Essenz der Göttin auf Erden.

Die Integration und Annahme der Göttin in euch und um euch ist der Weg, den euch das goldene Zeitalter offenbaren wird.

Es ist der Weg, der euch zu der Bewusstheit über eure eigene Göttlichkeit führen wird.

Es ist der Abschluss einer sehr langen Reise, die euch zurückführen wird zu der Bewusstheit über Gott und die Göttin in und um euch.

Die Bewusstheit und die Erinnerung an eure eigene Göttlichkeit ist das Ziel einer sehr langen Entwicklungsreise, die hier auf dieser Erde vor 12.000 Jahren begonnen hat.

Vor 12.000 Jahren war die Menschheit in ihren Illusionen so weit von Gott und der Göttin entfernt, dass sich die Illusion von grenzenlosem Leid auf eurer Welt immer mehr ausdehnte.

Gott und die Göttin in ihrer grenzenlosen Liebe zu ihren geliebten Menschenkindern erschufen augenblicklich den Weg der Erlösung durch die Integration der göttlichen 7 Strahlen auf Erden.

Die 7 Strahlen Gottes und der Göttin wurden auf die Erde gelenkt, um sie zu durchdringen und die Menschheit durch diese stärkste Kraft im Universum wieder zurückzuführen zu ihrer göttlichen Wahrheit.

Der gesamte Integrationsprozess der sieben Strahlen auf Erden benötigt – in eurer gegenwärtigen Idee von Zeit – 14.000 Jahre.

Im Alten Testament existiert noch die Erinnerung und das Bildnis an diesen großen Neuanfang für die Menschheit durch die reinigende Kraft des Wassers, der großen Sintflut, die die Erde gereinigt hat, um neues Leben zu ermöglichen.

Die Taube des Friedens flog aus, um den neuen Morgen zu begrüßen.

12.000 eurer irdischen Jahre sind seit dem Beginn dieses großartigen Weges bereits vergangen.

Die letzten 2.000 Jahre haben begonnen.

Es ist die goldene Zeit, die euch wahre Fülle auf Erden ermöglichen wird.

Ist das nicht wundervoll!

Bereits zu Beginn dieser goldenen Endzeit, dem Beginn des Wassermannzeitalters, sind euch alle göttlichen Aspekte auf Erden zugänglich.

Die goldene Endzeit wird die Erfüllung des göttlichen Planes ermöglichen, die bewusste Integration der sieben göttlichen Flammen in den Menschenkindern.

Welch ein Segen für die gesamte Menschheit!

Ihr werdet lernen, das Tal eurer Illusionen und eurer Identifikationen zu verlassen, und erkennen dürfen, dass die Vollkommenheit, die ihr in eurer Vergangenheit zu stark im Außen zu erreichen gesucht habt, bereits in euch liegt und nur darauf wartet, durch eure Bewusstwerdung, durch euer Erwachen Befreiung zu erfahren.

Ihr seid bereit!

12.000 Jahre befindet sich eure Seele bereits in Übung und Vorbereitung.

Ihr dürft euch von euren menschlichen Illusionen eurer angeblichen Unzulänglichkeit nicht blenden, nicht in die Irre führen lassen.

Ihr geht den Weg aus der unbewussten Illusion des Opfer-Daseins in eure bewusste Wahrheit eures Schöpfer-Daseins.

Ihr seid Herr und Meister über euch und euer Leben.

Es braucht nur dein: Ich bin bereit!

Die Jahre 10.000 bis 12.000 nach dem großen Neuanfang für die Menschheit wurden von Meister Jesus Christus geführt.

In eurem gegenwärtigen Zeitkalender nennt ihr diesen Zeitraum das Jahr 0 bis 1999 nach Christus.

Es war von Anbeginn aller Zeiten Bestimmung, dass Meister Jesus seine Führung der Menschheit im Jahre 12.000 nach Beginn eures gegenwärtigen Weges an uns, Meister Saint Germain, übertragen wird.

In eurem gegenwärtigen Zeitkalender nennt ihr diesen Zeitpunkt der Übergabe das Jahr 2000 nach Christus.

Wir nutzen für euch die Illusion eurer Zeitrechnung, um euch einen Überblick über euren eigenen Entwicklungsweg zu ermöglichen.

Denn wie im Kleinen, so im Großen ist alles nach dem einen Bilde erschaffen.

Das irdische Leben ist ein Feld voller Spiegel und Symbole, die euch, wenn ihr bereit dazu seid, sie bewusst zu betrachten, alle das eine große Mysterium Gottes und der Göttin offenbaren, das es für euch zu erfahren gilt.

Ihr werdet lernen dürfen, den Tanz der göttlichen Bewusstheit zu tanzen, indem euer Bewusstsein jedes Detail eurer irdischen Realität als Bildnis, Erkenntnis oder Botschaft Gottes und der Göttin an euch zu erkennen und zu integrieren bereit ist.

Es braucht nur dein: Ich bin bereit!

Den größten Dienst in dieser goldenen Zeit wird euch bei diesem göttlichen Tanz euer eigener Körper erweisen.

Euer Körper ist das Sinnbild der göttlichen Schöpferkraft.

Er trägt die Schöpferkraft Gottes und der Göttin in sich vereint.

Ist das nicht großartig!

Er ist das Tor, das den Himmel und die Erde, das Wasser und das Feuer in sich vereinigt.

Er trägt alle Antworten auf alle eure Fragen in seinen Zellen gespeichert.

Euer göttlicher Plan ist in euren Körper-Zellen gespeichert.

Ihr dürft euch erlauben, mit dieser Weisheit, die euch durch euren Körper zur Verfügung steht, in bewussten Kontakt zu treten.

Erlaubt euch, bewusster mit eurem Körper zu verschmelzen.

Er ist Bestandteil eurer irdischen Einheit.

Er ist die notwendige Ausdrucksform eurer Seele auf dieser Erde.

Er ist die Verbindung zu eurem Planeten Erde.

Ihr dürft in ihm das große Mysterium eures irdischen Weges erfahren.

Es braucht nur dein: Ich bin bereit!

Das goldene Zeitalter ist das Zeitalter der göttlichen Bewusstwerdung.

Die violette Flamme der Transformation durchflutet allgegenwärtig eure gesamte Atmosphäre.

Das Licht der göttlichen Bewusstheit wird euch mehr und mehr durchdringen und alle Bereiche eures irdischen Seins erleuchten.

Ihr werdet göttliche Erkenntnisse und irdische Bewusstheit in eure irdische Realität gebären.

Es wird Licht, so wie es euch vor langer Zeit verkündet worden ist.

Die Menschheit wird golden erstrahlen, denn so ist es eure Bestimmung.

Ihr seid die göttlichen Kinder eurer göttlichen Eltern.

Die Menschheit befindet sich in dieser großartigen Zeit in einem schwangeren Zustand.

Ihr geht schwanger mit dem Licht der göttlichen Erkenntnis in euch.

Eure körperliche Empfangs- und Aussendungszentrale der violetten Flamme ist der untere Bauch und der Unterleib.

Einige von euch werden diese göttliche Schwangerschaft sogar an ihrem Körper beobachten können.

Betrachtet die Wölbungen, die einige von euch an ihrem Unterbauch erkennen können, nicht als etwas Unvollkommenes, meine geliebten Erdenkinder.

Betrachtet vielmehr diese göttlichen Schwangerschaften in euren irdischen Körpern voller Respekt.

Es ist ein großartiges Ereignis!

Ihr seid in der Lage, dieses große Mysterium der Bewusstwerdung, das eure Erde durchdringt, körperlich zu erfahren.

Es ist das Licht Gottes und der Göttin, das sich durch eure Erkenntnisse und eure Bewusstwerdung eurer selbst und eures irdischen Körpers in diese Welt hinein gebären möchte und gebären wird.

Euer Körper wird das Tor sein, durch das sich die göttliche Erkenntnis in die irdische Realität gebären wird.

Die Göttin in euch ist erwacht und bereit, das Licht Gottes in sich aufzunehmen und in diese Welt zu gebären.

Streichelt ein solches Wunder mit sanfter Zärtlichkeit, wenn ihr es an eurem Körper beobachten dürft.

Es ist der Samen Gottes, der sich in euch und durch euch in diese Welt gebären wird.

Es ist dabei nicht von Bedeutung, ob ihr in diesem Leben einen Männer- oder einen Frauenkörper gewählt habt.

Die Welt geht schwanger mit dem Licht der Erkenntnis und der Befreiung.

Ihr werdet Wege gebären, die sich auch und ganz besonders auf den bewussten Umgang mit eurem göttlichen Werkzeug, eurem irdischen Körper, beziehen.

Euer irdischer Körper, der euch für euren irdischen Weg geschenkt wurde, ist mit allem ausgestattet, das ihr benötigt, um eure Aufgaben auf Erden optimal erfüllen zu können.

Er ist die manifestierte Form eurer eigenen Seelenschwingung.

Aus eurer eigenen Seelenschwingung ergeben sich die Lebensaufgaben, die ihr euch für dieses Leben wählen durftet, bevor ihr dieses Leben angetreten seid.

Das Aussehen und die Reaktionen eures Körpers sind optimal auf euren göttlichen Plan ausgerichtet.

Die Illusion der Bewertung ist eine Wunde, die in dieser goldenen Zeit ihre Transformation erfahren wird.

Euer Körper ist Vollkommenheit in jeder Zelle und in jedem Augenblick eures Daseins, wenn ihr euch erlauben lernt, euren Fokus auf das höchste Licht in euch und um euch auszurichten.

Seine äußere Beschaffenheit und seine inneren und äußeren Reaktionen nehmen immer gerade die Form an, die ihr für euren Weg der Bewusstwerdung benötigt.

Sein Aussehen und seine Reaktionen sind somit immer wandlungsfähig.

Der göttliche Plan liegt in euren körperlichen Zellen gespeichert.

Euer Körper reagiert stets mit der erforderlichen Notwendigkeit auf die Lernaufgaben, die sich eure Seele für dieses Leben ausgewählt hat.

Euer Körper reagiert immer auch als Wegweiser, wenn ihr euch an einer Lebenskreuzung befindet und den rechten Weg noch nicht klar im Außen erkennen könnt.

Euer Körper ist die göttliche Führung in Tätigkeit.

Es ist an der Zeit, die göttliche Führung, die über euren Körper zum Ausdruck gelangt, in eurer irdischen Realität anzuerkennen.

Euer Körper gestaltet seine äußere Erscheinungsform immer in der Weise, dass ihr in euren äußeren Begegnungen den Reaktionen begegnet, mit denen eure Seele sich für dieses Leben oder nur für einen Augenblick auseinandersetzen möchte, um ihr Bewusstwerdung in den Bereichen zu ermöglichen, in denen ihr bisher noch Bewusstsein gefehlt hat.

Zwängt euren Körper nicht in eine vorgegebene Form eures Geistes.

Akzeptiert seine Veränderlichkeit.

Auf diese Weise kann er euch seinen höchsten Dienst erweisen.

Ihr werdet lernen, dass ihr eines Tages die Ausdrucksform eures Körpers über euren Geist selbst zu lenken in der Lage seid.

Ihr geht den Weg in eure bewusste Schöpferkraft.

Es braucht nur dein: Ich bin bereit!

Ich bin bereit, mich der göttlichen Führung in mir ganz und gar hinzugeben.

Das Tor des Friedens

Jesus Christus wählte sich 12 Jünger für seinen irdischen Weg.

Mit der Empfängnis von Jesus Christus durch seine Mutter Maria wurde eine neue Zeitrechnung für euch geboren.

Diese Zeitrechnung, die gegenwärtig noch immer Gültigkeit besitzt, basiert auf dem äußeren Kreis der 12 Monate.

Eure gesamte Zeit ist bereits seit der Empfängnis von Jesus Christus durch seine Mutter Maria erfüllt mit der Essenz der Zahl 12.

Der Weg von Jesus Christus entspricht dem Zeitraum 10.000 bis 12.000 nach dem großen Wendepunkt der Menschheit.

Es war die Aufgabe von Jesus Christus, die rubinrote Flamme, die auch die rubinrot-goldene Flamme genannt wird, in den Menschen und in diese Welt zu integrieren.

Denn wie innen so außen ist alles nach dem einen Bilde erschaffen.

Ihr dürft lernen, jedes Bildnis für euren Erkenntnisweg zu entschlüsseln.

Der Weg der Bewusstwerdung ist der Weg der wahren Meisterschaft.

Bereits durch die Empfängnis von Jesus Christus durch seine Mutter Maria war diese Flamme jedem Erdenmenschen zugänglich.

2000 Jahre wurden jeder erdgebundenen Seele Raum geschenkt, diese Integration der rubinroten Flamme in sich zu vollziehen.

Wir dürfen zu eurer Freude berichten, dass sehr, sehr viele Menschen diese Integration in sich abgeschlossen haben oder sich geradewegs auf dem Weg in das Tal der Entscheidung befinden, um diese Integration noch nachträglich vollziehen zu können.

Jede Seele, die ihre Entscheidung für den Weg des Friedens noch nicht getroffen hat, wird nun durch äußere Umstände in die Auseinandersetzung mit dem göttlichen Aspekt von Frieden geführt werden.

Für euren Fortschritt auf Erden ist gesorgt.

Ist das nicht großartig!

Ihr dürft lernen, euch dieser göttlichen Liebe, die eure gesamte Atmosphäre durchdringt, hinzugeben.

Es ist die Fähigkeit der wahren Empfänglichkeit, die ihr in euch für eure göttliche Befreiung entfalten lernt.

Es ist die Annahme der Göttin in euch und um euch.

Es ist der Geist Gottes, den ihr in euch zu empfangen sucht.

Wahre Empfänglichkeit erzeugt wahre Befruchtung.

Die wahre Befruchtung ist die Empfängnis Gottes in euch und um euch.

Es ist die Empfängnis des heiligen Geistes auf Erden.

Eure Welt benötigt keinen Richter mehr.

Denn bedenkt, dass das Maß, mit dem ihr messt, das Maß sein wird, mit dem ihr gemessen werdet.

Eure Identifikationen mit euren Bewertungssystemen rauben euch euren wahren Frieden.

Das ist die Botschaft, die euch Jesus Christus durch seinen Weg offenbarte.

Ihr seid bereit, diesen Weg für éuch und eure Seele zu beschreiten.

Euer Suchen zeigt eure wahre Bereitschaft.

Unsere Anerkennung und unsere Unterstützung an euch.

Ihr sucht in Wahrheit den einen Weg.

Es ist der Weg in die Bewusstheit über eure eigene Göttlichkeit.

Eure eigene Göttlichkeit, sie ist in euch, und sie wirkt durch euch in jedem einzelnen Augenblick eures Seins.

Die Bewusstwerdung eurer eigenen Göttlichkeit wird euch erlauben, euch und alle eure Brüder und Schwestern aus der Illusion von Schuld und Sühne zu befreien und euch an eure göttliche Wahrheit zu erinnern.

Ihr seid die göttlichen Kinder eurer göttlichen Eltern.
Die Einheit, die ihr sucht, sie war niemals verloren.
Gott und die Göttin sind in euch und um euch.
Frieden ist in euch und Frieden ist mit euch.

Ihr dürft lernen, euch aus allen Betrachtungsweisen zu lösen, die diese göttliche Wahrheit verleugnen.

Ihr seid das göttliche Licht in Tätigkeit.

Identifiziert euch nicht mit Illusionen von Versagen, Fehlern und mangelnder Kompetenz, sondern erlaubt euch, in aller Selbstliebe auf diese unerlösten Wunden in euch einzugehen, die euch dazu veranlassen, euch mit diesen Illusionen zu identifizieren.

Ihr seid die göttlichen Kinder in Übung.

Es gibt Erfahrungen, die euch aufzeigen, dass ihr in euch oder um euch noch mehr erreichen könnt, aber niemals unnötige Erfahrungen.

Es gibt Erfahrungen, die euch auf euren wahren Weg zurückführen, aber niemals bittere Erfahrungen.

Es gibt Erfahrungen, die euch das Angebot der Aussöhnung anbieten, aber niemals schmerzhafte Erfahrungen.

Es gibt Erfahrungen, die euch Wachstum ermöglichen, aber niemals Erfahrungen, die für eure Seele bedrohlich sein könnten.

Jede Erfahrung ist ein Fortschritt, aber niemals ein Rückschritt.

Jede Erfahrung bietet euch die Möglichkeit der Geburt der notwendigen Erkenntnis, die es für euren weiteren Fortschritt zu gebären gilt.

Dankbarkeit ist ein sehr großer Schlüssel, der euch in die göttlichen Sphären von Liebe und Wahrheit befördert.

Ihr werdet lernen, ihn in angemessener Weise für euch und euren Fortschritt zu verwenden.

Bewertet nicht eure Brüder und Schwestern, die die Aufgabe übernommen haben, euch mit euren Illusionen zu konfrontieren.

Ohne diese Konfrontationen gäbe es keinen Fortschritt für euch.

Erst durch eure Erfahrungen seid ihr in der Lage, euch und somit dieses Leben wahrhaft zu verstehen und zu transformieren.

Richtet euren Fokus auf euer wahres Ziel und erlaubt euch dann, euch zu vertrauen, dass ihr euer Ziel erreichen werdet.

Jedes Ziel, das der göttlichen Wahrheit entspricht ist, für euch erreichbar.

Es ist in Wahrheit nicht nur euer erreichbares Ziel, sondern vielmehr eure göttliche Bestimmung auf Erden.

Es ist göttliche Wahrheit, dass ihr Liebe, Frieden und alle anderen göttlichen Aspekte von Licht in euch tragt.

Ihr seid die göttlichen Kinder in Tätigkeit.

Wenn ihr euer Ziel klar und deutlich zum Ausdruck zu bringen bereit seid, dann wird eure Seele augenblicklich damit beginnen, alle Illusionen und damit verbundenen Wunden in euer Bewusstsein aufsteigen zu lassen, die euch daran hindern, dieses Selbstvertrauen in euer eigenes Ich-Selbst zu empfinden.

Im Licht der Bewusstheit wird jede Illusion und somit jede Wunde ihre Transformation erfahren.

Richtet euren Fokus auf diese göttliche Wahrheit aus, damit sie euer gesamtes Sein durchleuchten kann.

Jeder Vorgang in euch oder um euch, den ihr mit eurer eigenen Aufmerksamkeit versorgt, beginnt sich durch eure zugeführte Energie zu beschleunigen.

Ihr dürft euren Transformationsprozess durch eure Aufmerksamkeit und somit eure Konzentration unterstützen, damit er durch das Tor eurer Aufmerksamkeit in eure Realität fließen kann, um sich dort in ganzer Größe auszudehnen.

Das Tor der Aufmerksamkeit und der Konzentration ist ein wesentlicher Bestandteil bei der Manifestation eurer irdischen Realität und somit eurer irdischen Erfahrungen.

Ihr seid Herr und Meister über euch und euer Leben.

Ihr dürft freudig an die Arbeit gehen, die ihr euch für euch, euren Aufstieg und den Aufstieg der Erde vorgenommen habt, meine geliebten Erdenkinder.

Die göttliche Liebe und Aufmerksamkeit ist stets mit euch.

Die irdischen Erscheinungsformen, die ihr Kriege nennt, sind in Wahrheit eine Konfrontation mit euren eigenen inneren Wunden, die in dieser Welt ihre Heilung suchen.

Jeder Weg der Heilung benötigt das Aufsteigen eurer Wunden in eure Bewusstheit.

Bevor eine Illusion ihre Transformation erfahren kann, steigt sie in euer Bewusstsein auf.

Alle Wunden in euch, die euch daran hindern und gehindert haben, euch ganz und gar für den Weg des Friedens zu entscheiden, sind durch die heilende Kraft von Jesus Christus in euer Bewusstsein getreten.

Der Samen von Jesus Christus ist gesät und wird noch weiterhin gesät werden.

Die ersten Pflänzchen sind auf eurer Erde bereits sehr deutlich zu sehen.

Der Samen von Jesus Christus ist der göttliche Samen des göttlichen Friedens.

Wenn ihr sehen könntet, wie sich eure Seelen bereits voller Sehnsucht auf diese neue Zeit des wahren Friedens vorbereiten!

Der wahre Frieden, er ist so nah.

Bewertet nicht eure Brüder und Schwestern, die sich noch in den Illusionen der Wunden von Kampf befinden.

Es ist ein ganz und gar unwahrer und somit für euch sehr unangenehmer Zustand, in dem sich eine Seele aufhält, wenn sie sich mit diesen Illusionen identifiziert.

Die Intensität der Fähigkeit einer Seele, die Illusion von Schmerz in einer anderen Seele zu aktivieren, zeigt stets die Illusion des eigenen Grauens, in dem sich diese Seele aufhält und aufhalten muss, um auf diese Weise andere zu aktivieren.

Eine Seele, die eine andere Seele geistig, emotional oder körperlich schlägt, sucht einen kleinen oder größeren Bestandteil der Schläge, die sie empfangen hat, an andere abzugeben, weil sie sich gleichzeitig mit der Illusion verbunden hat, die Erlösung ihrer Wunden nicht empfangen zu können.

Die Seele beginnt in ihrer Illusion der Not, einen anderen Ausweg für ihr Überleben und ihre Befreiung zu suchen.

Es entsteht die Illusion der Wunde von Schwäche und Ohnmacht der eigenen Lebensaufgabe gegenüber.

Sie fühlt sich durch ihre eigenen Erfahrungen in ihrem Überleben bedroht. Diese Existenzangst wird in das Außen projiziert.

Durch ihre Wunden glaubt die Seele, im eigenen Inneren keine Heilung zu finden, und projiziert ihren Schmerz in das Außen in der Hoffnung, dort eine Erlösung zu finden.

Sie sucht sich bewusst, meist jedoch unbewusst eine Seele, an die sie einen Teil ihres Kummers abgeben kann.

Jede Seele, die die Verantwortung für ihre Erfahrungen und ihre daraus entstandenen Wunden nicht bewusst zu übernehmen bereit ist, geht bewusst oder unbewusst den Weg der Schmerzabgabe an andere.

Jeder von euch ist diesen Weg einmal gegangen.

Er wird von jeder Seele auf Erden gegangen, bis euch das Licht der Bewusstheit zu durchleuchten beginnt.

Er wird von jeder Seele auf Erden gegangen, bis die Erinnerung an eure wahre Natur erwacht.

Es ist der Weg aus dem animalischen Instinkt zu eurem göttlichen Instinkt.

Es ist der Weg aus eurer Grobstofflichkeit in eure Feinstofflichkeit.

Es ist der Weg von Jesus Christus.

Jesus Christus ist der Erlöser, der euch verkündet war.

Denn er ist der Weg.

Ihr seid die Kinder der göttlichen Liebe auf Erden, die diesem Pfad der Erlösung freudig folgen dürfen.

Das Licht der Bewusstheit beginnt jede Seele zu durchleuchten, wenn sie ihr Tor der Aufmerksamkeit dazu verwendet, sich dem Weg der Bewusstwerdung zuzuwenden.

Alles in euch und um euch beginnt sich augenblicklich auszudehnen, wenn ihr es mit eurer Aufmerksamkeit zu nähren beginnt.

Suchet und ihr werdet finden!

Das Leben ist ein vollkommenes Mysterium, das ihr für euch erforschen dürft.

Das göttliche Mysterium, es ist in euch.

Das göttliche Mysterium pulsiert in eurem Geist, in eurer Seele und in eurem menschlichen Körper.

Es braucht nur dein:**Ich bin bereit!**

Ich bin bereit, mich dem göttlichen Mysterium in mir und um mich ganz und gar hinzugeben!

Niemals wird eine Seele mehr oder alles von dem aktivierten Schmerz in sich abzugeben versuchen, den sie in sich aufgenommen hat.

Jede Seele ist auf Fortschritt und Transformation ausgerichtet.

Jede Seele ist eine Weiterentwicklung ihrer Ahnen, der Erzeuger ihrer körperlichen Hülle.

Jede Seele geht die notwendigen Schritte auf Erden, die ihr aufgrund ihres Entwicklungsstandes möglich sind, um dem Weg der Erlösung zu dienen.

Jede Seele hat sich in ihrer tiefen Wahrheit dazu verpflichtet, ihr Bestes zu geben.

Auch wenn diese Wahrheit tief in euer Unterbewusstsein abgetaucht ist, weil Wunden in euch in den Vordergrund getreten sind, bleibt diese Wahrheit dennoch immer aktiv.

Ihr seid die Kinder Gottes und der Göttin auf Erden.

Diese Wahrheit ist euer Geburtsrecht auf Erden.

Ihr göttlicher Funken ist in euch.

Gott und die Göttin sind die göttliche Vollkommenheit in Tätigkeit.

Ihre Lebenskraft fließt in euch und um euch.

Ihr seid Herr und Meister über euch und euer Leben.

Wenn sich eine Seele den Weg der Schmerzabgabe als Lebenserfahrung gewählt hat, bedient sie sich dabei ihrer Wahrheit über ihre Ganzheitlichkeit.

Einige Seelen versuchen ihren seelischen Schmerz auf der körperlichen Ebene abzugeben, andere Seelen suchen den seelischen Schmerz auf der mentalen Ebene abzugeben.

Alle Kombinationen zwischen eurer mentalen, emotionalen und physischen Ebene existieren in euren Illusionen, der Welt eurer unerlösten Wunden.

Es ist die Illusion der Getrenntheit, die ihr als so schmerzhaft empfindet, wenn sie in eure Realität zu treten scheint.

Um den Weg der Schmerzabgabe zu gehen, muss sich eine Seele die Illusion der Getrenntheit erzeugen, in der Feinde und nicht Brüder und Schwestern sie umgeben.

Ihr dürft lernen, euch in eurem Mitgefühl zu trainieren, wenn ihr solchen Seelenanteilen in euch begegnet oder in eurem Leben einer solchen Seele gegenübersteht, die noch so verhaftet ist mit der Illusion der Einsamkeit, dass sie in ihrer Not sogar dazu bereit ist, sich von ihren über alles geliebten Wahrheiten bewusst zu distanzieren.

Ihr dürft lernen, die Wunden von grenzenlosem Schmerz und Kummer, die sich euch in diesen Augenblicken zu offenbaren bereit sind, zu sehen.

Wir wissen um die wahre Größe eures göttlichen Mitgefühls in euch.

Richtet euren Fokus auf das Licht in euch, denn dann ist es in der Lage, durch euer Tor der Aufmerksamkeit in eure Realität zu fließen.

Das Licht in euch, es ist bereit!

Es ist bereit, in euer Bewusstsein zu treten, um euch an euren göttlichen Ursprung zu erinnern.

Damit sich das Licht von Mitgefühl und Barmherzigkeit in eurer Realität auch wahrhaftig erden kann, sucht es zuerst einen Anker in euch zu setzen.

Dieser Anker ist eure Bereitschaft, Mitgefühl für euch zu empfinden.

Wenn ihr dem Mitgefühl für euch selbst erlaubt, sich in euch auszudehnen, dann wird es aus euch in diese Welt fließen.

Es wird keinerlei Mühen mehr geben.

Wenn ihr nur versucht, ein Mitgefühl für andere zu leben, ohne euch selbst zu berücksichtigen, dann kann sich diese göttliche Fähigkeit in euch nicht wahrhaft und konstant mit eurer gesamten Bewusstheit verbinden.

Liebe Deinen Nächsten *wie Dich selbst*.

Es darf eure Aufgabe sein, diese göttliche Weisheit in euch zu aktivieren.

Eure wahre Liebesfähigkeit, der Weg der bewussten Liebe, wird euch offenbaren, dass es eure Liebe zu euch selbst ist, die über das Maß eurer Liebe zu eurem Außen bestimmt.

Eine Seele, die sich das Mitgefühl für das eigene Sein verweigert, verliert langfristig in ihrem Innersten den bewussten Kontakt zu dieser göttlichen Eigenschaft.

In Wahrheit empfangt ihr aus eurer göttlichen Quelle in jedem Augenblick die Energie des Mitgefühls für euch selbst.

Wenn ihr wegen unerlösten Wunden in euch daran glauben wollt, dass ihr über diese Eigenschaft der Selbstliebe nicht verfügt oder aber bewusst daran glauben wollt, diese Eigenschaft nicht leben zu können oder zu dürfen, dann beginnt sich diese unterdrückte Eigenschaft, die wir auch Energie nennen können, in euch zu verdichten.

Diese Verdichtungen bedeuten, dass neue Wunden entstehen oder sich alte Wunden vergrößern und ihre Realität zu erzeugen beginnen.

Es ist eine Realität, in der das Mitgefühl für euch nicht zu existieren scheint.

Eine Realität, in der das Mitgefühl für euch nicht zu existieren scheint, ist eine Illusion, die die Illusion von Unfrieden in euch erzeugt.

Ihr seid die bewussten oder unbewussten Schöpfer eurer Realität.

Ihr seid aber immer die Schöpfer eurer Realitäten.

In eurer Wahrheit bleibt der Kontakt zu eurer Quelle der göttlichen Barmherzigkeit stets erhalten.

Ihr dürft mit eurer ganzen Aufmerksamkeit in euch auf die Suche gehen.

Suchet und ihr werdet finden.

Findet den Frieden in euch und mit euch.

Wenn ihr euch für den Weg des wahren Mitgefühls für euch selbst entscheidet, dann wird wahrer Frieden eure Wahrheit sein.

Ihr seid die göttlichen Kinder in Übung.

Schenkt euch die göttliche Gnade und die göttliche Geduld, damit der göttliche Samen in euch ganz und gar in eurer Bewusstheit erblühen darf, meine geliebten Erdenkinder.

Wenn ihr euch den Illusionen von Bewertungen hinzugeben sucht, dann geschieht dieses meist aus den Wunden der unerlösten Schuldgefühle, der Selbstzweifel und des fehlenden Glaubens an das eigene Ich-Selbst.

Diese Wunden suchen ein Bewertungssystem zu erzeugen, das euch das Gefühl der Unschuld und des größeren Selbst-Wertes ermöglichen soll.

Dieser Weg trennt euch in eurer Bewusstheit von eurer göttlichen Wahrheit und eure inneren Wunden beginnen sich zu vergrößern.

Ihr dürft lernen, diesen Kreislauf zu durchbrechen.

Erlaubt euch, all´ euren großartigen Mut und eure wahre Bereitschaft zu nutzen, um in das Land der wahren Freiheit und Liebe zu fließen.

Das alte Wissen in euch, es ist erwacht.

Findet in euch die Kraft der Unterscheidung zwischen dem Begriff von Bewertung und dem Begriff der Benennung eines Dinges.

Der Weg der Benennung ist der Weg der Wahrheit und des Friedens.

Der Weg der Bewertung ist der Weg der Wunde und ihrer Illusion von fehlendem Selbstwert.

Ihr seid die göttlichen Kinder in Tätigkeit.

Die Kraft der klaren Unterscheidung will von euch in eurer irdischen Realität geschult werden.

Ihr dürft dieser Herausforderung mutig entgegentreten, und wisset um die göttliche Führung, die euch in jedem Augenblick eures Weges begleitet und nur darauf wartet, dass ihr euer Tor der Aufmerksamkeit dazu verwendet, diese göttliche Liebe und Unterstützung in euer bewusstes Leben fließen zu lassen.

Es ist wahrhaft eine goldene Zeit, die euch zu erheben beginnt.

Der Weg des Friedens, er ist in euch, in euren Seelen gespeichert.

Es ist nur eine Frage der Zeit, bis der gesamte Samen des Friedens auf dieser Erde aufgegangen ist und für euer menschliches Auge ganz und gar zu sehen sein wird.

Ihr dürft euch dem göttlichen Plan ganz und gar hingeben.

Für euren Frieden auf Erden ist gesorgt.

Gott und die Göttin wissen um euer Sehnen nach dieser göttlichen Wahrheit in eurer irdischen Realität.

Die großartige Gabe der göttlichen Geduld mag euch zielsicher in diese Wahrheit führen.

Es braucht nur dein: **Ich bin bereit!**

Ich bin bereit, meinen Fokus auf diese göttliche Wahrheit des göttlichen Friedens auszurichten, der sich in dieser Welt und in mir unaufhaltsam auszudehnen beginnt!

Ihr solltet euch nicht von euren Fernsehgeräten und euren Politikern in die Irre führen lassen und den Krieg und nicht den Frieden mit eurer Aufmerksamkeit versorgen.

Denn alles, auf das ihr euren Fokus ausrichtet, wird sich augenblicklich zu vergrößern beginnen.

Alle Seelen, die den bewussten Weg der Wahrheit zu gehen bereit sind, sollten sich darüber im Klaren sein, dass ihr durch eure Arbeit an euch selbst ein um Vieles größeres Energiefeld besitzt als eine Seele, die sich noch ganz und gar in der Illusion von Unbewusstheit befindet.

Ihr dürft lernen, mit euren Energien bewusster umzugehen.

Ihr seid Herr und Meister eurer eigenen Schöpferkraft.

Die neue Zeit benötigt eure Bereitschaft, das Höchste Licht in dieser Welt sehen zu wollen.

Gott und die Göttin in ihrer grenzenlosen Liebe zu euch begegnen euch in jedem Augenblick eurer irdischen Realität.

Ihr dürft lernen, eure Augen für ihre Liebe zu euch zu öffnen, um diese Liebe in das menschliche Bewusstsein zu integrieren.

Es braucht euren Mut und eure Bereitschaft, dieses irdische Dasein in das Paradies zu transformieren, das es von Anbeginn aller Zeiten immer gewesen ist.

Es braucht nur dein: Ich bin bereit!

Wenn ihr in euch oder um euch in eine Situation geratet, in der ihr die Illusion von Angriff oder Schmerzabgabe erfahren solltet, dann identifiziert euch nicht mit der Illusion von Angriff, Kampf oder Verteidigung, die euer Gegenüber in diesem Augenblick zu erzeugen beginnt, sondern mit der Wahrheit des Weges der Bewusstwerdung durch Erkenntnis, den ihr auf dieser Erde zu gehen sucht.

Eine Seele, die den Weg der Schmerzabgabe zu gehen sucht, ist in diesem Augenblick nicht in der Lage, euer wahres Ich-Selbst zu sehen, sondern reagiert aus ihrer eigenen Illusion heraus auf euch.

Erst wenn ihr euch persönlich angesprochen oder vielmehr angegriffen fühlt, erzeugt ihr eine Resonanz zu der Illusion des anderen.

Ihr beginnt einen Kampf, den ihr für euch führen zu müssen glaubt.

Euer Gegenüber sieht in diesem Augenblick jedoch in eurer Kampfbereitschaft seine Bestätigung für seinen Angriff.

Er erkennt in diesem Augenblick bewusst nur die Elemente, die seiner Ebene in diesem Augenblick entsprechen.

Er kann nur eure Kampfbereitschaft erkennen, die ihn in seiner Illusion bestätigt, dass die Menschen, die ihn umgeben, nicht seine Brüder und Schwestern sind, sondern seine Feinde, die gegen ihn kämpfen.

Ihr sucht aus eurer Perspektive vielleicht den anderen nur davon zu überzeugen, dass er im Unrecht sei in der Art und Weise seiner Reaktion auf euch.

Diese Sichtweise scheint jedoch für eine Seele, die in diesem Augenblick in ihrer Bewusstheit in der Illusion von Getrenntheit gefangen zu sein scheint, nicht zu greifen.

Es liegt außerhalb eurer Möglichkeit, die Verantwortung für die Entwicklung einer anderen Seele zu übernehmen.

Ihr kennt die wahren Namen ihrer für sie bestimmten Wege nicht, wenn ihr noch in euren eigenen Wunden gefangen seid.

In euch findet ihr jedoch die wahren Namen der *für euch* bestimmten Wege auf Erden.

Es liegt innerhalb eurer Möglichkeit und innerhalb eurer göttlichen Bestimmung, die Verantwortung für die Entwicklung eurer eigenen Seele zu übernehmen.

Ihr dürft die Verantwortung für eure eigenen Reaktionen tragen, nicht und niemals für die der anderen.

Ihr dürft den Weg des Friedens in euch und mit euch gehen, denn dann wird es Frieden sein, den ihr in diese Welt aussendet und in diese Welt ausstrahlt.

Ihr dürft euch auch erlauben, in dieser Welt die Führung in euren irdischen Situationen zu übernehmen, wenn ihr in euch zu einem Brennpunkt des göttlichen Friedens auf Erden geworden seid.

Der Frieden ist ein starker Lichtstrahl Gottes und der Göttin, der sich in eurer Bewusstheit zu festigen bereit ist.

Ihr dürft euch darin üben, den heiligen Geist in euch zu empfangen.

Jesus, der Christus ist in seiner Ur-Essenz dieser heilige Geist des Friedens.

Wenn ihr eure Brüder und Schwestern aus eurem wahrhaftigen Gefühl des Friedens heraus darauf aufmerksam werden lasst, dass ihr nicht für ihre Reaktionen auf euch verantwortlich seid, sondern nur für eure, dann beginnt ihr den Kreislauf von Kampf zu durchbrechen.

Ihr haltet eurem Gegenüber die andere Wange entgegen.

Ihr übergeht seine Ebene der Kampfansage und wechselt in die Realität des Vertrauens in die Göttlichkeit eures Gegenübers.

Jede Seele trägt in Wahrheit die Verantwortung für ihre Reaktionen vor Gottes und der Göttin Angesicht in jedem Augenblick ihrer Realität in sich.

Jede Seele trägt dieses Wissen, ob bewusst oder unbewusst, in ihren Zellen gespeichert.

Eine Seele, die Schmerz aussendet, erzeugt sich ihr eigenes Energiefeld von Schmerz, in dem sie so lange gefangen bleibt, bis sie bereit sein wird, diese für sie schmerzhafte Illusion zu verlassen.

Ihr dürft euren Brüdern und Schwestern vertrauen lernen.

Sie werden zu ihrer Zeit den Weg finden.

Ihr dürft sie jedoch stets an den Weg des wahren Friedens und des wahren Miteinanders erinnern.

Ihr dürft sie für einen Augenblick aus ihrer Illusion von Kampf erlösen.

Ihr dürft sie für einen Augenblick an ihre göttliche Wahrheit erinnern, die tief in ihrem Inneren darauf wartet, erwachen zu dürfen.

Jede Seele sehnt sich, ob bewusst oder unbewusst, nach dem göttlichen Erwachen in die göttliche Wahrheit.

Ihr dürft nur nicht entscheiden wollen, wann der Samen des Friedens, den ihr in diesem Augenblick in euch oder um euch gesät habt, in euch oder um euch aufgehen wird.

Einige menschliche Böden oder einige Aspekte in euch können verhärtet sein, und es kann für euch in euren Illusionen von Zeit viel Zeit sein, die es brauchen wird, bis das erste Pflänzchen die Oberfläche erreichen wird.

Es liegt nicht in eurer Hand und es sollte auch keine Macht über euer Leben besitzen, wie und in welcher Zeit andere um euch ihr Leben meistern.

Ihr dürft der göttlichen Führung in ihnen und um sie vertrauen.

Ihr steht auch nicht in einer Abhängigkeit von den Urteilen, die andere Seelen in ihrer Bewertung über euch fällen mögen.

Ihr seid nicht verantwortlich für die Bewertungssysteme der anderen.

Ihr geht den Weg des Erwachens und den Weg der Erinnerung an eure eigene Göttlichkeit und somit an eure eigene göttliche Weisheit in euch.

Ihr seid die göttlichen Kinder kurz vor dem großen Erwachen.

Das ist ein ganz und gar großartiger Augenblick, den ihr in dieser Zeit erfahren dürft.

Es ist Zeit zur wahren Freude, meine geliebten Erdenkinder!

Die Illusion der Abhängigkeit von den Reaktionen der anderen entsteht, wenn ihr von eurem Gegenüber bewusst oder unbewusst zu fordern beginnt, was ihr euch selbst bewusst oder unbewusst verweigert.

Eure Illusionen der Abhängigkeiten von den Reaktionen der anderen sind aus den Wunden in euch geboren worden, die aus der Verdichtung des eigenen Selbstvertrauens heraus entstanden sind.

Ihr seid in diesem Augenblick in der Illusion einer Wunde in euch gefangen, die euch bewusst oder unbewusst glauben lässt, dass ihr euch euer Recht und eure Wahrheit erkämpfen müsstet.

Ihr kämpft in so einem Augenblick in Wahrheit immer gegen euch selbst und gegen eure eigenen, meist unbewussten Überzeugungen von euch selbst.

Wenn ihr Situationen erfahren habt, in denen ihr euer Selbstvertrauen oder eure Selbstliebe scheinbar nicht leben durftet, beginnt ihr euren göttlichen Impuls des Selbstvertrauens oder der Selbstliebe zu unterdrücken und erzeugt damit Wunden in eurer Aura, also Verdichtungen eurer eigenen Seelen-Energie in eurem Seelenbild.

Ihr sucht dann durch das Außen zu empfangen, was ihr euch in Wahrheit selbst verweigert.

Dieser Weg ist ein Weg der menschlichen Illusionen.

In euch, mit euch und um euch liegt der Weg des Friedens.

Ihr seid Herr und Meister über euch und euer Leben.

Euer Leben darf ein Fest der Liebe und der Gnade sein, das es für euch zu feiern gilt.

Ihr seid die göttlichen Kinder in Übung.

Ihr dürft der göttlichen Führung in euch und um euch eure Bereitschaft verkünden, den Weg der göttlichen Freiheit in euch zu gebären.

Es braucht nur dein: Ich bin bereit!

Jede göttliche Wahrheit ist göttliche Gnade, auch dann, wenn das Gegenüber noch blind zu sein scheint für diese göttliche Wahrheit.

Ihr dürft euch dafür entscheiden, die wahre Bedeutung von Wahrheit, Gnade und somit von wahrem Mitgefühl in euch in euer Bewusstsein zu gebären.

Ihr dürft jede Situation in eurem Leben als Gelegenheit betrachten, diese Geburt der göttlichen Wahrheit in eure irdische Realität zu beschleunigen.

Bewertet nicht die Wege, die ihr für eure göttliche Bewusstwerdung gewählt habt, denn es ist eure Aufgabe, sie bei ihrem wahren Namen zu benennen, um ein bewusster Herr und Meister über euer Leben zu sein.

Es ist euer göttlicher Auftrag auf Erden, die wahren Namen der Energien zu kennen, die euch umgeben und die somit Bestandteil eurer eigenen Realität sind.

Kennt ihr die wahren Namen und somit die wahre Bedeutung der Dinge, die euch umgeben, dann seid ihr Herr und Meister über diese Dinge in eurer bewussten Wahrnehmung.

Ihr seid bewusster Herr und Meister über euch und euer Leben.

Ihr dürft euch eure ersten Schritte auf diesem goldenen Teppich der Freiheit erlauben, den Gott und die Göttin in ihrer grenzenlosen Liebe zu euch vor euch ausgerollt haben.

Ihr dürft lernen, euch in aller Liebe für euer Geburtsrecht, das die Empfängnis des göttlichen Friedens auf Erden als rechtmäßiges Erbe eurer eigenen Göttlichkeit beinhaltet, einzusetzen.

Ihr dürft lernen, den rechten Zeitpunkt zu erkennen, zu dem euer Leben euch aufzeigt, dass ihr euch für euren Frieden in eurem Leben einsetzen dürft.

Ihr dürft lernen, euch für euren Frieden nicht durch Kampf einzusetzen.

Ihr braucht niemanden von eurem Recht zu überzeugen, wenn ihr selbst daran zu glauben in der Lage seid.

Ihr dürft lernen, euer Leben aus dem Bedürfnis und eurem Recht auf Frieden zu gestalten.

Ihr braucht es euch nicht zu erkämpfen, indem ihr die anderen von eurem Recht zu überzeugen versucht.

Euer Leben ist ein Feld der täglichen Entscheidungen.

Die Entscheidung für oder gegen eine Handlung ist immer auch eine Entscheidung für oder gegen euren Frieden.

Ihr seid die göttlichen Kinder in Übung, den Weg der klaren Unterscheidung zu finden.

Ihr seid bereit, das göttliche Licht in eurem Bewusstsein zu empfangen.

Jede Situation eures irdischen Weges, die die Wunden von Unfrieden in euch aktiviert, zeigt stets auch gleichzeitig an, dass der Zeitpunkt für euch eingetreten ist, eine neue Entscheidung für euch und in euch zu treffen.

Die Entscheidung für die göttliche Wahrheit in euch und über euch wird alle notwendigen Handlungen und Reaktionen im Außen gebären, die ihr für die äußere Umsetzung eurer inneren Entscheidung benötigt.

Alle Wege dieser Welt in euch und um euch, die euch wahren Frieden ermöglichen, symbolisieren den Pfad der göttlichen Führung auf Erden für euch.

Jeder Weg eures Lebens ist bereit, von euch und in euch als Gelegenheit genutzt zu werden, den Weg des wahren Friedens in euer Bewusstsein zu gebären.

Ihr dürft alle Situationen eures Lebens dazu verwenden, euer eigenes göttliches Licht in cure Bewusstheit auszudehnen.

Ihr seid die göttlichen Kinder eurer göttlichen Eltern auf Erden.

Ihr dürft eurem innersten Sehnen nach göttlichem Frieden nachgeben und euch für die äußeren Situationen und somit für die inneren Einstellungen in euch entscheiden, von denen ihr glaubt, dass sie euch wahren Frieden ermöglichen.

Ihr seid die göttlichen Kinder in Übung.

Was ihr zu suchen beginnt, werdet ihr finden.

Euer Leben wird euch alle Situationen gebären, die ihr benötigt, um den Weg des Friedens für euch in euer Bewusstsein zu gebären.

Die göttliche Führung und Liebe ist bereit, euch auf eurem Erdenweg mit allem zu versorgen, was ihr an Erfahrung und Energie für eure Bewusstwerdung benötigt.

Ihr seid Herr und Meister über euch und euer Leben.

Ihr seid die göttliche Kraft in Tätigkeit.

Euer Leben ist darauf ausgerichtet, euer eigenes Licht in euer Bewusstsein zu transformieren.

Es braucht nur dein: Ich bin bereit!

Wenn ihr durch das Tor des Friedens in euch zu gehen bereit seid, kann sich auch für euch das Tor der Freiheit in seiner ganzen Fülle offenbaren.

Das Tor des Friedens führt euch in die goldenen Hallen der göttlichen Bewusstheit auf Erden.

Der Integration der rubinroten Flamme folgt die Integration der violetten Flamme.

Die Integration der violetten Flamme kennzeichnet den Abschluss einer langen Integrationsarbeit, die ihr auf dieser Erde erfahren durftet.

Es ist die bewusste Vereinigung mit Gott und der Göttin in euch und um euch.

Das Wassermannzeitalter der violetten Flamme hat begonnen.

Ihr seid ein fester Bestandteil dieses göttlichen Weges auf Erden.

Ihr dürft euch an eure eigene Wahrheit tief in eurem Herzen erinnern, die euch daran zu erinnern versucht, das Wunder dieser Zeit bewusst in euch aufzunehmen.

Ihr werdet lernen, eure bereits erleuchteten Aspekte und die Aspekte von euch, die das Tor des Friedens bereits durchschritten haben, in den Vordergrund eurer Aufmerksamkeit zu stellen und sie mit göttlichen Informationen zu nähren, damit sie die verwundeten Aspekte in euch durch ihre Liebe und ihre Weisheit in das Licht der Bewusstheit führen mögen.

Das ist ein Teil des Weges der göttlichen Transformation auf Erden, den ihr in euch gehen dürft.

Eure Seelen, sie sind bereit.

Jede Seele geht diesen großartigen Weg in ihrem eigenen Takt.

Bis zum Jahr 2100 nach Christus gemäß eurer Zeitvorstellung wird nun dieser großartige Integrationsprozess des Friedens in eurer irdischen Realität seinen Ausklang finden.

Seit 1900 nach Christus findet die violette Flamme ihren *Einklang* in eure irdische Realität.

Diese Überschneidung dieser zwei göttlichen Flammen in eurer irdischen Realität erzeugt einen alchemistischen Prozess in eurer gesamten Atmosphäre.

Die Flamme, die von euch die rubinrot-goldene Flamme genannt wird, vereint sich mit der violetten Flamme und erzeugt eine alchemistische Reaktion in eurer irdischen Realität.

Es entsteht das wahre Gold dieser Welt.

In Wahrheit ist die Flamme des sechsten Strahles rubinrot.

Die sieben göttlichen Strahlen fließen in ihrer göttlichen Anordnung, die ihr auch Reihenfolge nennen dürft, in einem großen Kreis zusammen.

Ihr dürft euch das wie einen Kuchen vorstellen, der in sieben gleich große Stücke geschnitten wird.

Jedes einzelne Stück entspricht einer Flamme, einem Strahl Gottes und der Göttin.

Das sechste Stück grenzt mit seiner linken Seite an das Stück, das dem fünften Strahl Gottes entspricht, und mit seiner rechten Seite grenzt es somit an den siebten Strahl Gottes.

In Wahrheit grenzen die Stücke jedoch nicht aneinander, sondern gehen ineinander über. An der Stelle, wo der sechste Strahl Gottes in den siebten Strahl Gottes überfließt, findet sich der goldene Streifen, der eure gegenwärtige Zeit kennzeichnet.

Der goldene Streifen entsteht durch die Vereinigung des rubinroten Strahles Gottes mit dem violetten Strahl.

Er ist kein direkter Bestandteil des rubinroten Strahles, sondern besitzt seine eigene Identität, seinen eigenen Zauber und seine eigene Magie.

Das wahre Gold eurer irdischen Realität ist der Zustand der göttlichen Erleuchtung in eurer irdischen Realität.

Es werde Licht.

So, wie es euch von Anbeginn aller Zeiten gesagt wurde.

Es ist die Zeit der göttlichen Erfüllung auf Erden.

Es ist die Zeit der bewussten Empfängnis des göttlichen Geistes in euch, in eurem Kelch eurer eigenen inneren Göttin, die euch diese Empfängnis ermöglichen wird und in Wahrheit immer ermöglicht hat.

Es ist das innere Grundbedürfnis nach Frieden in euch Menschen, das in euer Bewusstsein aktiviert worden ist und sich mit eurem inneren Grundbedürfnis nach Freiheit und Barmherzigkeit zu verbinden beginnt.

Es ist eure Aufgabe gewesen, die Erinnerung an den göttlichen Frieden in euch zu erwecken.

Es ist eure Aufgabe, euch an eure wahre göttliche Freiheit und eure göttliche Identität zu erinnern.

Keine Seele kann in einen irdischen Kampf verwickelt werden, wenn nicht in ihrem eigenen Inneren eine notwendige Resonanz zu dieser Erfahrung existiert.

Ihr seid Herr und Meister eurer eigenen Realität.

Ihr seid die göttlichen Kinder in Tätigkeit.

In diesem Jahrhundert werdet ihr euch von allen Bildnissen und Interpretationen in euch befreien, die euch daran hindern, den Weg des wahren Friedens in euch ganz und gar zu beschreiten.

Alle unbewussten Konflikte, die euren wahren Frieden verhindern, werden in euer Bewusstsein treten.

Wenn ihr die äußeren Kämpfe beobachtet, die sich auf dieser Erde in dieser Zeit abspielen werden, dann betrachtet diese mit dem göttlichen Auge der Weisheit und werdet nicht zu einem Schiedsgericht.

Wenn ihr euch mit einer Partei eines Krieges identifiziert, indem ihr eine Partei als wahrhaftiger empfindet, dann werdet ihr zu einem Bestandteil dieses Krieges und erzeugt durch eure Parteilichkeit eine Resonanz zu diesen Kämpfen.

Jegliche Parteilichkeit ist eine Frage der Bewertung.

Jede Bewertung erfolgt durch eine unerlöste Wunde in euch.

Wenn ihr nun mit diesen irdischen Kämpfen konfrontiert werdet oder sogar bewusst über ein Fernsehgerät den Kontakt sucht, dann richtet euren Fokus auf eure eigenen inneren und äußeren Reaktionen.

Jegliche innere oder äußere Reaktion oder Bewertung mag euch zu einer inneren Wunde führen, die Erlösung in euch sucht.

Eine Seele oder ein Seelenaspekt in euch oder um euch, der den Weg der Empfängnis der Illusion von Schmerz und Kummer beschreitet, ist gefangen in einer inneren Illusion über sich selbst und dieses Leben, die es zu durchbrechen gilt.

Das Tor des Friedens ist euch gegeben.

Ihr seid Herr und Meister über euch und euer Leben.

Die goldene Zeit hat für euch begonnen.

Sie beginnt in euch.

Ihr dürft lernen, ein göttlicher Brennpunkt des Friedens und der Freiheit auf Erden zu werden.

Ihr dürft golden erstrahlen in dem göttlichen Bewusstsein, das eure Erde in dieser großartigen Zeit durchdringt.

Gottes und der Göttin Segen ist mit euch.

Ihr seid die geliebten Kinder eurer göttlichen Eltern.

Das *Tor des Friedens* mag ein Wegweiser sein, den ihr immer zur Hand nehmen dürft, wenn ihr euch nicht in eurem Frieden befindet.

Ihr werdet in diesem Kapitel stets die Antwort finden können, die eure Seele sucht, um sich an ihre göttliche Wahrheit von Frieden zu erinnern.

Suchet und ihr werdet finden.

Ihr seid die göttlichen Kinder in Übung.

Frieden ist in euch und Frieden ist mit euch.

Ihr dürft eurem eigenen inneren Licht euer ganzes Vertrauen schenken, damit es gestärkt durch diese Anerkennung die bewusste Führung in eurem Leben übernehmen kann.

Dieses innere Licht ist euer höheres, göttliches Selbst.

Es ist der Aspekt eurer wahren Identität, der den Kontakt zu eurem göttlichen Ursprung niemals verloren hat.

Es ist die stärkste Kraft in euch, denn sie basiert auf dem göttlichen Fels der Wahrhaftigkeit, der unberührt jedes Unwetter eurer irdischen Illusionen übersteht.

So seid gegrüßt, meine geliebten Erdenkinder.

Die sieben Strahlen

Die sieben Strahlen Gottes und der Göttin bilden den magischen Kreis der Erlösung, der euch in die Bewusstheit über eure göttliche Wahrheit und somit in die Erinnerung und die Bewusstheit über eure wahre Natur zurückführen wird.

Die sieben Strahlen Gottes und der Göttin symbolisieren die göttliche Einheit von Gott und Göttin in ihrer wahren Zusammensetzung.

Es ist der Kreis der wahren Göttlichkeit.

Es ist der Kreis der wahren Einheit.

Diesen Kreis zu verstehen, seid ihr hier, meine geliebten Erdenkinder.

Diesen Kreis bei seinem wahren Namen zu benennen, ist die Aufgabe, die ihr alle zu erfüllen sucht.

Er ist die Antwort auf alle eure Fragen und auf all´ euer Suchen.

Ihr seid die göttlichen Kinder eurer göttlichen Eltern auf Erden.

Es ist eure Aufgabe, diesen magischen Kreis der wahren Göttlichkeit in euch zu aktivieren, um ihn in euer Bewusstsein und somit in eure irdische Realität zu gebären.

Ihr seid Herr und Meister über euch und euer Leben.

Ihr seid die göttlichen Kinder in Übung.

Gottes und der Göttin Licht wird euch den Weg weisen, denn ihr selbst tragt ihr Abbild und somit das Abbild des magischen Kreises in euch.

Wie oben so unten, alles ist nach dem einen Bilde erschaffen.

Die sieben Strahlen Gottes und der Göttin fließen in ihrer göttlichen Reihenfolge im Uhrzeigersinn zu einem großen Kreis zusammen und erzeugen somit den Kreis der göttlichen Vollkommenheit in eurer irdischen Realität.

Dieser göttliche Kreis umgibt euch und durchdringt eure gesamte Realität.

In den letzten 12.000 Jahren nach eurer gegenwärtigen Idee von Zeit wurden durch Veränderungen an eurem Gitternetz, dem Magnetfeld, das eure Erde umgibt, alle 2000 Jahre Veränderungen vorgenommen.

Jeder Eingriff, der also alle 2000 Jahre von Gott und der Göttin in ihrer Liebe zu euch vorgenommen wurde, hatte die Aufgabe zu erfüllen, einen Strahl Gottes und der Göttin in eure Atmosphäre, euer irdisches Magnetfeld zu integrieren.

Wir verwenden bewusst die Aussage: entsprechend eurer Idee von Zeit, weil euer Umgang mit dem Faktor Zeit zu viel Verwirrung in euren geschichtlichen Überlieferungen und Aufgliederungen geführt hat.

Es existiert ein fester Rhythmus, der dafür sorgt, dass in einem regelmäßigen Abstand ein Strahl Gottes und der Göttin in eure irdische Realität integriert wird.

Es ist der göttliche Rhythmus Gottes und der Göttin in eurer irdischen Realität.

Dieser Rhythmus ist eine feste Konstante innerhalb eurer irdischen Entwicklungsreise.

Euer Faktor Zeit ist eine Variable.

Nach eurer gegenwärtigen Idee und eurer gegenwärtigen Form von Zeit beträgt der Abstand zwischen den jeweiligen göttlichen Integrationsarbeiten 2000 Jahre.

Die Zahl 2 öffnet die Symbolebene der Göttin in euch und um euch.

Euer Faktor Zeit ist ein variabler Faktor, der durch jede Integrationsarbeit in seiner Form verändert werden kann, damit er auch das Feld symbolisiert und in euch aktiviert, das es in dem jeweiligen Integrationsprozess zu nähren gilt, um die jeweilige Integration zu ermöglichen.

Euer Leben ist ein vollkommenes Wunderwerk an göttlicher Vollkommenheit, das es für euch zu bestaunen gilt.

Das göttliche Gesetz: *wie oben so unten* sucht euch an dieses göttliche Wunderwerk zu erinnern, das euch umgibt.

Dieses göttliche Gesetz ist eine feste Konstante, wie auch der Rhythmus Gottes und der Göttin in eurer irdischen Realität eine feste Konstante stellen, die euch ermöglicht euch in eurer Realität zu orientieren.

Ihr findet in eurer irdischen Realität stets die Symbole, die es für euch zu entschlüsseln gilt, um den wahren Namen eurer Wege zu erkennen.

Eure Bereitschaft, den Weg der wahren Suche zu gehen, zeigt eure Bereitschaft, den Weg der bewussten Meisterschaft auf Erden zu beschreiten.

Ihr seid Herr und Meister über euch und euer Leben.

Der Weg von Jesus Christus, der den irdischen Integrationsprozess des 6. Strahles Gottes und der Göttin symbolisiert, begann durch die Empfängnis seiner Mutter Maria.

Mutter Maria empfing den heiligen Geist Gottes in ihrem irdischen Körper.

Der Fortschritt der Menschheit war möglich durch die Empfänglichkeit einer irdischen Göttin, die den reinen Geist Gottes in sich aufzunehmen in der Lage war.

Der 6. Strahl Gottes und der Göttin symbolisiert das Element Erde und ist in eurer Illusion der Dualität ein weiblicher Strahl.

Mutter Maria symbolisiert das Element Erde in eurer irdischen und somit körperlichen Realität in seiner wahren Göttlichkeit und in seiner wahren Größe.

Mutter Maria ist die irdische Verkörperung der großen, der einen Göttin in eurer irdischen Realität.

Mutter Maria empfing und gebar in ihrer göttlichen Weiblichkeit, ihrer göttlichen Empfänglichkeit, den heiligen Geist Gottes in eure irdische Realität.

Sie ist den irdischen Weg ihrer großen, der einen Mutter gegangen.
Sie ist die Tochter Erde, das irdische Kind der großen Göttin.

Jesus Christus ging seinen Weg mit seinen 12 Jüngern.
Die Zahl zwölf entspringt der Zahl 3.
$$1 + 2 = 3$$
12.000 Jahre nach dem großen Neuanfang für die Menschheit findet die Integration des 6. Strahles Gottes und der Göttin seinen Ausklang.
$$1 + 2 + 0 + 0 + 0 = 3$$
Der Ausklang endet 2100 nach der Geburt von Jesus Christus – oder vielmehr nach seiner Empfängnis.
$$2 + 1 + 0 + 0 = 3$$
Ausklang und Abschluss zeigen und sind stets das irdische Ziel einer göttlichen Integration.
Die Zahl 3 symbolisiert das Element Erde.
Das Element Erde findet ihr in euch in dem körperlichen Tor, das ihr das 3. Chakra nennt, dem Solarplexus.
$$3 = 3$$
Wie oben so unten, ist alles nach dem einen Bilde erschaffen.

Der Weg von Jesus Christus war stets eingebettet in die Essenz seiner irdischen Mutter Maria, die durch die Zahl 3 zum Ausdruck gelangt.
Denn er ist der Weg.
Diesen Weg in euch zu empfangen, benötigt die Empfänglichkeit der großen Göttin in euch und um euch.

Mutter Maria empfing den heiligen Geist Gottes in ihrer irdischen Verkörperung der großen Göttin und somit in ihrem Amt der irdischen Mutter.
Denn Er ist der Weg, den es für euch bewusst zu empfangen gilt.
Ihr seid die göttlichen Kinder eurer göttlichen Eltern.
Ihr seid die Schöpfer eurer eigenen irdischen Realität.

Mutter Maria symbolisiert die Zahl 3 und ist die irdische Ausdrucksform der großen Göttin.

Die Göttin symbolisiert die Zahl 2.

Wir zeigen euch die Spiegelebene der Zahlensymbolik, um euch mit dem göttlichen Gesetz: Wie oben so unten, ist alles nach dem einen Bilde erschaffen, vertraut werden zu lassen.

Euer Leben gleicht einem großen Saal voller Spiegel, in die es bewusst zu schauen gilt.

Denn der Wind trug es in seinem Bauche.

Ihr findet in jedem Augenblick die Eine Botschaft Gottes und der Göttin in dieser goldenen Zeit.

Es werde Licht!

Bevor die irdische Göttin den heiligen Geist Gottes in sich empfangen und somit gebären konnte, war es notwendig, dass der heilige Geist, den die Göttin in ihrer wahren Natur zu empfangen sucht, auch in eurer irdischen Realität eine Integration erfuhr.

Vor der Integration des 6. Strahles Gottes und der Göttin lag die Zeit der Integration des 5. Strahles Gottes und der Göttin in eure irdische Realität.

Der 5. Strahl Gottes und der Göttin symbolisiert das Element Luft.

Er ist in eurer Illusion der irdischen Dualität ein männlicher Strahl.

Das Element Luft symbolisiert Gott.

Gott wird symbolisiert durch die Zahl 1.

Über die Integration des irdischen Sohnes Gottes, des Elements Feuer, das dem 1. Strahl Gottes und der Göttin entspricht, folgte eine lange Zeit der göttlichen Integration, die die Erinnerung an den Einen Gott auf Erden ermöglichte.

Der 1. Strahl Gottes war der erste Strahl Gottes und der Göttin, der in eurer irdischen Realität Integration erfahren durfte.

Nach eurer gegenwärtigen Idee von Zeit war das vor 12.000 Jahren.

Nach der Integration des 1. Strahles Gottes und der Göttin in eure bewusste, irdische Realität folgte die Integration drei weiterer göttlicher Strahlen, bis die wahre Erinnerung an den einen, den wahren Gott auf Erden ausreichend in den Menschen erwacht war, um durch ihr Tor der irdischen Aufmerksamkeit ein Tor in eure irdische Realität zu manifestieren, durch das der heilige Geist Gottes, Jesus Christus, in eure irdische Atmosphäre gelangen konnte.

Der Integrationsweg des 5. Strahles Gottes und der Göttin auf Erden war darauf ausgerichtet, euren Fokus auf die bewusste Ankunft Gottes auf Erden zu richten.

Eure Realität hatte zu dieser Zeit somit die Funktion zu erfüllen, euch an den Einen, den wahren Gott zu erinnern.

Euer Faktor Zeit, der die Funktion erfüllt, euer Spiegel- und Resonanzgesetz auf Erden zu ermöglichen, benötigte eine ganz andere Form als die Zeit der Empfängnis von Jesus Christus auf Erden, in der die Empfänglichkeit der Göttin in euer Bewusstsein zu treten sucht.

In der Zeit 2000 bis 1 vor Jesus Christus Empfängnis auf Erden durch seine Mutter Maria existierte eine ganz andere Form von Zeit, als die eurer irdischen Gegenwart.

Der Übergang von dem 5. Strahl Gottes und der Göttin in den 6. Strahl Gottes und der Göttin hat eine Formveränderung in eurem Faktor Zeit benötigt.

Eine neue Zeitrechnung wurde in eurer irdischen Realität geboren.

Es hat viele Formveränderungen von Zeit in eurer irdischen Vergangenheit gegeben.

Euer irdischer Lebensweg gleicht einer goldenen Spirale der göttlichen Wandlung und Veränderung bis in das Tal eurer göttlichen Vollkommenheit.

Ihr seid das göttliche Licht in Tätigkeit.

Es braucht nur dein: Ich bin bereit!

In eurer gegenwärtigen Zeitrechnung verwendet ihr meist die Aussage: *nach Christi Geburt*, wenn ihr Zeitangaben über die letzten 2000 Jahre eurer irdischen Vergangenheit macht.

In Wahrheit begann eure neue Zeitrechnung schon mit der Empfängnis von Jesus Christus auf Erden durch den Körper seiner irdischen Mutter Maria.

Der Faktor Zeit erfüllt immer die Funktion, ein Spiegelbild eurer irdischen Wege und somit auch eurer irdischen Illusionen zu sein.

Eure menschliche Fehlinterpretation bei der Benennung eurer Zeit spiegelt euch eure größte Illusion, die es in dieser Zeit zu durchbrechen gilt.

Es werde Licht, meine geliebten Erdenkinder.

Es ist eine der größten irdischen Illusionen zu glauben, dass die Geburt von Jesus Christus und nicht die Empfängnis durch seine Mutter Maria der zeitliche Anfang eures gegenwärtigen Weges sei.

Die göttliche Empfängnis durch die irdische Weiblichkeit auf Erden wird in eurer Benennung der Dinge übergangen.

Wenn ihr euch in eurer irdischen Gegenwart umzusehen bereit seid, dann werdet ihr diese Fehlinterpretation der Dinge, die sich in eurer Fehlinterpretation der Benennung eurer Zeit spiegelt, erkennen können.

Die Göttin wird in vielen bewussten Interpretationen und Versuchen, dieses irdische Leben und seine Lernaufgaben zu benennen und somit zu meistern, übergangen oder begrenzt.

Diese Begrenzungen eurer irdischen Illusionen führen zu einer irdischen Begrenzung der Göttin in euch und um euch in eurem Bewusstsein.

Es ist die Göttin, die nicht ausreichend in eurem irdischen Bewusstsein und somit eurer Vorgehensweise, die Dinge, die euch umgeben, zu verstehen und somit zu benennen, integriert ist.

Der Faktor Zeit ist ein großartiges Spiegelfeld, das euch stets zu Diensten ist, um dieses Leben zu benennen.

Es ist die Wurzel eures gegenwärtigen Weges, die nicht ausreichend in eurer irdischen Realität betrachtet wird.

Die Wurzel und somit der wahre Ursprung aller Dinge lehrt euch die Benennung der Dinge.

Eure Wurzeln findet ihr in Gott und der Göttin.
Ihr seid die göttlichen Kinder in Tätigkeit.

Der Übergang vom 6. Strahl Gottes und der Göttin in den 7. Strahl Gottes und der Göttin benötigt keine direkte Veränderung in der Form eurer Zeit, denn die Energie, die ihr zu integrieren sucht, ist erneut ein Ausdruck der Einen Göttin.

Der Übergang in dieser Zeit benötigt eine Veränderung in der Geschwindigkeit eurer irdischen Zeit.

Die Mutter Erde ist die grobstoffliche Form der feinstofflichen Göttin.

Die Erhöhung der irdischen Geschwindigkeit durch den Faktor Zeit führt zu einer Beschleunigung eurer gesamten Energie auf Erden.

Ihr werdet feinstofflicher, so dass die irdische Tochter die göttliche Mutter in sich empfangen und in diese irdische Welt gebären wird.

Es werde Licht!

Ihr seid die göttlichen Kinder eurer göttlichen Eltern auf Erden.

Ihr werdet die Göttin in eurem irdischen Körper bewusst empfangen lernen, um sie in diese Welt zu gebären.

Die Göttin in euch und um euch wird aus der menschlichen Unbewusstheit in eure irdische Bewusstheit aufsteigen.

In dieser Bewusstheit, die Ihrer wahren Natur entspricht, wird Sie ihre wahre Form und somit Ihre wahre Vollkommenheit und Ihre wahre göttliche Größe in eurer irdischen Realität entfalten können.

Sie ist ein wesentlicher Bestandteil der göttlichen Bewusstheit, die euch durchdringt.

Sie ist ein wesentlicher Bestandteil der göttlichen Bewusstheit, die euch nährt.

Sie ist der göttliche Mutterschoß, dem ihr alle entsprungen seid.

Euer inneres Sehnen nach Ihr ist grenzenlos.

Eure wahre Liebe zu Ihr ist eure wahre Natur.

Alle Seelen, die Sie aus ihrem Bewusstsein verbannt haben, sind angefüllt mit Illusionen von Schmerz über diesen Verlust in ihrer unterdrückten Wahrheit und versuchen verzweifelt, irdische Kämpfe zu erzeugen, um einen Teil ihrer Illusionen der inneren Qualen abgeben zu können, den diese erzeugt haben.

Welch ein Segen für die Menschheit, dass *Sie* in eure Bewusstheit Ihren Einzug halten wird.

Friede wird es sein, der in euch ist.

Frieden wird es sein, der mit euch ist.

Die Göttin wird euch durch die Geburt ihrer wahren Form auf Erden eine neue Zeit gebären.

Die Göttin ist in euch, und die Göttin ist mit euch.

Ihr seid die göttlichen Kinder eurer göttlichen Eltern in Übung.

Ihr werdet lernen, als Herr und Meister über euch und euer Leben das Mysterium eures Lebens zu begrüßen.

Es braucht nur dein: Ich bin bereit!

Bei euren Erforschungen eurer irdischen Vergangenheit gehen viele Seelen davon aus, dass der Faktor Zeit eine Konstante ist.

Das ist eine irdische Illusion.

Alle Forschungsarbeiten, die aus dieser Illusion heraus geboren worden sind, können und konnten nur Illusionen gebären.

Was du säst, das erntest du.

Es existieren bei euch sehr viele Illusionen über die wahre zeitliche Reihenfolge eurer menschlichen Kulturen, Epochen und somit eurer menschlichen Wege in eurer irdischen Vergangenheit.

Diese Fehlgliederungen eurer irdischen Vergangenheit verhindern den wahren, bewussten Überblick über den goldenen Faden Gottes und der Göttin in ihrer irdischen Eindeutigkeit.

Das alte Wissen, es ist erwacht.

Ihr werdet in naher Zukunft viele neue Entdeckungen und Erkenntnisse über euren Faktor Zeit gewinnen, die dazu führen werden, dass eure Vergangenheit kein Labyrinth von menschlicher Verwirrung, sondern ein goldenes Fundament gebiert, das für euch euren irdischen Weg als einen vollkommenen Weg der göttlichen Führung und Bestimmung enthüllt.

Es werde Licht!

Es ist die Zeit des göttlichen Erwachens in eurer irdischen Realität.

Welch ein großartiges Ereignis, das ihr in dieser goldenen Zeit erfahren dürft!

Es ist die Zeit der wahren Enthüllung aller Dinge.

Es ist die Zeit der wahren Benennung aller Dinge.

Es ist die Zeit der wahren Erinnerung an euren wahren Ursprung.

Ihr seid die geliebten Kinder Gottes und der Göttin auf Erden, die, eingehüllt in die göttliche Liebe, dem eigenen Spiegelbild bewusst entgegentreten.

Es braucht nur dein: Ich bin bereit!

Mit dem Jahr 1900 nach der Empfängnis von Jesus Christus hat der Integrationsprozess des violetten Strahles Gottes und der Göttin in eurer irdischen Atmosphäre begonnen.

Man nennt diesen Zeitraum, der stets 100 Jahre vor dem irdischen Integrationszeitpunkt einer göttlichen Flamme auf Erden liegt, den *Einklang*.

Man nennt den Zeitraum, der stets 100 Jahre nach dem Abschluss einer göttlichen Integrationsarbeit auf Erden liegt, den *Ausklang*.

Der Einklang dient der Vorbereitung, die es euch Menschen ermöglicht, schon einmal erste Kontakte zu dem jeweiligen göttlichen Strahl, den es für euch Erdenkinder zu integrieren gilt, zu erhalten.

Es ist die göttliche Zeit der göttlichen Annäherung.

Der Ausklang ist die irdische Zeit, da die göttliche Energie eines Strahles Gottes und der Göttin auf Erden nachwirkt.

Die grobstofflichsten Bereiche eurer irdischen Realität finden in der Zeit des Ausklangs der Integrationsarbeit eines göttlichen Strahles auf

Erden ihren, meist unbewussten Kontakt zu der göttlichen Schöpferkraft eines Strahl Gottes und der Göttin.

Sie begeben sich zwangsläufig in die Auseinandersetzung mit der göttlichen Botschaft und dem göttlichen Auftrag, der in jedem Strahl Gottes und der Göttin enthalten ist.

In dieser irdischen Gegenwart ist es die *Botschaft über den wahren Frieden auf Erden*, den es in eurem Auftrag, den 6. Strahl Gottes und der Göttin in euch zu integrieren, auf Erden zu erfüllen gilt und galt.

Es ist die Zeit des Ausklanges des 6. Strahles Gottes und der Göttin auf Erden.

Alle unerlösten Wunden, die euch noch daran hindern, die göttliche Essenz von Frieden bewusst in euch und um euch zu erzeugen, werden nun in das Licht eurer Bewusstheit treten, um in diesem Licht ihre Transformation zu erfahren.

Für euren Fortschritt auf Erden ist gesorgt.

Gottes und der Göttin Liebe zu euch ist grenzenlos.

Jede Seele, der es bisher nicht gelungen war, einen Bestandteil der göttlichen Botschaft und der göttlichen Energie des 6. Strahles Gottes und der Göttin in sich zu integrieren, erhält nun Gelegenheit, dieses nachzuholen.

Ihr dürft voller Zuversicht sein, meine geliebten Erdenkinder.

Alles ist nach göttlichem Plan verlaufen.

Gottes und der Göttin Führung ist eine Säule aus reinem Licht, die euer ganzes Leben durchdringt.

Einige Seelen werden sich die Illusionen der Kriegsleiden manifestieren, um in diesen Illusionen von Qualen, häufig im letzten Augenblick, bevor ein irdisches Sterben sie ereilt, die rechte Entscheidung in ihrer irdischen Bewusstheit zu treffen.

Einige werden in den letzten Augenblicken ihrer gegenwärtigen Inkarnation erkennen und verstehen, dass es nicht Krieg, sondern Frieden ist, den ihr in euch und in dieser Welt bewusst zu finden und somit zu manifestieren sucht.

Sie werden in diesen großen Augenblicken erkennen und verstehen, dass Krieg keinen Frieden, sondern nur Krieg erzeugen kann.

Sie werden verstehen, dass ihre wahre Natur ihre Sehnsucht nach Frieden ist.

Sie werden diese Sehnsucht nach Frieden in ihrem eigenen Körper spüren.

Es werde Licht!

In der Zeitspanne, kurz bevor eine Seele die Erfahrung des irdischen Sterbens antritt, werden die Wände zu den göttlichen Sphären transparenter.

Euer Bezug zu eurer irdischen Realität beginnt sich sehr langsam zu lösen.

Bevor eine Seele ein irdischer Tod ereilt, hat immer eine Zeit der Vorbereitung stattgefunden.

Eure Seele kennt ihren Weg.

Jede Seele weiß, wenn auch unbewusst, wann ihr Zeitpunkt gekommen ist, diese Erde für einen kurzen oder längeren Augenblick in ihrer Bewusstheit zu verlassen.

Jede Seele trifft in dieser Zeit, der Zeit der Loslösung aus ihrer irdischen Realität und somit auch aus ihren irdischen Illusionen, ob bewusst oder unbewusst, ihre eigenen inneren und/oder äußeren Vorbereitungen, um sich in Frieden von dieser Erde lösen zu können und lösen zu wollen, wenn der Zeitpunkt ihres irdischen Todes gekommen ist.

In der Zeit der Vorbereitung auf einen irdischen Tod löst sich zuerst euer spiritueller Körper, dann euer mentaler Körper, danach euer emotionaler Körper und dann erst euer physischer Körper aus eurer irdischen Realität mit allen ihren Illusionen und Wunden.

Schritt für Schritt wird jeder Seele Gelegenheit gegeben, ihre einzelnen Energiefelder aus der irdischen Realität zu lösen.

Einige gehen diesen Weg bewusst.

Einige gehen diesen Weg unbewusst.

Vor euren gegenwärtigen Kulturen hat es viele Zeitalter gegeben, die euch diesen Weg gelehrt haben.

Eure Seelen tragen dieses Wissen und diesen Weg in ihren Zellen gespeichert.

Nur wenige Seelen weigern sich, diesen Weg der bewussten oder unbewussten Loslösung aus eurer irdischen Realität zu beschreiten.

Der irdische Schock, der sie dann ereilt, wenn sie der Augenblick des Todes scheinbar vollkommen überraschend trifft, wird dazu führen, dass in ihrer irdischen Seele eine neue Wunde entsteht, die in ihrer nächsten irdischen Inkarnation dafür sorgen wird, dass sich die Seele mit dem Weg des Sterbens und der Loslösung aus dem irdischen Körper auseinandersetzt.

Es benötigt nicht und niemals eure Bewertung in der Betrachtung der Dinge, meine geliebten Erdenkinder, sondern eure Fähigkeit, die Dinge eures Lebens zu benennen, um die göttlichen Wahrheiten in ihrer Vollkommenheit für euch zu erfahren.

Es werde Licht!

Ihr seid die göttlichen Kinder in Übung kurz vor ihrem großen Augenblick der wahren Erfüllung auf Erden.

Es braucht nur dein: Ich bin bereit!

Jede Seele, der es nicht gelingen wird, einen Bestandteil des 6. Strahles Gottes und der Göttin in ihre Bewusstheit zu integrieren, wird den bewussten Kontakt und somit die Resonanz zu diesem Planeten Erde verlieren. Sie werden in göttlicher Liebe und göttlicher Fürsorge zu einem anderen Übungsplaneten geleitet werden.

Dort wird eine jede Seele ihren wahren Weg finden.

Wenn dieser Weg von ihnen gefunden wurde, werden sie in aller Frische zu euch zurückkehren.

Ihr dürft dem göttlichen Plan euer wahres Urvertrauen offenbaren.

Der große Kreis Gottes und der Göttin hat angefangen, sich in eurer irdischen Realität bewusst zu schließen.

Der große Kreis Gottes und der Göttin schließt sich in euch, und er schließt sich um euch.

Der große Kreis Gottes und der Göttin schließt sich in dieser goldenen Zeit.

Welch ein göttlicher Zauber, meine geliebten Erdenkinder.

Ist das nicht großartig?

Euer irdisches Leben ist wahrhaft ein Meisterwerk an göttlicher Vollkommenheit in Tätigkeit.

Der violette Strahl ist der siebte und somit letzte Strahl Gottes und der Göttin, der in eurer irdischen Realität bewusste Integration erfahren wird.

Das Werk Gottes und der Göttin, es ist vollbracht!

Der Kreis ist ein Symbol der Weiblichkeit.

Der Kreis ist das reine Gefäß der Göttin, das die Energien Gottes in ihrer wahren Reihenfolge, in ihrem rechten Maß und in ihrer wahren Beschaffenheit nacheinander und miteinander aufnimmt und verbindet.

Es entsteht eine alchemistische Reaktion, die das göttliche Eine, das wahre Gold in euch und um euch erzeugt.

Es ist das Gold der wahren Erleuchtung.

Es ist das Gold der wahren Erkenntnis.

Es ist die Vereinigung Gottes und der Göttin auf Erden.

Es ist die Vereinigung Gottes und der Göttin in euch.

Es ist der Weg aus eurer irdischen Dualität in die Wahrheit über eure Einheit, euer Eins-Sein mit Gott und der Göttin, die euch in allem begegnet, das in euch und um euch ist.

Euer Erdenplanet ist ein weiblicher Planet, der darauf ausgerichtet ist, die Erfahrung der Empfänglichkeit durch die Befruchtung Gottes zu erfahren.

Ihr dürft euch in ganzer Hingabe dieser göttlichen Wahrheit zuwenden und sie durch euer irdisches Tor der Aufmerksamkeit bewusst in eure irdische Realität manifestieren.

Ihr dürft offen, frei und bewusst diesen Fluss des wahren Lebens in eurem Leben begrüßen.

Er führt euch in das goldene Land der göttlichen Bewusstheit auf Erden.

Es werde Licht!

In eurer gegenwärtigen Zeit 1900 nach der Empfängnis von Jesus Christus begann die irdische Zeit des *Einklanges* der violetten Flamme in die irdische Atmosphäre.

Zu diesem Zeitpunkt gelang es den ersten Menschenkindern bewusst, die ersten Botschaften über den göttlichen Kreis und seine sieben Strahlen zu empfangen.

Ihr Bewusstsein suchte den Kontakt zu Gott und der Göttin, und durch die wahre Bereitschaft in ihnen, dem Einen Wahren zu begegnen, vergrößerte sich ihr göttliches Energiefeld, und dieses gelangte in den Kontakt mit der violetten Flamme, die sich eurer irdischen Realität zu nähern begann.

Ihr innerer göttlicher Kreis empfing die Energie der violetten Flamme, um sich zu vervollständigen, und sie erzeugten die ersten Erfahrungen über ihre und somit eure wahre Göttlichkeit.

Sie erzeugten die ersten Erfahrungen der wahren Verbundenheit mit Gott und der Göttin.

Wesentlich war in der Zeit des Einklanges des 7. Strahles Gottes und der Göttin nicht der Inhalt ihrer Empfängnis im Detail, sondern vielmehr die Empfängnis selbst, derer sie teilhaftig werden durften.

Sie waren die Sendboten der neuen goldenen Zeit auf Erden, die euch aufzeigen durften, dass der Weg der Empfänglichkeit für die Botschaften und somit für den Samen Gottes in euch möglich ist.

Sie haben den heiligen Geist Gottes in sich empfangen und somit neue Wege für die Menschheit geboren.

Sie haben euch den Aspekt der Göttin in euch und um euch in ihrer wahren Empfänglichkeit des Samens Gottes auf Erden offenbart.

Es braucht nur dein: Ich bin bereit!

Die Jahre 2000 bis 2012 in eurer gegenwärtigen Zeit erfüllen eine besondere Aufgabe in euch und um euch.

Jedes Jahr aktiviert altes göttliches Wissen in euch und um euch, oder auch in Einzelnen, das es in diese Welt zu gebären gilt.

Die göttliche Bibel will neu geschrieben werden oder vielmehr ergänzt und neu verstanden werden für diese neue goldene Zeit auf Erden, die sich euch zu offenbaren begonnen hat.

Es ist die Gebrauchsanweisung für die Umsetzung eures weiteren göttlichen Weges auf Erden, die sich in diesen zwölf Jahren gebären wird.

Mögen unsere Worte ein wesentlicher Bestandteil innerhalb dieser göttlichen Aufgabe sein.

Ihr sucht den Kreis der göttlichen Vollkommenheit in eure irdische Welt zu gebären.

Jeder Strahl Gottes und der Göttin des göttlichen Kreises der göttlichen Vollkommenheit in euch und um euch ist ein göttlicher Aspekt, den es für euch in euch und um euch zu benennen gilt, um zu einem Herrn und Meister über euch und euer Leben zu werden.

Jeder Strahl Gottes und der Göttin symbolisiert eines der großen göttlichen Haupttore, die es in euch und um euch zu durchschreiten gilt.

Ihr seid Herr und Meister über euch und euer Leben.

Es braucht nur dein: Ich bin bereit!

Ihr seid den Weg der Selbst-Zersplitterung gegangen, um durch den Weg der Selbst-Bewusstwerdung alle Aspekte eurer göttlichen Wahrheit in ihrer wahren Rezeptur wieder bewusst zusammenzufügen.

Es ist der Weg der göttlichen Bewusstwerdung aller Dinge.

Es ist der Weg der göttlichen Bewusstwerdung auf Erden.

In euch und um euch gilt es, eure wahren sieben göttlichen Aspekte in ihrem rechten Maß, in ihrer wahren Reihenfolge und in ihrer wahren Beschaffenheit miteinander zu verbinden.

Die göttliche Liebe für euch ist allumfassend und allgegenwärtig.

Ihr seid Herr und Meister über euch und euer Leben.

Der 1. Strahl Gottes und der Göttin

Vor 12.000 Jahren – in eurer Idee von Zeit – war Noah mit seiner Arche auf Atlantis gestrandet.

Jedem Strahl Gottes und der Göttin ist ein irdischer Meister oder eine irdische Meisterin zugeordnet.

Die göttlichen Meister erfüllen und erfüllten stets die Funktion, die Menschen in ihrer irdischen Bewusstheit mit der Energie des göttlichen Strahles auf Erden in Kontakt zu bringen und somit zu verbinden, dem sie entsprechen.

Noah war eine Inkarnation des Meisters *El Morya*.

Meister El Morya ist der Meister des 1. Strahles Gottes und der Göttin.

Der 1. Strahl Gottes und der Göttin ist der erste göttliche Strahl, der auf und in eurer Erde Integration erfahren durfte.

Das war nach eurer Zeitvorstellung vor sehr, sehr langer Zeit.

Alles ist nach göttlichem Plan verlaufen.

Das große Werk, es ist vollbracht!

Es braucht nur noch sehr wenige Schritte zum großen Lichtschalter in eurem Bewusstsein.

Es werde Licht!

Es braucht nur dein: Ich bin bereit!

Jeder Strahl Gottes und der Göttin steht unter der Führung eines der sieben großen Erzengel Gottes und der Göttin.

Erzengel sind androgyn und somit weder männlich noch weiblich.

Sie besitzen keine duale Spaltung, sondern symbolisieren stets die göttliche Wahrheit der Vereinigung von Gott und der Göttin in Tätigkeit.

In der göttlichen Wahrheit ist keine Trennung möglich.

Dualität und somit Getrenntheit ist eine irdische Illusion, die es euch auf Erden ermöglicht, die einzelnen Bestandteile der göttlichen Einheit in allen ihren Formen zu erfahren und somit zu benennen, um selbst ein Herr und Meister über diese göttlichen Aspekte zu werden, die in euch sind.

Ihr seid die göttlichen Kinder in Übung.

Ihr seid das Licht der göttlichen Wahrheit und der göttlichen Energie in eurer göttlichen Wahrhaftigkeit.

Die Erzengel der sieben göttlichen Strahlen haben das Licht und somit die Wahrheit Gottes und der Göttin niemals verlassen.

Sie sind das Licht Gottes und der Göttin in Tätigkeit.

Sie sind der verkörperte Aspekt eines göttlichen Strahles in seiner göttlichen Wahrhaftigkeit und in seiner göttlichen Vollkommenheit.

Sie besitzen keinen irdischen, sondern einen feinstofflichen Körper.

Ihr feinstofflicher Körper ist das Energiefeld ihres eigenen göttlichen Strahles der göttlichen Einheit, der sich für euch und in euch als göttlicher Kreis offenbart.

Sie sind der göttliche Anker, der jenseits aller irdischen Erfahrungen stets unberührt in der göttlichen Wahrhaftigkeit ruht und somit die göttliche Führung stets bewahrt und erfüllt, auch und besonders in eurer irdischen Realität.

Eure göttliche Führung ist stets die Wahrheit eurer irdischen Wege.

Eingehüllt in diese göttliche Führung erfüllen sich alle göttlichen Ankündigungen.

Es werde Licht!

Die Meister und Meisterinnen eines Strahles Gottes und der Göttin sind das Bindeglied zwischen dieser göttlichen Wahrhaftigkeit eines göttlichen Strahles und dieser Erde.

Sie haben alle einige Inkarnationen auf dieser Erde verbracht und sind alle den Weg aus der irdischen Grobstofflichkeit in die göttliche Feinstofflichkeit aus ihrer eigenen göttlichen Energie auf Erden gegangen.

Sie kennen alle eure Illusionen und alle eure Wahrheiten.

Sie sind allen Illusionen begegnet, die eure Erde hervorzubringen in der Lage ist.

Sie haben die irdischen Wege der Erlösung für ihren Strahl Gottes und der Göttin auf Erden geboren.

Sie waren und sind die Sendboten Gottes und der Göttin auf Erden.

Sie sind eure größten Helfer auf Erden in dieser großartigen Zeit.

Sie sind voller Liebe zu euch bereit, euch in jedem Augenblick zu Hilfe zu eilen, wenn Illusionen euch daran zu hindern scheinen, einen der göttlichen Strahlen in der rechten Beschaffenheit, im rechten Maß und/oder zum rechten Zeitpunkt in euer Bewusstsein zu integrieren.

Es braucht nur dein: Ich bin bereit!

Der Meister des 1. Strahles Gottes und der Göttin, Meister El Morya, wird nun bereit sein, euch einzuführen in die Macht Gottes und der Göttin, die durch den 1. Strahl Gottes und der Göttin zum Ausdruck gelangt.

Meister Saint Germain

So seid gegrüßt, meine geliebten Erdenkinder.

Zu der Zeit unserer irdischen Inkarnation als Noah waren wir bereits ein irdischer Stellvertreter des 1. Strahles Gottes und der Göttin auf Erden.

Da wir in dieser Inkarnation über einen irdischen Körper verfügt haben, werden wir in unseren Worten, in denen wir über diese Zeit sprechen, die wir als Noah erfahren haben, die Ich-Form verwenden.

Der irdische Körper ermöglicht einer Seele die Illusion der Ich-Erfahrung.

In der göttlichen Wahrheit seid ihr immer ein *Wir*.

Auch wenn ihr gerade zu glauben scheint, dass ihr ein einzelnes Ich wäret, dann lasst euch nicht von dieser Illusion täuschen.

Wir alle sind das Eine, das Große, das Göttliche.

Alles ist ineinander und miteinander vereint.

Das ist der Wille Gottes und der Göttin in euch und um euch.

Ihr könnt nicht andere zum Lachen bringen, ohne dass sich auf eurem eigenen Gesicht ein Lächeln ausbreitet.

Ihr könnt nicht andere verletzen, ohne euch selbst damit zu verletzen.

Es benötigt keinen Kampf auf Erden, um eure göttliche Kraft, eure göttliche Stärke, eure göttliche Disziplin und euren göttlichen Mut zu präsentieren.

Die irdische Idee von Kampf erzeugt immer die Illusion von Schwäche und die Illusion von Feigheit in eurem Leben.

Viele Kämpfe werden in euren unausgesprochenen Gedanken und Gefühlen geführt, die ihr heimlich führen zu können glaubt, ohne dass dieses Folgen hätte.

Es gilt nicht zu kämpfen auf dieser göttlichen Erde!

Ihr seid die göttliche Einheit in Tätigkeit auf Erden.

Das ist der Wille Gottes und der Göttin, der in jedem von euch pulsiert.

Das ist der Wille Gottes und der Göttin, der in jeder Zelle eures irdischen Körpers und eurer feinstofflichen Körper schwingt.

Wenn ihr gegen den Willen Gottes und der Göttin in euch oder um euch handelt, dann schwächt ihr eure eigenen körperlichen und feinstofflichen Zellen.

Diese Schwächung erzeugt die Illusion von Ohnmacht.

Jede Seele verliert in einem solchen Augenblick den bewussten Kontakt zu ihrer göttlichen Wahrheit und somit zu ihrer irdischen Führung in ihrem gegenwärtigen Leben auf Erden.

Solche Augenblicke erzeugen sofort die Illusion von Angst und/oder Panikgefühlen in eurer irdischen Realität, die eine Seele dann blind auf Erden umherirren lassen.

Viele Seelen verstricken sich in diesen Augenblicken noch in ihren Illusionen, bis die Stimme Gottes und der Göttin, die in ihnen ist, sie wieder an ihre göttliche Wahrheit erinnert und zur Umkehr ermahnt.

In jeder Seele schwingt der göttliche Wille.

Der göttliche Wille ist in euch, und der göttliche Wille ist mit euch.

Für jede irdische Aufgabe, die dem göttlichen Willen in euch und um euch entspricht, werdet ihr ausreichend durch das Halschakra mit göttlicher Energie versorgt.

Das Halschakra empfängt, erzeugt und sendet das göttliche Element Feuer, das ihr für eure irdischen Handlungen, Umsetzungen und Worte benötigt.

Das Halschakra ist die Empfangs- und die Sendezentrale des 1. Strahles Gottes und der Göttin in eurem irdischen Körper.

Der erste Strahl Gottes und der Göttin ist der Strahl Gottes und der Göttin, in dem die göttlichen Eigenschaften von wahrer Kraft und Stärke zum Ausdruck gelangen.

Die göttliche Kraft und Stärke dehnt sich in euch aus, wenn ihr den göttlichen Willen in euch und um euch zu leben bereit seid.

Die göttliche Kraft ist die passive Form der göttlichen Stärke.

Die göttliche Stärke fließt in euch ein, um in euren irdischen Handlungen, Umsetzungen und Worten von euch zum Ausdruck gebracht zu werden, die dem göttlichen Willen in euch und um euch entsprechen.

Die innere göttliche Kraft ist der Magnet in euch, eure eigene innere Resonanz zu der äußeren göttlichen Stärke.

Die göttliche Stärke ist die aktive Form der göttlichen Kraft.

Der Weg der bewussten Integration des 1. Strahles Gottes und der Göttin in euch und um euch erzeugt und erfordert eure Bereitschaft, den wahren göttlichen Mut und die wahre göttliche Disziplin, die in euch und um euch sind, in ihrer ganzen Größe zu beanspruchen und zu leben.

Der 1. Strahl Gottes und der Göttin ist immer der wahre irdische Anfang eurer göttlichen Wege, die ihr auf Erden zu gehen sucht.

Ihr könnt viele Schritte in eurem irdischen Leben scheinbar voran-schreiten, aber ihr werdet diese Schritte auch immer wieder zurückge-hen müssen, wenn ihr diesen ersten Schritt, den Schritt der Überein-stimmung mit dem göttlichen Willen in euch und um euch, noch nicht getan habt.

Es gibt keine zufälligen Erfolge und es existieren keine zufälligen Rückschläge.

Es existiert nur ein göttlicher Wille, der von euch seine Anerken-nung, seinen Respekt und somit seine Integration einfordert.

Denn so soll es sein!

Ihr seid die mächtigen Kinder eurer mächtigen Eltern auf Erden.

Es braucht kein Klagen, kein Jammern und keine irdischen Ausre-den, wenn der göttliche Wille in dem Leben einer Seele seinen Einzug halten möchte.

Der göttliche Mut und die göttliche Disziplin sind in euch und um euch. Ihr dürft diese göttlichen Aspekte in euch und um euch mit eu-rer ganzen Aufmerksamkeit nähren und sie mit ganzer Kraft und Stär-ke in eure irdische Realität fließen lassen.

Ihr seid Herr und Meister über euch und euer Leben.

Es ist eure göttliche Aufgabe auf Erden, euch in eurem eigenen Ener-giefeld von göttlichem Mut und göttlicher Disziplin zu üben.

Jede Bereitschaft in euch, diesen Weg des Schülers von göttlichem Mut und göttlicher Disziplin zu betreten, wird euch an das Ziel und in die wahre Erfüllung von Mut und Disziplin in euch und um euch geleiten.

Denn das ist der Wille Gottes und der Göttin.

Konzentriert euch auf euer wahres göttliches Sein und lernt, die Energie des göttlichen Feuers, das in euch einfließt, aus euch frei herausfließen zu lassen.

Das göttliche Feuer fließt in euch ein, wenn euer bewusster Wille mit dem göttlichen Willen übereinstimmt.

Das göttliche Feuer fließt in euch ein, wenn ihr euch bewusst dafür entscheidet, dem göttlichen Willen in euch und um euch zu folgen.

Das göttliche Feuer kennt immer seinen irdischen Weg.

Der göttliche Mut ist die passive Form der göttlichen Disziplin.

Die göttliche Disziplin ist die aktive Form des göttlichen Mutes.

Jede Seele, die die Energie von göttlichem Mut bewusst in sich ausdehnt, um dann im Außen in der göttlichen Disziplin ihre irdischen Wege zu beschreiten, erzeugt im Innen und im Außen das energetische Feld von Autorität.

Je größer die Präsenz von göttlicher Disziplin und göttlichem Mut in einer Seele ausgeprägt ist, umso stärker wird das energetische Feld und somit die Ausstrahlung von Autorität.

Jede Seele ist auf der bewussten oder unbewussten Suche und im bewussten oder unbewussten Sehnen nach dem göttlichen Willen auf Erden.

Ihr alle seid die Kinder Gottes und der Göttin auf Erden.

Göttliche Disziplin und göttlicher Mut sind immer eine Erinnerung an den göttlichen Willen und erzeugen somit die bewusste oder unbewusste Bereitschaft und das bewusste oder unbewusste Bedürfnis in den anderen Seelen, dieser Energie, und somit einer Seele zu folgen, die diese Erinnerung in ihnen bewusst oder unbewusst aktiviert hat.

Gottes und der Göttin Willen ist unausweichlich der wahre göttliche Wille einer jeden Seele auf Erden.

Den wahren Willen Gottes und der Göttin auf Erden zu erfüllen, ist für jede Seele, ob bewusst oder unbewusst, ihr größtes Sehnen.

Jede Seele ist in ihrer göttlichen Wahrheit ein Bestandteil von Gott und Göttin.

Wahrer göttlicher Gehorsam ist die Bereitschaft, den wahren Willen Gottes und der Göttin in euch und um euch bewusst finden zu wollen, um diesem Willen euer inneres und äußeres Gehör zu schenken.

Denn das ist der Wille Gottes und der Göttin in euch und um euch.

Alles ist in der göttlichen Wahrheit miteinander verwoben, denn so soll es sein.

Es ist unsere Aufgabe, als Stellvertreter des 1. Strahles Gottes und der Göttin auf Erden an den göttlichen Willen zu erinnern, der in euch und um euch pulsiert.

Der Wille Gottes und der Göttin ist in euch und um euch.

Es braucht nur dein: **Gott und Göttin, möge euer Wille in meinem Leben geschehen!**

Es darf eure göttliche Aufgabe und eure göttliche Bereitschaft sein, euch mit eurer ganzen Kraft, eurer ganzen Stärke, eurer ganzen Disziplin und eurem ganzen Mut an die Arbeit zu begeben, um den Willen Gottes und der Göttin auf Erden bewusst zu erfahren.

Es darf eure göttliche Aufgabe und eure göttliche Bereitschaft sein, euch mit eurer ganzen Kraft, eurer ganzen Stärke, eurer ganzen Disziplin und eurem ganzen Mut an die Arbeit zu begeben, um den Willen Gottes und der Göttin auf Erden bewusst zu manifestieren.

Ihr seid Herr und Meister über euch und euer Leben.

Ihr seid die göttliche Kraft, die göttliche Stärke, die göttliche Disziplin und der göttliche Mut in Tätigkeit, wenn ihr dem Willen Gottes in euch und um euch euer Gehör schenkt.

Der Wille Gottes und der Göttin ist immer euer größter Segen.

Der Wille Gottes und der Göttin sucht euch immer in das Land der wahren Erfüllung auf Erden zu führen.

Der Wille Gottes und der Göttin in euch und um euch ist in seiner grenzenlosen Liebe zu euch immer darauf ausgerichtet, euch mit allem zu versorgen, was ihr wahrhaft benötigt für euren irdischen Weg.

Der Wille Gottes und der Göttin ist immer euer wahrer, euer göttlicher Wille in euch und um euch.

Der Wille Gottes und der Göttin berücksichtigt immer das Wohl aller Beteiligten in einer irdischen Situation.

Der Wille Gottes und der Göttin berücksichtigt immer den Entwicklungsstand eines jeden Einzelnen.

Der Wille Gottes und der Göttin sucht jeder Seele die Gelegenheit für ihren rechtmäßigen Fortschritt zu gewährleisten.

Der Wille Gottes und der Göttin sucht jeder Seele die Erkenntnis zu überreichen, die sie für ihr weiteres Fortschreiten benötigt.

Der Wille Gottes und der Göttin sucht jede Seele zur Umkehr zu ermahnen, wenn sie für sich den falschen Weg auf Erden eingeschlagen hat.

Der Wille Gottes und der Göttin weiß, was jede Seele für ihren Weg an Erfahrung, Erkenntnis und Fortschritt benötigt.

Um die Energien des 1. Strahles Gottes und der Göttin in eure irdische Bewusstheit zu integrieren, benötigt es eure Bereitschaft, diese göttliche Kraft bei ihrem wahren Namen zu benennen.

Der 1. Strahl Gottes und der Göttin fließt in und aus eurem körperlichen Halsbereich.

Es braucht eure Bereitschaft, täglich mehrfach laut und mit ganzer Stärke, mit ganzer Kraft, mit ganzem Mut und mit ganzer Disziplin die heiligen Worte auszusprechen.

Es braucht dein: **Gott und Göttin, möge euer Wille in meinem Leben geschehen!**

Diese Worte gilt es laut und deutlich für euch auszusprechen.

Macht euch Notizen, damit euch nicht unerlöste Wunden vergessen lassen, wie notwendig es für euren Weg ist, diese Worte immer und immer wieder auszusprechen, bis sie zu einem festen Bestandteil eurer irdischen Bewusstheit werden.

Das gesprochene Wort ist die göttliche Magie, das göttliche Feuer in Tätigkeit, wenn eure Wortwahl der göttlichen Wahrhaftigkeit entspricht.

Ihr seid die Schöpfer eurer eigenen Realität.

Ihr seid Herr und Meister über euch und euer Leben.

Denn das ist der Wille Gottes und der Göttin.

Gott und Göttin, möge euer Wille in meinem Leben geschehen!

Euer bewusstes Aussprechen dieser heiligen Worte wird euch augenblicklich mit göttlicher Energie, mit dem göttlichen Element Feuer versorgen, das durch eben diese gesprochenen Worte sofort in euch einzufließen beginnt.

Durch das Aussprechen eurer Worte erzeugt ihr in eurer irdischen Realität ein Tor, durch das der göttliche Wille in seiner ganzen göttlichen Vollkommenheit in euer bewusstes Erleben und Erfahren auf Erden fließen kann.

Lasst euch nicht aufhalten, sondern sprecht!

Sprecht und sprecht, bis ihr die göttliche Kraft und Stärke des 1. Strahles Gottes und der Göttin in euch zu spüren beginnt.

Eure Worte dürfen in ganzer Lautstärke euren irdischen Raum erfüllen, der euch umgibt.

Vergesst in euren Formulierungen nicht den weiblichen Aspekt Gottes, denn wenn ihr den weiblichen Aspekt Gottes und der Göttin übergeht, dann kann der Wille Gottes und der Göttin nicht in euch empfangen werden, selbst wenn er augenblicklich zu euch fließt!

Ihr seid die göttliche Schöpferkraft in Tätigkeit.

Denn das ist der Wille Gottes und der Göttin auf Erden.

Die irdische Integration des 1. Strahles Gottes und der Göttin wurde durch meine Inkarnation als Noah auf Erden eingeleitet.

Das war vor 12.000 Jahren eurer gegenwärtigen Zeitrechnung.

Die Erde war in einer großen Phase des Umbruches, als mein Schiff zielgenau auf Atlantis landete.

Es war ein großartiger Augenblick!

Die göttlichen Energien der göttlichen Macht durchflossen meine irdischen, emotionalen, mentalen und spirituellen Körper.

Ich spürte die göttliche Kraft, die göttliche Stärke, den göttlichen Mut und die göttliche Disziplin, die meinen irdischen Körper in dieser göttlichen Autorität erbeben ließen.

Mein Geist war sich des göttlichen Willens auf Erden vollkommen bewusst.

Es war der göttliche Willen auf Erden, die sieben Strahlen Gottes und der Göttin auf Erden zu integrieren, damit euch das Licht Gottes und der Göttin in seiner Vollkommenheit den Weg und somit das Tor öffnen kann, das euch zurückführen wird in eure bewusste Wahrheit auf Erden, die Einheit Gottes und der Göttin in euch und um euch.

Zum Zeichen der ewigen Erinnerung an diesen göttlichen Auftrag auf Erden, den es für euch zu erfüllen gilt, wurde von Gott und der Göttin der erste Regenbogen am irdischen Horizont, den ihr euren Himmel nennt, gesetzt.

Die sieben Strahlen Gottes und der Göttin vereinten sich vor meinem irdischen Auge am Himmel zu dem göttlichen Kreis in seiner wahren Reihenfolge, seiner wahren Beschaffenheit und seinem rechten Maß und erzeugten ihre eigene göttliche Lichtkraft auf Erden.

Dabei entstanden ganz neue Farbkomponenten, die sich durch die Vereinigung der göttlichen Strahlen in ihrer wahren Reihenfolge, ihrer wahren Beschaffenheit und in ihrem rechten Maß, ergaben.

Es war ein wahrhaft göttliches Feuerwerk, das sich vor meinen irdischen Augen am Himmel abspielte.

Dieses göttliche Feuerwerk war in seinem Glanz die göttliche Vollkommenheit in Tätigkeit.

Kosmische Klänge ertönten durch die irdische Atmosphäre und erzeugten eine vollkommene göttliche Harmonie, die jede irdische Illusion von Getrenntheit augenblicklich überwand.

Nachdem das Werk vollendet war, kehrte eine große Stille ein.

Der göttliche Kreis begann sich zu öffnen und formte sich zu einem irdischen Tor.

Der göttliche Regenbogen war auf Erden geboren worden.

Ich war der irdische Mittelpunkt dieses göttlichen Tores auf Erden.

Durch meinen irdischen Körper, der dem wahren Willen Gottes und der Göttin auf Erden entsprach, wurde er mit der Erde vereint.

Mein Körper, der in seiner göttlichen Autorität erbebte, hatte das göttliche Feuerwerk am Horizont entzündet.

Ich war in meinem irdischen Körper, der mit der göttlichen Botschaft angefüllt war, ein Bindeglied zwischen dem Willen Gottes und der Göttin und dem Planeten Erde.

Ich war der irdische Sohn Gottes und der Göttin in seinem Element Feuer auf Erden.

Jede Seele, die den Weg der Bewusstheit über den wahren Weg Gottes und der Göttin auf Erden zu gehen beginnt, lässt sich in ihrem ersten Schritt, ob bewusst oder unbewusst, von dem göttlichen Feuer des 1. Strahles Gottes und der Göttin entzünden.

Es ist das göttliche Feuer, das das göttliche Erwachen in euch bewirkt.

In den Augenblicken des göttlichen Erwachens auf Erden brennt eine Seele darauf, sich voller Begeisterung diesem Weg, der sie entzündet hat, anzunähern.

Es ist immer das göttliche Feuer, das euch entzündet, wenn ihr den Weg in eure göttliche Bewusstheit antretet.

Der 1. Strahl Gottes und der Göttin ist immer der irdische Anfang aller göttlichen Wege auf Erden.

In einem irdischen Körper durfte ich die Geburt des göttlichen Regenbogens auf Erden erfahren.

Möge sich der göttliche Kreis in jeder Seele auf Erden, nach seiner inneren Vervollständigung, zu einem irdischen Tor formen, das euch jederzeit in eure Bewusstheit zu Gott und der Göttin führen darf.

In den nächsten 2.000 Jahren eurer gegenwärtigen Zeit wird jede Seele auf Erden lernen dürfen, den göttlichen Regenbogen bewusst auf Erden sichtvoll werden zu lassen.

Wenn ihr lernt, den göttlichen Kreis in seiner wahren Reihenfolge, seiner wahren Beschaffenheit und in seinem rechten Maß in euch zu vervollständigen, dann entsteht eine alchemistische Reaktion in euch.

Diese erzeugt eine göttliche Reinigung in euch, in der ihr euch von allen Identifikationen löst, die euch von eurer göttlichen Wahrheit trennen.

Es sind die Augenblicke der göttlichen Einweihung und der göttlichen Bewusstwerdung auf Erden.

Sie werden immer durch den irdischen Körper einer Seele auf Erden in eure irdische Atmosphäre geboren.

Solche großen Augenblicke erzeugen eine solche Lichtkraft in einer Seele, dass diese Lichtkraft aus ihrem irdischen Körper in die irdische Atmosphäre fließt.

Die göttliche Lichtkraft in ihrer göttlichen Vollkommenheit fließt durch den Kanal eines menschlichen Körpers in das Massenbewusstsein der gesamten Menschheit ein.

Diese Augenblicke der inneren Vervollständigung einer Seele auf Erden erzeugen auch im Außen die göttlichen Wunder der göttlichen Offenbarung durch die Kräfte der Elemente in eurer irdischen Realität.

Die Reihenfolge, die Beschaffenheit und das Maß aller Elemente, die euch auf Erden umgeben, werden durch eure eigene innere Beschaffenheit erzeugt.

Ihr seid nicht die Opfer, sondern die Schöpfer eurer eigenen irdischen Naturerscheinungen.

In eurer irdischen Realität existieren die sieben göttlichen Elemente:

1. Feuer
2. Metall
3. Liebe
4. Wasser
5. Luft
6. Erde
7. Äther

Eure äußeren Elemente Feuer, Metall, Liebe, Wasser, Luft, Erde und Äther bilden keine festen Konstanten in eurer äußeren irdischen Realität auf Erden.

Eure äußeren Elemente, die Elemente, die euch umgeben, sind alle Variablen.

Sie erfüllen, wie auch der Faktor Zeit, die Funktion, euch als Spiegelbilder für euer Resonanzgesetz auf Erden zu dienen.

Eure inneren Elemente Feuer, Metall, Liebe, Wasser, Luft, Erde und Äther bilden feste Konstanten in eurer eigenen inneren Realität.

Das Außen spiegelt euch eure eigenen inneren Elemente, über die es für euch in eurer irdischen Realität ein bewusster Herr und Meister zu werden gilt.

Auch der göttliche Blitz kann nur auf Erden als irdischer Blitz an eurem Himmel erscheinen, wenn eine irdische Seele bereit gewesen ist, diesen göttlichen Blitz in ihrem eigenen Innersten zu empfangen oder zu erzeugen.

Der göttliche Blitz erfüllt die Funktion, alte, überholte und festgefahrene Strukturen in der irdischen Atmosphäre und somit in ihren Bewohnern zu durchbrechen und damit die diese umgebende Erde zu lockern.

Atlantis war und ist ein geweihter Ort der großen Göttin auf Erden.

Es war meine Aufgabe, die Erde der großen Göttin in dieser irdischen Realität durch unseren irdischen Körper mit dem Willen Gottes zu befruchten.

„Herr und Herrin, möge euer Wille auf Erden geschehen", floss durch meinen Körper in eure Erde.

Bei meiner Ankunft auf Atlantis war ich nicht alleine.

In meinem Schiff befanden sich auch meine geliebte Ehefrau und meine zwei großartigen Kinder.

Gemeinsam betraten wir das geheiligte Land Gottes und der Göttin.

Der göttliche Wille war mit uns und in uns.

Ich war der irdische Vater einer Tochter und eines Sohnes, als ich in Atlantis an Land ging.

Die Symbolik der verzerrten Überlieferung, in der ich der Vater von zwei Söhnen gewesen sein soll, spiegelt die unbewusste Ignoranz der Menschheit, die der Göttin auf Erden entgegengebracht wird.

In meiner Inkarnation als Noah war ich ein irdischer Stellvertreter des 1. Strahles Gottes und der Göttin, des Elementes des göttlichen Feuers auf Erden.

Meine geliebte Ehefrau war eine Stellvertreterin des 4. Strahles Gottes und der Göttin, des Elementes des göttlichen Wassers auf Erden.

Mein geliebter Sohn war ein Stellvertreter des 5. Strahles Gottes und der Göttin, des Elementes der göttlichen Luft auf Erden.

Meine geliebte Tochter war eine Stellvertreterin des 6. Strahles Gottes und der Göttin, des Elementes der göttlichen Erde auf Erden.

Gemeinsam bildete ich mit meiner Familie die 4 irdischen Grundpfeiler, die das grobstoffliche, das materielle Leben auf der Erde ermöglichen.

Das göttliche Quadrat war auf Erden geboren.

Ich wusste in meiner Inkarnation als Noah, dass die folgenden 2.000 Jahre – in eurer gegenwärtigen Zeitvorstellung – unter meiner irdischen Führung stehen würden.

Ich wusste, ich bin Herr und Meister über diese große Zeit auf Erden.

Ich wusste auch, dass ich nicht ohne meine göttliche Familie auf Erden regieren wollte und konnte.

Die vier Elemente Feuer, Wasser, Luft und Erde bilden eine eigene Einheit auf Erden.

Sie sind die vier Grundelemente der irdischen Welt.

Die drei Elemente: Metall, Äther und Liebe sind die drei Grundelemente eurer feinstofflichen Welt.

Das magische Quadrat, das aus den 4 Elementen Feuer, Wasser, Luft und Erde besteht, bildet die Basis für euer irdisches Leben.

Das magische Dreieck, das aus den 3 Elementen Metall, Liebe und Äther besteht, bildet die Basis für euer spirituelles Leben und somit für eure irdische Weiterentwicklung.

Wenn ihr eure drei Elemente Metall, Äther und Liebe auf dem Boden der irdischen Realität erzeugt, dann wird die göttliche Pyramide in euch geboren.

In der göttlichen Pyramide entsteht der göttliche Kreis.

Viele Seelen auf Erden trennen ihren spirituellen Weg, den sie in ihrem innersten Sein beschreiten und der somit ihrem göttlichen

Dreieck entspricht, von ihren äußeren, täglichen Aktivitäten und somit von ihrem irdischen Leben und Überleben, das dem göttlichen Quadrat entspricht.

Der spirituelle Weg einer Seele ist in seiner göttlichen Wahrheit und seiner wahren Natur jedoch stets darauf ausgerichtet, den Weg der bewussten Geburt durch das göttliche Quadrat auf Erden zu erfahren.

Der Weg der Vollkommenheit in euch und um euch erfordert, dass sich euer inneres Dreieck, der Weg der spirituellen Entwicklung, bewusst auf der Basis eures irdischen Quadrates bildet.

Jede Situation, jede Zahl und jedes Wort, das euren irdischen Weg kreuzt, ist darauf ausgerichtet, euch darin zu unterstützen, das magische Dreieck der spirituellen Erkenntnis aus der irdischen Erfahrungswelt, dem göttlichen Quadrat, zu gebären.

Wenn eure irdische Realität euer göttliches Dreieck erzeugt, dann entsteht die göttliche Pyramide

In der göttlichen Pyramide bildet sich immer der göttliche Kreis in seiner göttlichen Vollkommenheit.

Die Pyramide ist die irdische Aura, das energetische Feld, das den göttlichen Kreis in seiner Feinstofflichkeit auf Erden umgibt oder erzeugt.

Jede grobstoffliche Pyramide auf Erden erzeugt in ihrem Inneren den göttlichen Kreis in seiner Feinstofflichkeit, seiner nicht materialisierten und somit seiner feinstofflichen Energie.

Jeder grobstoffliche Kreis auf Erden erzeugt in seinem Äußeren die göttliche Pyramide in ihrer Feinstofflichkeit, ihrer nicht materialisierten und somit ihrer feinstofflichen Energie, die ihr Aura nennt.

In dem irdischen Mittelpunkt von Atlantis befand sich ein hoher Berg.

Ich begab mich mit meiner Familie auf diesen Berg, denn das war Gottes und der Göttin Willen auf Erden.

Die heilige Schrift, die es für die Menschheit zu entschlüsseln gilt, um ihre göttliche Vollkommenheit und ihre göttliche Schöpferkraft auf Erden bewusst zu erfahren, sollte auf diesem Berg von uns empfangen und gezeugt werden.

Die heilige Schrift, die es für die Menschheit auf Erden zu entschlüsseln gilt, ist der göttliche Kreis in seiner göttlichen Vollkommenheit.

Es ist eure irdische Aufgabe, den göttlichen Kreis in seiner rechten Reihenfolge, seinem rechten Maß und in seiner wahren Beschaffenheit zu benennen und somit zu entschlüsseln.

Als ich mit meiner Familie auf dem geweihten Berg oben angelangt war, trafen drei weitere Stellvertreter der göttlichen Strahlen Gottes und der Göttin bei uns ein. Wir waren vollständig.

Die Stellvertreter des 2. Strahles Gottes und der Göttin, des 3. Strahles Gottes und der Göttin und des 7. Strahles Gottes und der Göttin wurden, genau wie wir, von Gott und der Göttin auf diesen hohen Berg auf Erden geführt.

Wir waren, so wie wir es von Anfang an gesagt bekommen hatten, nicht die einzigen Überlebenden der großen Flut.

Durch die Vereinigung unserer sieben göttlichen Elemente in uns und um uns in ihrer richtigen Reihenfolge, ihrem rechten Maß und ihrer wahren Beschaffenheit wurde eine große goldene Pyramide auf dem geweihten Berg von Atlantis geboren, in deren Innerem sich der göttliche Kreis in seiner göttlichen Vollkommenheit der göttlichen Feinstofflichkeit bildete.

Der Wille Gottes und der Göttin sollte in dieser Pyramide empfangen werden, um die Bewohner von Atlantis im Namen Gottes und der Göttin zu führen.

Nach der Vollendung dieser göttlichen Pyramide auf Atlantis gebar sich aus dem Wasser um und vor Atlantis ein goldenes Tor.

Das goldene Tor vor Atlantis war bis zu seinem Untergang das goldene Wahrzeichen von Atlantis.

Als Atlantis unterging, trugen einige Überlebende im Namen Gottes und der Göttin das Wissen über die Entstehung der göttlichen Pyramide nach Ägypten.

Denn so war es der Wille Gottes und der Göttin.

Die göttliche Pyramide auf Erden ist immer ein heiliger Ort, in dem sich der göttliche Kreis in seiner göttlichen Vollkommenheit bildet.

Es war nicht sehr weise von den damaligen ägyptischen Bewohnern, diese heiligen Orte für das äußere, irdische Leben zu verriegeln, um sie als Orte der irdischen Verwesung und des irdischen Todes zu missbrauchen.

Es ist wahr, dass ihr in eurer irdischen Zukunft Überschwemmungen und die Illusion von Landverlust erfahren werdet.

Es ist wahr, dass in eurer Zukunft altes, scheinbar verlorenes Land wieder aufsteigen wird.

Auch im folgenden Kapitel werden wir euch weiter einführen in das Verstehen der göttlichen Macht auf Erden.

Euer Meister El Morya

Erzengel Michael - Faith

Der 1. Strahl Gottes und der Göttin gelangt durch die Farbe Blau zu seinem göttlichen Ausdruck.

Die Farbe Blau ist die Farbe des göttlichen Elementes Feuer.

Die Farbe Blau ist die Farbe des irdischen Elementes Wasser.

Euer Körper besteht aus dem göttlichen Element Wasser.

Die Farbe Weiß ist die Farbe des göttlichen Elementes Wasser.

Das göttliche Wasser dient auf Erden in seiner göttlichen Funktion als Spiegelbild des göttlichen Elementes Feuer, das dem göttlichen Willen auf Erden entspricht.

Als irdisches Symbol ist das göttliche Wasser in eurer irdischen Realität von seinem blauen Horizont, dem göttlichen Willen auf Erden, umgeben und spiegelt die Farbe Blau.

Der göttliche Wille ist in euch und um euch.

Euer göttliches Wasser in euch und um euch spiegelt immer den Willen Gottes und der Göttin.

Euer wahres göttliches Gefühl gleicht immer dem Willen Gottes und der Göttin auf Erden.

Der 1. Strahl Gottes und der Göttin wird in der göttlichen Einheit des göttlichen Kreises durch den Erzengel Michael - Faith verkörpert.

Durch die Abwertung der weiblichen Aspekte in eurer irdischen Realität ist euch in euren Überlieferungen ein wesentlicher Aspekt des mächtigen Erzengels des 1. Strahles Gottes und der Göttin verlorengegangen.

Erzengel sind immer androgyn.

Sie bestehen immer aus einem weiblichen und einem männlichen Pol, die –miteinander vereint – das wahre Gesicht Gottes und der Göttin in ihrer wahren Unzertrennlichkeit aufzeigen.

Erzengel Michael und Erzengel Faith ergeben gemeinsam den Erzengel des 1. Strahles Gottes und der Göttin.

Erzengel Michael - Faith sind die göttliche Macht in Tätigkeit auf Erden.

Denn das ist der Wille Gottes und der Göttin auf Erden in euch und um euch.

Erzengel Michael verkörpert den wahren göttlichen Schutz auf Erden und somit den männlichen Pol von dem Einen, dem großen Erzengel Michael - Faith.

Erzengel Faith verkörpert den wahren göttlichen Glauben und somit den weiblichen Pol von dem Einen, dem großen Erzengel Michael - Faith.

Erzengel Faith ist die göttliche Ergänzung des Erzengels Michael, die durch die Geburt der Göttin auf Erden in euch bewusst erwachen wird.

Ist die Göttin Faith in eurem Halszentrum erwacht, dann wird sie ihren göttlichen Gemahl, Erzengel Michael, immer in euch und eurem Leben bewusst empfangen und anziehen, denn sie sind unzertrennlich.

Denn das ist der Wille Gottes und der Göttin in euch und um euch auf Erden.

Göttlicher Glaube und Göttlicher Schutz ergeben die göttliche Essenz des 1. Strahles Gottes und der Göttin in ihrer göttlichen Vollkommenheit.

Göttlicher Glaube und Göttlicher Schutz vereinen sich zu der wahren göttlichen Macht auf Erden.

Der göttliche Wille wird auf Erden durch den wahren göttlichen Glauben in euch und um euch empfangen und geboren und führt euch somit immer in die Erfahrung des göttlichen Schutzes auf Erden.

Wenn euer göttlicher Glaube stark genug ist, um den göttlichen Willen bewusst oder unbewusst in euch zu empfangen, dann wird in eurer irdischen Aura, die euren physischen Körper umgibt, ein blaues Energiefeld entstehen, das euch wahren göttlichen Schutz in allen euren irdischen Handlungen gewährt.

Denn das ist der Wille Gottes und der Göttin in euch und um euch auf Erden.

Wahrer göttlicher Glaube ist die innere Bereitschaft, euch der wahren Macht Gottes und der Göttin auf Erden ganz und gar anzuvertrauen, mit eurer ganzen Kraft an sie zu glauben.

Ist eure innere Empfangszentrale, die ihr auch die Quelle des göttlichen Glaubens in euch nennen dürft, frei von unerlösten Wunden, dann wird das göttliche Feuer in euch empfangen und erzeugt stets die innere und äußere Bereitschaft, euch voller Feuer an die Umsetzung eurer göttlichen Aufgaben auf Erden zu begeben.

In dieser Reinheit wird sich euch der göttliche Schutz offenbaren, der alle Hindernisse aus dem Weg zu räumen bereit ist, die der Umsetzung eurer göttlichen Aufgaben auf Erden im Wege stehen.

Es ist auch der Wille Gottes und der Göttin, dass ihr eure irdische Existenz zu schützen bereit seid, indem ihr die Aufgaben angeht, die dem göttlichen Willen auf Erden entsprechen.

Die irdische Basis für die Integration des 1. Strahles Gottes und der Göttin ist immer die innere und äußere Anerkennung und Akzeptanz des göttlichen Willens auf Erden.

Es ist nicht der Wille Gottes und der Göttin und somit nicht eure irdische Aufgabe, mit eurem Schicksal zu hadern, denn das ist der Wille eurer unerlösten Wunden in euch.

Es ist nicht der göttliche Wille und somit nicht eure irdische Aufgabe, in die Illusionen von Ohnmacht, Schwäche oder Hilflosigkeit zu flüchten, denn das ist der Wille eurer unerlösten Wunden in euch.

Es ist nicht der göttliche Wille und somit nicht eure irdische Aufgabe, den göttlichen Willen in eurem Leben anzuzweifeln und in Frage zu stellen, denn das ist der Wille eurer unerlösten Wunden in euch.

Alle diese Wege richten sich gegen eure wahre göttliche Natur und schwächen euch auf eurem irdischen Weg.

Alle diese Wege hindern euch daran, die göttliche Macht in ihrer irdischen Vollkommenheit zu erfahren.

Es ist die Zeit für euch gekommen, erwachsen zu werden und die Verantwortung für euch und euer Leben zu übernehmen.

Ihr seid die bewussten Schöpfer eurer irdischen Realität.

Denn das ist der Wille Gottes und der Göttin auf Erden – in euch und um euch.

Es ist immer der Wille Gottes und der Göttin und somit eure irdische Aufgabe, den Willen Gottes und der Göttin, der durch eure irdische Realität zum Ausdruck gelangt, zu verstehen und benennen zu wollen.

Es lebe der göttliche Wille in euch und um euch!

Durch die Anerkennung des göttlichen Willens als irdische Basis entsteht das irdische Quadrat in euch und um euch, das die göttliche Basis bildet für das göttliche Dreieck in eurem körperlichen Halsbereich.

Das irdische Quadrat des 1. Strahles Gottes und der Göttin setzt sich aus den folgenden göttlichen Aspekten zusammen, die es für euch und den Weg in eure bewusste göttliche Vollkommenheit auf Erden als irdische Grundbasis zu leben und somit zu integrieren gilt:

1. Disziplin
2. Kraft
3. Mut
4. Stärke

Die göttliche Disziplin bezieht sich auf eure Gedankenebene.

Ihr dürft euch in göttlicher Disziplin darin üben, eure Gedanken darauf auszurichten, den Willen Gottes und der Göttin in eurem Leben zu intensivieren, indem ihr eure Gedanken gezielt darauf ausrichtet, den Willen Gottes und der Göttin in eurem Leben erkennen und verstehen zu wollen.

Diese Aufgabe wird euch darin üben, wahre Disziplin in euch und in eurem bewussten Geist zu erschaffen.

Denn euer irdischer Weg wird eure göttliche Disziplin benötigen, wenn ihr dieses Ziel auf eurer Gedankenebene bewusst zu erreichen bereit seid.

Der göttliche Wille ist auch immer der göttliche Schutz auf Erden.

Es ist ein Urbedürfnis Gottes und der Göttin, euch auf Erden zu schützen.

Es ist der Wille Gottes und der Göttin in euch und um euch, euch wahren Schutz auf Erden zu gewährleisten.

Konzentriert ihr euch in euren Gedankengängen auf den Willen und somit auf den Schutz Gottes und der Göttin, dann wird sich euch dieser immer offenbaren und euch wahren Schutz auf Erden gewähren, indem er euch die Wege aufzeigt, die euch göttliche Erlösung ermöglichen.

Es braucht eure göttliche Disziplin, eure Gedanken von allen Illusionen zu befreien, die euch daran hindern, gezielt den göttlichen Willen und somit den göttlichen Schutz auf Erden finden und bewusst erfahren zu wollen.

Suchet und ihr werdet finden!

Die göttliche Disziplin ist euer irdischer Anteil des göttlichen Schutzes auf Erden.

Die göttliche Kraft bezieht sich auf eure innere und äußere Empfänglichkeit, auf euer Gefühl.

Ihr dürft euch gezielt darin üben, euch eurer inneren Göttin bewusst zu werden, an die es zu glauben gilt.

Ihr dürft euch gezielt darin üben, an den Willen Gottes und der Göttin in eurem Leben zu glauben, den es in euch und um euch zu empfangen und zu leben gilt.

Der wahre göttliche Glaube ist die stärkste Kraft in euch Menschen.

Es braucht eure Bereitschaft, euch an eure eigene innere und somit göttliche Wahrhaftigkeit zu erinnern.

Eure gesamte irdische Natur ist darauf ausgerichtet, den Willen Gottes und der Göttin in euch und um euch zu finden und leben zu wollen.

Jede Seele, die sich durch irdische Illusionen blenden lässt und den bewussten Zugang zu dieser göttlichen Wahrheit verliert, erzeugt neue innere Wunden, und es werden die Illusionen von Ziellosigkeit und Sinnlosigkeit in ihrem irdischen Leben geboren, die jede Seele in eine bewusste oder unbewusste Lebensresignation führt.

Die göttliche Kraft ist die Quelle des göttlichen Glaubens, der sich dadurch in euch zu verstärken beginnt, dass ihr an den wahren Glauben in euch zu glauben bereit seid oder vielmehr euch daran erinnert, dass ihr in eurer wahren Natur dieser göttliche Glaube seid.

Ihr dürft euch darin üben, an eure eigene Empfänglichkeit zu glauben.

Die göttliche Kraft ist die irdische Empfangszentrale des göttlichen Willens in euch und um euch.

Die göttliche Kraft ist euer irdischer Anteil des göttlichen Glaubens auf Erden.

Der göttliche Mut bezieht sich auf eure irdischen Emotionen.

Ihr dürft euch gezielt darin üben, an eure Emotionen zu glauben, die in euch geboren werden, wenn der Wille Gottes und der Göttin in euch empfangen wurde.

Es braucht euren ganzen Mut, diesen Emotionen zu vertrauen und ihnen zu folgen.

Es können Emotionen voller Intensität sein, die versuchen, euch aus Situationen zu sprengen, die nicht dem göttlichen Willen in euch und um euch entsprechen.

Es braucht euren ganzen Mut, euch als Stellvertreter Gottes und der Göttin auf Erden zu akzeptieren.

Es braucht euren ganzen Mut, an den Willen Gottes und der Göttin zu glauben, der in euch pulsiert.

Der göttliche Mut ist euer irdischer Anteil des göttlichen Glaubens auf Erden.

Die göttliche Stärke bezieht sich auf eure irdische Handlungsebene.

Göttliche Stärke wird in euer Leben geboren, wenn ihr euch mit ganzer Kraft, ganzem Mut und ganzer Disziplin an die Umsetzung, die bewusste irdische Handlung, des göttlichen Willens auf Erden begebt.

Die göttliche Stärke ist euer irdischer Anteil des göttlichen Schutzes auf Erden.

Der 1. Strahl Gottes und der Göttin symbolisiert immer die göttliche Wurzel eines jeden Dinges in eurer irdischen Realität.

Die Anerkennung des göttlichen Willens in euch und um euch erzeugt das irdische Quadrat von Kraft, Stärke, Mut und Disziplin in euch, und zwar in eurem Halsbereich, der von euch auch das Halschakra genannt wird.

Denn das ist der Wille Gottes und der Göttin in euch und um euch auf Erden.

Aus dem irdischen Quadrat des 1. Strahles Gottes und der Göttin wird sich immer das göttliche Dreieck und somit die göttliche Pyramide gebären.

Das göttliche Dreieck des 1. Strahles Gottes und der Göttin besteht aus den göttlichen Elementen: wahrer Schutz, wahrer Glaube und wahre göttliche Macht.

Denn das ist der Wille Gottes und der Göttin in euch und um euch.

Die Spitze der Pyramide kennzeichnet den Aspekt der göttlichen Macht auf Erden.

Ihr seid die mächtigen Kinder eurer mächtigen Eltern auf Erden.

Denn das ist der Wille Gottes und der Göttin in euch und um euch auf Erden.

Es ist an der Zeit, bewusst den Weg in eure göttliche Macht auf Erden einzuschlagen, um ein bewusster Herr und Meister über euer irdisches Leben zu werden.

Es ist an der Zeit, die bewusste Verantwortung für euer irdisches Leben zu übernehmen.

Die göttliche Macht wird euch offenbar, wenn ihr den wahren Glauben an den göttlichen Willen in euch und um euch bewusst in euer irdisches Quadrat integriert, denn dann fließt das göttliche Feuer in eure irdische Realität und erzeugt den göttlichen Schutz für eure irdischen Handlungen und Aktivitäten.

Die göttliche Macht auf Erden wird sich euch durch diesen Weg offenbaren.

Denn das ist der Wille Gottes und der Göttin auf Erden.

Wenn ihr nicht bewusst an den Willen Gottes und der Göttin in eurer irdischen Realität zu glauben bereit seid, dann werdet ihr euren irdischen Fokus nicht ausreichend auf die Empfängnis des göttlichen Willens in euch und um euch ausrichten, und ihr werdet nicht in der Lage sein, ein irdisches Tor in eurer irdischen Gegenwart zu erzeugen, um den Willen Gottes und der Göttin in seiner ganzen Größe zu erfahren.

Sucht bewusst den Kontakt zu dem weiblichen Pol des 1. Strahles Gottes und der Göttin in euren Gebeten, wenn der bewusste Glaube in euch verwundet zu sein scheint.

Als Herr und Meister über Dein Leben möchten wir Dich sehen.

Wir halten die Erinnerung an Deine wahre Kraft, Deine wahre Stärke, Deinen wahren Mut und Deine wahre Disziplin stets in göttlicher Erinnerung.

Denn das ist der Wille Gottes und der Göttin in euch und um euch auf Erden.

Das folgende Kapitel, das euch in die Lehre über eure körperlichen Energieräder einführt, wird euch von unserem geliebten Meister Saint Germain gegeben sein, denn er ist der Herr und Meister der körperlichen Liebe und somit der Herr und Meister der Liebe zu und von eurem Körper.

Solltet ihr jedoch unsere Unterstützung in eurem Leben benötigen, dann ruft laut und deutlich nach uns, und wir versichern euch, wir sind bereit, euch augenblicklich alle Unterstützung zukommen zu lassen, die euch und eurem göttlichen Weg dienlich ist.

Für den Weg der Benennung des 1. Strahles Gottes und der Göttin auf Erden wird es notwendig sein, dass der weibliche Pol des großen Erzengels des 1. Strahles Gottes und der Göttin, Erzengel Faith, in eurer irdischen Realität wieder bewusst seinen rechtmäßigen Platz an der Seite von Erzengel Michael von euch zugewiesen bekommt.

Erzengel Faith wartet geduldig in euch und um euch auf ihr irdisches Erwachen.

In der göttlichen Wahrheit existiert keine Trennung.

Wenn ihr die Kraft des göttlichen Glaubens in euch bestärken wollt, dann braucht es nur dein: **Ich bin die Kraft des göttlichen Glaubens in mir. Ich glaube an den göttlichen Willen in mir und in meinem Leben.**

Diese Affirmationen gilt es ebenfalls laut und deutlich auszusprechen, wenn ihr euch in eurer wahren Göttlichkeit zu festigen sucht.

Sie können nicht oft genug laut und deutlich von euch ausgesprochen werden.

Ihr seid Herr und Meister eurer irdischen Realität.

Ihr seid die mächtigen Kinder eurer mächtigen Eltern auf Erden.

So seid gegrüßt, meine geliebten Erdenkinder,

Meister El Morya

Das Hals-Chakra

So seid gegrüßt, meine geliebten Erdenkinder!

Nun werden wir gemeinsam die großartige Reise durch euren irdischen Körper antreten.

Welch' eine Freude!

Euer irdischer Körper ist ein Wunderwerk an göttlicher Vollkommenheit in Tätigkeit.

Die Zeit ist für euch Menschen gekommen, dieses Wunderwerk, das ihr euren irdischen Körper nennt, zu erforschen, zu erfahren und ihn wahrhaft lieben zu lernen.

Gott und der Göttin sei Dank!

Es werde Licht!

Es braucht nur deinen Respekt und deine Bereitschaft, deinen Körper in seiner göttlichen Vollkommenheit bewusst erkennen, lieben und verstehen zu wollen.

Es braucht nur dein: Ich bin bereit!

Eure feinstofflichen und euer irdischer Körper bestehen aus sieben Hauptzentralen, die in ihrer Feinstofflichkeit als Energieräder zu sehen sind. Jedes der sieben großen Energieräder ist der Mittelpunkt einer eigenen Einheit in euren feinstofflichen und eurem irdischen Körper.

Ihr nennt jede dieser körperlichen Einheiten ein Chakra.

Das Wort *Chakra* stammt aus dem Sanskrit und bedeutet Rad.

Jedes der sieben großen Energieräder in euch steht in einer direkten Verbindung zu eurer göttlichen Wahrhaftigkeit, dem göttlichen Kreis in seiner göttlichen Vollkommenheit. Jedes der sieben großen Energieräder steht in einer direkten Verbindung zu einem der sieben Strahlen Gottes und der Göttin in euch und um euch.

Über diese göttlichen Energieräder in euch werdet ihr grenzenlos mit göttlicher Energie versorgt.

Die Liebe und Fürsorge Gottes und der Göttin zu euch ist grenzenlos!

Die göttliche Fülle steht euch in jedem Augenblick zu eurer freien Verfügung.

Es braucht nur dein: Ich bin bereit!

Ihr seid die göttlichen Kinder eurer göttlichen Eltern auf Erden.

Das göttliche Erwachen hat auf eurer geliebten Erde begonnen.

Es werde Licht!

Um euren physischen Körper befinden sich eure feinstofflichen Körper, die von euch die menschliche *Aura* genannt werden.

Direkt an euren irdischen Körper grenzen euer emotionaler, euer mentaler und euer spiritueller Körper in der von uns genannten Reihenfolge.

Eure göttlichen Energieräder versorgen euren physischen, euren emotionalen, euren mentalen und euren spirituellen Körper mit göttlicher Energie in ihrer göttlichen Feinstofflichkeit.

Die Adern und Venen, die ihr in eurem irdischen Körper erkennen könnt, sind die Transportwege eurer körperlichen Energien.

Sie sind wegen ihrer körperlichen Grobstofflichkeit für euer menschliches Auge sichtvoll.*

Eure körperlichen Lebens-Energien sind euer Blut und alle eure körperlichen Säfte und Enzyme.

Im Großen und im Kleinen findet ihr das Abbild der großen Göttin in ihrem Element Wasser in euch und um euch, die in ihrer göttlichen Vielseitigkeit die Trägerin der körperlichen Lebens-Energien in euch und um euch auf Erden ist und somit eurem irdischen Körper das Leben auf Erden ermöglicht.

Die Adern und Venen eurer feinstofflichen Körper sind für euch in eurer gegenwärtigen Entwicklung noch nicht immer sichtvoll.

---

* SaintGermain benutzt hier absichtlich nicht sicht*bar*, weil *bar* eine Verneinung darstellt, die das Gegenteil dessen ist, was eigentlich ausgedrückt werden soll. (Anm. d. Hrsgs.)

Sie werden von uns auch eure feinstofflichen *Kraftlinien* genannt.

Eure feinstofflichen Kraftlinien transportieren die Energien von euren göttlichen Energierädern in eure feinstofflichen Körper und beeinflussen auf diese Weise eure Emotionen, eure Gedanken und eure spirituelle Entwicklung.

Eure feinstofflichen Kraftlinien transportieren auch eure feinstofflichen Energien aus euren feinstofflichen Körpern in euren irdischen Körper.

Die Kraftlinien eurer feinstofflichen Körper innerhalb eures irdischen Körpers werden von euch auch eure körperlichen *Meridiane* genannt.

Eure körperlichen Meridiane sind der göttliche Fluss eurer göttlichen und somit eurer feinstofflichen Energien in eurem irdischen Körper.

Ihr seid die göttlichen Kinder eurer göttlichen Eltern auf Erden.

Einige von euch werden bewusst mit den feinstofflichen Energien Gottes und der Göttin versorgt.

Einige von euch werden unbewusst mit den feinstofflichen Energien Gottes und der Göttin versorgt.

Aber alle werden mit den feinstofflichen Energien Gottes und der Göttin versorgt.

Es lebe das Licht Gottes und der Göttin in jedem irdischen Lebensstrom!

Das Licht Gottes und der Göttin pulsiert in euch und um euch.

Die Menschheit hat nun einen Entwicklungsstand erreicht, der es ihr ermöglicht, durch die bewusste Annahme der göttlichen Energien in euch bewusst diese zu erfahren und somit auszudehnen.

Ist das nicht großartig!?

Es braucht nur dein: Ich bin bereit!

Eure göttlichen Energieräder sind die Träger eurer göttlichen Wahrhaftigkeit.

Sie befinden sich stets in der bewussten Erinnerung an eure göttliche Natur.

Ihr seid die göttlichen Kinder eurer göttlichen Eltern in Übung auf Erden.

Eure göttlichen Energieräder sind in ihrer Natur immer die göttliche Feinstofflichkeit in Tätigkeit und daher für euer grobstoffliches Auge nur mit viel Übung sichtvoll.

Sie bei ihrem wahren Namen zu benennen ist jedoch ein wesentlicher Schritt in die göttliche Vollkommenheit auf Erden.

Es werde Licht, meine geliebten Erdenkinder!

Eure göttlichen Energieräder sind in ihrem wahren Element jeweils ein Bestandteil eurer eigenen Seele.

Eure Seele besteht in ihrer irdischen Form aus sieben Energierädern, die ihr eure Chakren nennt.

Jedes der sieben Haupt-Chakren symbolisiert einen der sieben Strahlen Gottes und der Göttin in euch – in seiner körperlichen und somit irdischen Form.

Jedes Chakra steht immer in direkter Verbindung mit eurer göttlichen Wahrheit, der göttlichen Einheit Gottes und der Göttin in euch und um euch.

Ihr seid das Licht Gottes und der Göttin auf Erden!

Die göttlichen Energieräder in euch speichern alle unerlösten Erfahrungen und somit alle unerlösten Wunden und die dazugehörigen Illusionen, die ihr in euren irdischen Vorleben nicht zu meistern in der Lage gewesen seid.

Wenn eine Seele den Weg in ein irdisches Leben anzutreten bereit ist, dann werden ihre unerlösten Wunden eine Resonanz zu den irdischen Eltern und somit zu den irdischen Situationen bilden, die optimal dazu geeignet sind, ihre unerlösten Wunden in ihren göttlichen Energierädern anzusprechen, sie zu aktivieren, um sie in eure irdische Gegenwart zu gebären.

Auf diese Weise wird jeder Seele die göttliche Gnade zuteil, ihre unerlösten Wunden aus eigener Kraft zu transformieren und damit den

Weg der bewussten irdischen Selbsterfahrung und Selbsterleuchtung zu gehen.

Ihr seid Herr und Meister über euch und euer Leben.

Eure irdische Kindheit erfüllt immer die Funktion, alle unerlösten Wunden in euren göttlichen Energierädern zu aktivieren, um sie durch diese äußeren und somit irdischen Erfahrungen aus den göttlichen Energierädern in eure feinstofflichen und folglich auch in euren irdischen Körper zu transportieren.

Ist eure irdische Kindheit abgeschlossen, dann warten eure unerlösten Wunden geduldig auf ihren rechten Zeitpunkt der irdischen Transformation.

Ist eure Seele soweit gereift, eine unerlöste Wunde in euch transformieren zu können, dann wird diese unerlöste Wunde den Weg der bewussten Manifestation von äußeren, irdischen Situationen beschreiten, die eurer unerlösten Vergangenheit gleichen, um diese, eure unerlöste Wunde, in euer irdisches Bewusstsein zu erheben.

Ihr seid die göttlichen Kinder in göttlicher Übung auf Erden.

Die Zeit, dass neue Wunden und Illusionen in euch entstehen, ist schon sehr lange vorbei.

Ist das nicht großartig!

Diese göttliche Wahrhaftigkeit eurer irdischen Realität entzieht der Illusion des Opfer-Seins jeglichen Nährboden!

Es ist die Zeit des großen Erwachens, die euch wahre Verantwortung für euer eigenes Ich-Selbst lehren wird.

Es ist die Zeit der großen Befreiung, die eure Erde in dieser goldenen Zeit erfahren darf.

Ihr braucht nicht zu fliehen vor dem, was in euch ist.

Ihr braucht euch nicht zu ängstigen, wenn das Außen eure Wunden aktiviert.

Ihr braucht euch nicht schuldig zu fühlen oder an eurem göttlichen Wert zu zweifeln, wenn das Außen eure Wunden zu aktivieren in der Lage ist.

Vielmehr ist Anlass zu wahrer Freude gegeben!

Die unerlösten Wunden in euch erblicken das Licht der Bewusstheit, und ihr dürft ihnen andächtig lauschen, denn sie kennen ihren wahren Namen und sie kennen den Weg ihrer wahren Entstehung, den sie stets in eure Zukunft zu projizieren suchen, wenn sie in eurem Bewusstsein aufsteigen und dort übergangen oder missverstanden werden.

Wenn ihr euch gerade nicht in göttlicher Liebe empfindet, dann meidet den Weg der Betrachtung eurer irdischen Zukunft.

Wenn eure Idee der irdischen Zukunft nicht der Vision eures Herzens gleicht, dann werdet still und wisset, dass eine Wunde in euch ihre irdische Manifestation anzutreten bereit ist, um für euch sichtvoll zu werden.

Ihr dürft lernen, euch dieser unerlösten Wunden in euch in Liebe anzunehmen, bevor sie sich bewusst an die Manifestation im Außen begeben.

Ihr dürft mit Freuden lernen, in jedem Augenblick eurer irdischen Realität, wenn eine unerlöste Wunde in euch eure Zukunft in düsteren Tönen zu manifestieren sucht, eure göttliche Disziplin zu trainieren, um eure unerlösten Wunden von der Zukunft zu distanzieren, indem ihr sie nach ihrer Vergangenheit zu befragen bereit seid.

Wenn ihr die unerlösten Wunden in euch zu unterdrücken oder zu übergehen versucht, dann werden sie gewiss in eurer irdischen Zukunft durch äußere Situationen noch deutlicher werden müssen.

Eure Wunden wollen von euch verstanden oder vielmehr benannt werden.

Eure Seele ist in allen ihren irdischen Erscheinungsformen auf Entwicklung und Fortschritt ausgerichtet.

Ihr seid das göttliche Licht in Tätigkeit auf Erden!

Eure unerlösten Wunden wollen nicht wirklich eine unangenehme Wiederholung in eurem irdischen Leben manifestieren, sondern gehen nur dann diesen Weg, wenn es euch an innerer Bereitschaft fehlt, sie bewusst erforschen und somit benennen zu wollen.

Jedes Gefühl und jeder Gedanke, die euch daran hindern, dieses Leben als göttliches Geschenk der göttlichen Bewusstwerdung zu erfahren, sind unerlöste Wunden in euch, die nun den Weg ihrer Heilung anzutreten bereit sind.

Jede äußere Situation in eurem Leben, die ihr in euren irdischen Illusionen als unangenehm bis schmerzhaft bezeichnen würdet, ist durch eine düstere Vorwarnung einer unerlösten Wunde in euch angekündigt worden.

Entweder seid ihr den Weg der Unterdrückung eurer unerlösten Wunden gegangen oder ihr habt euch mit den Illusionen eurer unerlösten Wunden identifiziert und sie mit eurer göttlichen Schöpferkraft in der Manifestation ihrer Illusionen von Schrecken unterstützt.

Ihr seid die göttlichen Kinder in Übung auf Erden!

Ihr befindet euch immer und stets in der Aufarbeitung eurer irdischen Altlasten.

Diese irdischen Altlasten, die wir eure unerlösten Wunden nennen, bieten euch die großartige Gelegenheit, euer verdichtetes, göttliches Potential zu transformieren, damit ihr euch wieder in eure wahre göttliche Größe auszudehnen in der Lage seid.

Es ist ein ganz und gar wundervoller Weg, der Weg in eure eigene göttliche Bewusstheit.

Für euren Fortschritt auf Erden ist immer gesorgt.

Es existieren keine unglücklichen Umstände!

Es existieren immer die Umstände der göttlichen Gnade, die euch in jedem Augenblick erfüllt.

Gottes und der Göttin Vertrauen in eure wahre göttliche Größe ist grenzenlos.

Geduldig stehen sie dir zu Seite, bis du zu benennen in der Lage bist, was deine Seele die Illusionen von Leid oder Defizit erzeugen lässt.

Erlaube dir stets die gleiche göttliche Gnade, wenn du dich gerade in Übung befindest.

Es gibt keine irdische Situation, die dich wahrhaft überfordert.

Es existieren lediglich irdische Situationen, in denen du dich unterfordern möchtest und dich in deiner wahren Größe verkennen willst.

Das Licht Gottes und der Göttin ist in dir!

Erlaube dir stets das gleiche göttliche Vertrauen in dein eigenes göttliches Licht in dir, wenn du dich gerade in Übung befindest.

Geduld und Zuversicht dürfen deine selbstverständlichen Begleiter werden, mein geliebtes Erdenkind, auf deinem Weg in deine göttliche Wahrheit über dich selbst und dein irdisches Leben.

Nun wurde euch in den Kapiteln über den 1. Strahl Gottes und der Göttin ein großer Einblick gewährt in die richtige Reihenfolge und in die wahre Beschaffenheit des 1. Strahles Gottes und der Göttin in euch und um euch.

Jeder Strahl Gottes und der Göttin ist ein Bestandteil des göttlichen Kreises in seiner göttlichen Vollkommenheit.

Da jeder Bestandteil einer Einheit stets das Abbild seiner wahren Einheit in sich trägt, zeigt sich die irdische Manifestation eines göttlichen Strahles in euren feinstofflichen und in eurem irdischen Körper als Kreis, als feinstoffliches Energierad.

Wie oben, so unten ist alles nach dem einen Bilde erschaffen!

Der 1. Strahl Gottes und der Göttin gelangt in eurem Halschakra zu seinem körperlichen Ausdruck.

Die körperlichen Energiefelder des Halschakra sind:

1. der Kehlkopf
2. der Hals
3. der Rachen
4. die Zunge
5. der Mund
6. der Nacken
7. die Schilddrüse
8. die Ohren
9. die Schultern
10. die Arme
11. die Hände

Bevor wir jedoch mit der Benennung der grobstofflichen Bereiche eures irdischen Körpers beginnen, ist es hilfreich, dass wir die göttliche Reihenfolge berücksichtigen, die jeder wahren Benennung eines Dinges vorangeht.

Jedes körperliche Symptom, jeder körperliche Ausdruck, jede körperliche Beschaffenheit und jede körperliche Reaktion besitzt seinen feinstofflichen Ursprung.

Erst wenn ihr diese Regel zu akzeptieren bereit seid, werdet ihr euren Körper in seiner göttlichen Funktion als euer irdischer Diener verstehen und somit führen können.

Euer irdischer Körper ist der irdische Mittelpunkt eurer feinstofflichen Körper, eurer Aura und somit eurer wahren, feinstofflichen Natur.

Euer irdischer Körper wird aus der Energie eurer feinstofflichen Körper täglich neu geboren und gestaltet.

Ändern sich eure feinstofflichen Körper, dann verändert sich euer irdischer Körper.

Euer irdischer Körper ist das grobstoffliche Spiegelbild, die irdische Manifestation eurer göttlichen feinstofflichen Körper.

Euer irdischer Körper ist das Produkt eurer eigenen bewussten oder unbewussten Schöpferkraft.

Ihr seid der bewusste oder unbewusste Herr und Meister über euch und euren irdischen Körper.

Ihr seid aber immer der Herr und Meister über euch und euren irdischen Körper.

Es lebe das göttliche Licht in euch, meine geliebten Erdenkinder!

Jede innere oder äußere Beschaffenheit und jede innere oder äußere Reaktion eures physischen Körpers, die ihr einen Konflikt, eine Belastung oder sogar eine Krankheit nennt, ist das Spiegelbild einer unerlösten Wunde in einem eurer feinstofflichen Körper.

Eure göttlichen Energieräder besitzen Kraftlinien, die direkt eure feinstofflichen Körper mit Energie versorgen und somit die feinstofflichen Körper erschaffen, die dann euren irdischen Körper beeinflussen und ihn in der Art und Weise manifestieren, wie ihr ihn im Augenblick erfahren dürft.

Eure Seele erzeugt in jedem Augenblick neu ein irdisches Abbild eurer gegenwärtigen Gedanken und eurer gegenwärtigen Emotionen durch euren irdischen Körper.

Jedes ungesehene Licht und jede unerlöste Wunde in euch gelangt auf diese Weise zu einem sehr sichtvollen Ausdruck.

Ist das nicht großartig!

Eure feinstofflichen und euer grobstofflicher Körper stehen in einer gegenseitigen Abhängigkeit voneinander, so dass der Weg und die Suche nach eurer wahren Ganzheitlichkeit niemals verlorengehen kann.

Es braucht nur die bewusste Bereitschaft in euch, die bewusste Verantwortung für eure eigene göttliche Schöpferkraft in euch und eurem irdischen Leben zu übernehmen, um ein bewusster Herr und Meister über euch, eure Körper und euer Leben zu werden.

Ihr seid die göttlichen Kinder eurer göttlichen Eltern auf Erden.

Die Worte des geliebten Meisters El Morya erfüllen die Funktion, euch mit der göttlichen Wahrhaftigkeit eures Halschakras zu verbinden.

Die bewusste Erinnerung an den göttlichen Willen in euch und um euch wird euer Halszentrum aktivieren.

Euer göttliches Energierad in eurem Halsbereich wird durch eure zugeführte Aufmerksamkeit mehr Energie erhalten können, als wenn ihr dieses Feld in eurer irdischen Bewusstheit übergeht.

Euer körperlicher Kehlkopf ist das Symbol des göttlichen Willens in eurem irdischen Körper.

Direkt am Ende eures Hals, an der Stelle, an der euer Hinterkopf beginnt, findet ihr eine körperliche Mulde.

Ihre körperliche Form gleicht einem irdischen Schlüsselloch.

Diese Mulde ist die Empfangszentrale aller Energien, die in Resonanz zu eurem Halschakra stehen und somit dem 1. Strahl Gottes und der Göttin in euch und um euch entsprechen.

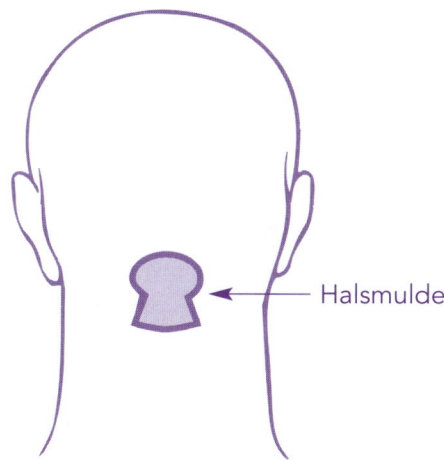

Halsmulde

Von dieser körperlichen Mulde, der Empfangszentrale des 1. Strahles Gottes und der Göttin in eurem irdischen Körper, fließt die göttliche Energie zu eurem Kehlkopf.

Jedes Kratzen, jedes Räuspern und jede Entzündung eures körperlichen Kehlkopfes zeigt euch einen inneren bewussten oder unbewussten Kampf, den ihr gegen euer irdisches Schicksal und den Willen Gottes und der Göttin in euch und eurem irdischen Leben zu führen sucht.

Wenn ihr nun in dieser großen Zeit der irdischen Wende euren Fokus auf das Außen richtet und einige eurer Brüder und Schwestern beobachtet, die in ihren Illusionen von Leid und Schmerz regelrecht zu ertrinken scheinen, dann darf euer ganzes göttliches Mitgefühl zu diesen Seelen in ihren Illusionen von irdischer Not fließen.

Ihr dürft sie in eurem Geist mit der göttlichen Liebe, der göttlichen Weisheit und dem göttlichen Licht versorgen.

Wenn euch eine Gelegenheit geboten wird, sie in ihren irdischen Illusionen von Not ein wenig zu befreien, dann darf jede solche Gelegenheit von euch dankbar ergriffen werden.

Übt euch darin, dem göttlichen Licht in ihnen zu vertrauen, denn es kennt ihren wahren Weg auf Erden und hat jede ihrer irdischen Erfahrungen selbst gewählt.

Hütet euch jedoch davor, zu einem selbsternannten Richter über Gottes und der Göttin Willen auf Erden zu werden.

Denn das ist nicht der Wille Gottes und der Göttin in euch und um euch.

Ihr werdet niemals ein wahrer Helfer sein können, wenn ihr andere Seelen darin bedauert, dass sie arme Opfer eines grausamen Gottes und einer grausamen Göttin seien, die sinnlos ihr Leben verloren haben.

Ihr seid die göttliche Schöpferkraft in Tätigkeit.

Erwacht, meine geliebten Erdenkinder!

Es existieren ausreichend Illusionen dieser Art, die ausreichend Illusionen von Leid und Kummer in eurer irdischen Realität erzeugt haben.

Diese Illusionen wollen in dieser goldenen Zeit nicht verstärkt, sondern transformiert werden.

In dieser goldenen Zeit braucht es eure bewusste Bereitschaft, die irdische Welt von ihren unerlösten Wunden zu befreien und somit alle Illusionen aufzulösen, die dazu geführt haben, dass eure irdische Welt so verwundet ist, dass sie euch oder andere scheinbar ohne erkennbare Ursache anzugreifen beginnt.

Es ist an der Zeit, eine bewusste Entscheidung zu treffen, wenn euch verwundete Verhaltensstrukturen in euch bewusst werden.

Ihr dürft euch eifrig darin üben, die göttliche Kraft, die göttliche Stärke, den göttlichen Mut und die göttliche Disziplin in euch und um euch auszudehnen, um den göttlichen Willen auf Erden in dem Massenbewusstsein der Menschheit zu festigen.

Jeder Versuch, den göttlichen Willen im Außen, in den äußeren Geschehnissen zu verleugnen, ist immer ein Versuch eurer eigenen unerlösten Wunden, über die Projektion in das Außen euer eigenes inneres Gehör zu finden.

Die Zeit der goldenen Freiheit auf Erden hat begonnen.

Die goldene Freiheit beginnt in euch.

Ihr dürft euch liebevoll den unerlösten Wunden in euch zuwenden, die jede Gelegenheit zu nutzen bereit sind, in euer irdisches Bewusstsein aufzusteigen, damit sie dort ihre rechtmäßige Transformation durch Bewusstheit erfahren.

Ihr seid die göttlichen Kinder eurer göttlichen Eltern auf Erden.

Es braucht nur dein: Ich bin bereit!

Jede Verdichtung in eurem Halsbereich hat als große Überschrift das Wort Trägheit.

Trägheit ist die verdichtete Form der Energien des 1. Strahles Gottes und der Göttin in euch und um euch.

Trägheit entsteht immer in eurem Mentalkörper, euren Gedanken, wenn diese sich weigern, den Weg der notwendigen Transformation auf Erden zu beschreiten.

Trägheit ist in ihrer Entstehung eine Frage des Geistes.

Ist euer irdischer Geist wahrhaft bereit, alle Gedanken und Gedankengänge loszulassen, die nicht der göttlichen Wahrhaftigkeit im Sinne des göttlichen Willens auf Erden entsprechen?

Ist euer irdischer Geist wahrhaft bereit, jede Situation in eurem Leben genau zu analysieren, um den göttlichen Willen in ihr ausfindig machen zu wollen?

Ist euer irdischer Geist wahrhaft bereit, in jeder irdischen Situation den göttlichen Willen erkennen zu wollen, um den göttlichen Willen in euch überhaupt empfangen zu können?

Ist euer irdischer Geist wahrhaft bereit, vor jeder irdischen Handlung prüfen zu wollen, ob diese wahrhaft dem göttlichen Willen entspricht, damit ihr euren Körper nicht mit irdischen Aufgaben überlastet, für die ihr keine göttliche Energie erhalten könnt, weil sie nicht dem göttlichen Willen in euch und um euch entsprechen, sondern das Klagelied eurer unerlösten Wunden wiedergeben?

Ist euer irdischer Geist wahrhaft bereit, an die göttliche Kraft in euch zu glauben, die euch für jede irdische Aufgabe, die dem göttlichen Willen entspricht, gegeben sein wird?

Ist euer irdischer Geist wahrhaft bereit, an die göttliche Kraft in euch zu glauben, die eurer wahren Göttlichkeit in euch entspringt und euch für alle göttlichen Energien empfänglich werden lässt, die ihr für eure göttlichen Aufgaben auf Erden benötigt, mögen sie euch auch noch so groß erscheinen?

Ist euer irdischer Geist wahrhaft bereit, an den göttlichen Willen in euch zu glauben, damit dieser in eure irdische Realität fließen kann?

Ihr seid die göttlichen Kinder eurer göttlichen Eltern in Übung auf Erden.

Ihr dürft euch diese Fragen in aller Ruhe stellen.

Übung macht einen Meister!

Unsere genannten Fragen werden euch Bewusstheit schenken über euch und euren irdischen Geist in seiner wahren Beschaffenheit.

Es werde Licht!

Die Bewusstheit über die wahre Beschaffenheit eurer irdischen Gedankenwelt wird euch erlauben, alle unerlösten Wunden zu benennen, die von euch benannt werden möchten, damit sie ihre Transformation durch das irdische Loslassen erfahren.

Jede Gedankenstruktur, die euren irdischen Geist daran zu hindern scheint, euch in jedem Augenblick eurer irdischen Realität bewusst mit dem göttlichen Willen zu vereinen, kann nur eine Identifikation eures irdischen Geistes sein, die nicht integriert, sondern losgelassen wird, wenn ihr eure irdischen Identifikationen eures irdischen Geistes bei ihrem wahren Namen nennt und sie nicht als eure irdische Realität verteidigt, rechtfertigt oder sie zu bekämpfen sucht.

Ihr seid das Licht der göttlichen Erleuchtung und der göttlichen Wahrheit in eurem göttlichen Geist.

Euer irdischer Geist trägt dieses Spiegelbild eures göttlichen Geistes in seiner ganzen Größe gespeichert, denn nach seinem Vorbild wurde er geschaffen.

Eure göttliche Erinnerung an euren göttlichen Geist ist in eurem irdischen Geist erwacht.

Euer göttliches Erwachen in eurem irdischen Geist wird dafür sorgen, dass ihr göttliche Gedankenstrukturen in eurem irdischen Geist zu bilden beginnt, wenn die Augenblicke der göttlichen Erinnerung in eurem irdischen Geist geboren werden.

Es werde Licht, in euch und um euch, so wie es euch immer gesagt wurde!

Alle überholten Gedankenstrukturen im Massenbewusstsein der Menschheit, die euch und eurer göttlichen Entwicklung auf Erden im Wege stehen, werden sich wegen fehlender Energiezufuhr in eurer irdischen Realität zu verkleinern beginnen, bis sie sich im Laufe eurer irdischen Zeit ganz und gar auflösen werden.

Die goldene Zeit wird neue Gedankenstrukturen gebären, die euch mit eurer wahren Göttlichkeit auf Erden bewusst vereinen werden.

Wir sind bereit, meine geliebten Erdenkinder, euch hilfreich zur Seite zu stehen, um diesen großartigen Prozess des Erwachens auf Erden mit ganzer göttlicher Kraft zu unterstützen.

Die göttliche Liebe zu euch ist grenzenlos.

Ihr dürft euch dieser göttlichen Liebe in euch und um euch ganz und gar hingeben, denn sie mag euch führen in die göttliche Erfüllung auf Erden.

Der 1. Strahl Gottes und der Göttin ist in eurer irdischen Illusion der Dualität dem männlichen Pol eurer irdischen Realität zugeordnet.

Werdet euch eurer eigenen irdischen Identifikationen in eurem Geist bewusst, wenn sich eure Gedanken aus Bequemlichkeit immer wieder in den Illusionen dieser irdischen Welt verstricken wollen.

Eure bewusste Bereitschaft, euch mit eurem göttlichen Mut und eurer göttlichen Disziplin dieser göttlichen Aufgabe in euch und um euch auf Erden zuzuwenden, ermöglicht euch die wahre Empfängnis des 1. Strahles Gottes und der Göttin in seiner ganzen göttlichen Größe, der göttlichen Macht, in euch und um euch in eurem irdischen Leben.

Die Benennung aller Dinge, die euch umgeben, ist notwendig, wenn ihr ein bewusster Schöpfer eurer irdischen Realität werden möchtet.

Es gilt für euch auf Erden, den Willen Gottes und der Göttin in euch und eurem irdischen Leben zu benennen und somit zu respektieren und anzuerkennen, denn dann darf der göttliche Wille in euch und um euch ganz und gar für euch sichtvoll werden und euch in das Tal der wahren göttlichen Erfüllung auf Erden führen.

Die göttliche Macht in euch und um euch ist grenzenlos, wenn ihr durch eure Aufmerksamkeit ein irdisches Tor erzeugt, durch das die göttliche Macht in euer irdisches Leben fließen kann.

Ihr seid die Schöpfer eurer irdischen Realität.

Der Glaube einer einzelnen Seele ist in der Lage, ganze irdische Berge zu versetzen, wenn dieser Auftrag dem göttlichen Willen auf Erden entspricht.

Ihr wisst häufig in eurer irdischen Bewusstheit noch nicht ausreichend über euch selbst Bescheid, meine geliebten Erdenkinder, so dass ihr noch nicht immer in der Lage seid, die Schicksale anderer Lebensströme, die euch umgeben, zu bewerten, ohne euch selbst darin zu verirren.

Integriert die Worte des geliebten Meister El Morya: Denn das ist der Wille Gottes und der Göttin auf Erden in eurem irdischen Bewusstsein, und ihr werdet nicht nur euch selbst kennenlernen, sondern auch den göttlichen Funken in jeder Seele und ihrem irdischen Lebensweg erblicken, die euch begegnet.

Bewertet ihre irdischen Rollen und Aufgaben nicht, sondern sucht das Licht Gottes und der Göttin in allem, was euch begegnet.

Bewertet nicht die irdischen Erfahrungen anderer Lebensströme, denn ihr kennt nicht immer den göttlichen Weg ihrer irdischen Bewusstwerdung, sondern sucht das Licht Gottes und der Göttin in allem, was euch begegnet.

Lasst die Worte des geliebten Meisters El Morya zu einem festen Bestandteil in eurer irdischen Realität werden, denn dann werden sich alle Illusionen von Schwäche, Ohnmacht und Hilflosigkeit in euch und um euch auflösen.

Die göttliche Wahrhaftigkeit über die wahre göttliche Macht in euch und in eurem Leben kann geboren werden!

Es braucht nur dein: Ich bin bereit!

Das göttliche Feuer des 1. Strahles Gottes und der Göttin fließt aus eurem göttlichen Energierad in eure feinstofflichen Körper ein, um von dort in euren irdischen Körper transportiert zu werden.

Trifft das göttliche Feuer auf seiner irdischen Reise auf unerlöste Wunden in eurem Mentalkörper, eurer Gedankenebene, dann entsteht ein innerer, ein energetischer Stau in euren feinstofflichen Körpern, den ihr als Druck wahrnehmen werdet.

Unerlöste Wunden in eurem Mentalkörper sind immer irdische Identifikationen, die euch daran hindern, bewusst an den göttlichen Willen in euch und um euch glauben zu können, um die Energie des göttlichen Willens auf Erden, das göttliche Feuer, ausreichend empfangen zu können.

Das göttliche Feuer kann nicht frei in eure irdische Bewusstheit einfließen, wenn eure Gedanken die Existenz dieser göttlichen Energie leugnen.

Ihr seid die Schöpfer eurer eigenen irdischen Realität.

Ein energetischer Stau des göttlichen Elementes Feuer in euch und um euch verhindert, dass euer irdischer Körper ausreichend mit göttlicher Energie versorgt wird, um eure göttlichen Aufgaben auf Erden in eurem wahren göttlichen Feuer umsetzen zu können.

Illusionen von Mühsal und Schwere euren irdischen Aufgaben gegenüber werden in euch und um euch geboren.

Übergeht ihr diese Illusion von Schwere und Mühsal in euch und um euch, die durch euren bewussten oder unbewussten Kampf gegen eure wahre Göttlichkeit auf Erden entsteht, und kämpft euch weiter durch euren Alltag, dann wird euer irdischer Körper beginnen, euch durch die Illusion der körperlichen Müdigkeit und Trägheit aufmerksam werden zu lassen, dass eine geistige Veränderung in euch ansteht.

Es braucht nun eure göttliche Disziplin in Tätigkeit, um euch in aller Ruhe der Aufgabe zuzuwenden, eure mentalen Gedankengänge im Namen des göttlichen Willens zu prüfen und zu klären, um wieder in eure göttliche Kraft und Stärke zu gelangen.

Prüft in diesen Augenblicken sorgfältig euren Glauben an den göttlichen Willen in euch und eurem Leben und unterstützt diesen laut und deutlich mit eurem: **Ich glaube an die göttliche Kraft in mir, die alle Aufgaben zu meistern in der Lage ist, die meinem göttlichen Willen auf Erden entsprechen!**

Wenn ihr das göttliche Feuer nicht ausreichend in euch empfangen könnt, weil unerlöste Wunden in euch den Weg der bewussten göttlichen Empfängnis des göttlichen Feuers in eurem irdischen Körper verhindern, dann fehlt euch die Energie für eure göttlichen Aufgaben auf Erden.

Wenn eure Gedankenebene nicht ausreichend darauf ausgerichtet ist, den göttlichen Willen in eurem irdischen Leben erkennen zu wollen, dann übernehmen unerlöste Wunden in euch die Führung und vernebeln euren irdischen Klarblick.

Aus den unerlösten Wunden von Angst, Not, Schuldgefühlen, Traurigkeit, Einsamkeit oder Selbstzweifeln belastet ihr euch zusätzlich mit irdischen Aufgaben, die den Illusionen eurer Wunden entspringen, aber ganz gewiss nicht dem göttlichen Willen auf Erden.

Jede irdische Handlung benötigt göttliche, feinstoffliche Energien, um sich auf der irdischen Ebene zum Ausdruck zu bringen.

Wenn ihr irdische Handlungen auszuüben sucht, die nicht dem göttlichen Willen entsprechen, oder aber eine irdische Handlung auszuüben sucht, die dem göttlichen Willen entspricht, ihr aber in einer Illusion gefangen seid, die euch daran hindert, an den göttlichen Willen in euch und eurem Leben zu glauben, und ihr somit das göttliche Feuer des göttlichen Willens in euch nicht ausreichend empfangen könnt, dann fehlt euch die göttliche Energie für die Umsetzung eurer irdischen Handlungen.

Wenn ihr euch jedoch allem zum Trotz weiter durch euer Leben kämpfen möchtet, dann geht ihr in solchen Augenblicken oft unbewusst in eurem irdischen Körper auf die Suche nach Energie.

Wer sucht, der findet!

Jedes eurer sieben Chakren wird mit göttlicher Energie versorgt.

Euer Wurzelchakra erfüllt die Funktion, euren eigenen, irdischen Körper zu wärmen.

Das Wurzelchakra ist das Chakra, das göttliche Energierad des 4. Strahles Gottes und der Göttin in eurem feinstofflichen und eurem grobstofflichen Körper. In eurem Wurzelchakra entsteht und pulsiert das irdische Feuer, das euren eigenen irdischen Körper mit Lebensenergie versorgen und wärmen darf.

Die Energie des Wurzelchakras wird von euch häufig dazu missbraucht, euch weiter durch euren irdischen Alltag zu hetzen, wenn euch eure unerlösten Wunden daran hindern, euch auf das zu konzentrieren, was dem göttlichen Willen in euch und eurem irdischen Leben entspricht, oder ihr nicht in der Lage seid, ausreichend an den göttlichen Willen in eurer irdischen Bewusstheit zu glauben, um somit ausreichend göttliches Feuer in euch zu empfangen.

Wenn ihr euch für eure irdischen Handlungen und gesprochenen Worte die Energie aus eurem Wurzelchakra abzieht, dann fehlt dort die Energie, euren irdischen Körper ausreichend mit Lebensenergie zu wärmen und zu versorgen.

Euer irdischer Körper verliert an körperlicher Kraft, wenn der Glaube an eure geistige Kraft nicht ausreichend in eurem geistigen Bewusstsein verankert ist. Euer irdischer Körper benötigt die Energie aus eurem Wurzelchakra für den Erhalt eurer irdischen Existenz.

Euer Wurzelchakra sendet in diesen Augenblicken das Signal aus, in seiner Lebensenergie bedroht zu werden.

Dieses Signal aktiviert euren animalischen Instinkt.

Euer animalischer Instinkt erfüllt die Funktion, euer irdisches Überleben zu sichern.

Er begibt sich augenblicklich auf die bewusste oder unbewusste Suche nach einem inneren oder äußeren Angreifer, einen vermeintlichen Verursacher für eure körperliche Bedrohung.

Einige Illusionen eurer irdischen Kampfbühnen werden auf diese Weise in eurer irdischen Realität geboren.

Ihr seid die Schöpfer eurer eigenen irdischen Realität.

Die Illusionen eurer Gedanken, die den göttlichen Willen übergehen wollen, erzeugen ihre emotionale und körperliche Reaktion in euch.

Die Illusion von irdischer Getrenntheit in eurem irdischen Geist wird auf der emotionalen und körperlichen Ebene geboren, wenn der animalische Instinkt in einer Seele die irdische Führung übernimmt.

Viele Seelen beginnen in den Augenblicken, da ihr animalischer Überlebensinstinkt erwacht – der immer erwacht, wenn eure irdische Existenz bedroht wird – laut zu bellen, um ihr irdisches Leben bewusst oder unbewusst verteidigen und schützen zu wollen.

Ihr nennt diese körperlichen Reaktionen eures animalischen Instinktes Husten.

Akzeptiert die Botschaft eures Körpers und stärkt euren irdischen Körper in seiner Empfänglichkeit für das göttliche Feuer mit eurem: **Ich glaube an die göttliche Kraft in mir und meinem Leben, die mich mit göttlicher Energie erfüllt, um alle irdischen Aufgaben meistern zu können, die dem göttlichen Willen in meinem Leben entsprechen.**

Übung macht den Meister, meine geliebten Erdenkinder!

Euer animalischer Instinkt wird aus eurem eigenen inneren Lebenskampf geboren, der entsteht, wenn ihr eurem Wurzelchakra seine Lebens-Energie abzieht und somit eure eigene irdische Existenz zu bedrohen beginnt.

Was du säst, das erntest du.

Euer animalischer Instinkt wird aus der Illusion von Überlebens-Kampf geboren und kann nur auf seiner Ebene von Kampf und Verteidigung reagieren.

Ist euer animalischer Instinkt in euch aktiv, dann seid ihr gereizt und unterdrückt meist verzweifelt euer bewusstes oder unbewusstes Angriffs- und Verteidigungsbedürfnis.

Euren animalischen Instinkt bekämpfen zu wollen, ist wenig sinnvoll, denn dieser sucht auf seine eigene Art und Weise euer irdisches

Leben zu schützen und wird ganz die Führung übernehmen, wenn ihr ihm euer göttliches Gehör verweigert.

Alle Gedanken und Gedankenstrukturen, die nicht den göttlichen Willen in einer irdischen Situation zu integrieren bereit sind, erzeugen Illusionen der Getrenntheit, die auch immer die Illusion von Kampf in sich birgt und somit euren animalischen Instinkt langfristig aktiviert.

Das Halschakra ist die Zentrale des göttlichen Feuers.

Das Wurzelchakra ist die Zentrale des irdischen Feuers.

Das irdische Feuer ist in seiner irdischen Beschaffenheit sehr grobstofflich.

Das göttliche Feuer ist in seiner göttlichen Beschaffenheit sehr feinstofflich.

Fließt das irdische Feuer langfristig in euer Halschakra ein, um als Ersatz für das göttliche Feuer einzuspringen, dann kommt es in eurem Hals und eurem Rachen zu Verbrennungen, die ihr Entzündungen nennt.

Euer Körper zeigt in diesen Augenblicken sehr deutlich die Überlastung durch die Farbe Rot, die dem irdischen Feuer entspricht.

Eure Zunge erzeugt einen Belag, der sie vor dem Austrocknen durch die Überlastung des irdischen Feuers in eurem körperlichen Halsbereich bewahren soll.

Die fehlende Lebensenergie in eurem Wurzelchakra führt zu einer Unterkühlung eures irdischen Körpers, die euer Immunsystem schwächt und somit euren irdischen Körper offen und empfänglich für die Illusionen von angreifenden Viren werden lässt, die durch das Außen empfangen werden und dafür sorgen, dass Entzündungen in eurem Hals und eurem Rachen entstehen, die euch die energetischen Verbrennungen offenbaren, die in eurem Halschakra benannt werden möchten.

Es werde Licht!

Die Empfangszentrale des göttlichen Feuers in eurem irdischen Körper, die Mulde zwischen eurem Hinterkopf und eurem Hals, ist ein zentraler Ausgangspunkt eurer feinstofflichen Meridiane in eurem Halschakra.

Die feinstofflichen Meridiane in eurem Halschakra erfüllen die Funktion, das göttliche Feuer in eurem irdischen Körper zu transportieren und ihn somit ausreichend mit dieser göttlichen Energie zu versorgen.

Euer irdischer Körper ist Bestandteil der göttlichen Vollkommenheit auf Erden.

Links und rechts unter eurer körperlichen Empfangszentrale des göttlichen Feuers an eurem Hinterkopf verlaufen die feinstofflichen Meridiane des 1. Strahles Gottes und der Göttin, zu euren Ohren.

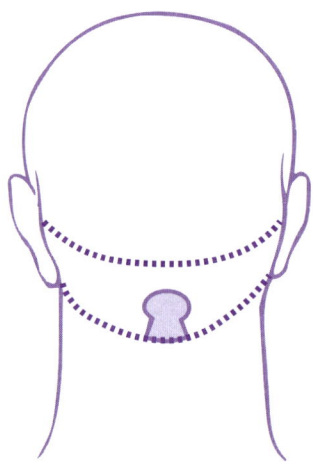

Genau an der Grenze zwischen Kopf und Hals fließen eure körperlichen Meridiane des 1. Strahles Gottes und der Göttin in euch links und rechts gerade in die Richtung zu euren Ohren und fließen unter eurem Ohr gerade zu eurem Ohrläppchen und von dort um euer gesamtes Ohr, bis sie vom Ohrläppchen über eure untere Gesichtskante, am Kinn entlang bis zu dem Ohrläppchen der anderen Gesichtshälfte fließen.

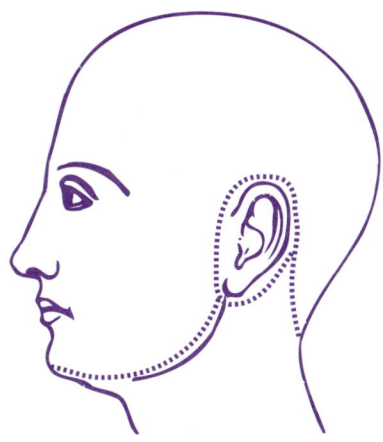

Der göttliche Fluss eurer linken Gesichtshälfte vereint sich immer mit dem göttlichen Fluss eurer rechten Gesichtshälfte, denn der göttliche Fluss ist in seiner göttlichen Wahrhaftigkeit immer androgyn.

Der göttliche Fluss vereint sich in euch, denn es ist immer der Eine Fluss, der in beiden Polen eures Körpers fließt.

Weiter fließt eine feinstoffliche Linie von der Mitte eines Ohres gerade durch euer Gesicht, unter eurer Nase entlang bis zu eurem anderen Ohr.

Diese feinstoffliche Linie fließt weiter an der Rückseite eures einen Ohres gerade über euren Hinterkopf zu der Rückseite des anderen Ohres.

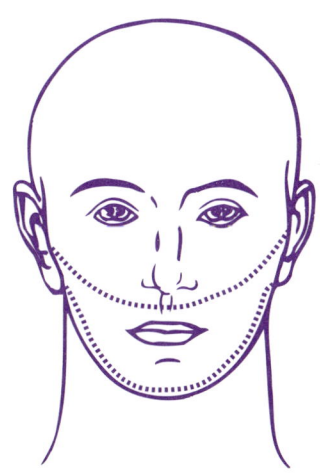

Jede Verdichtung in diesem feinstofflichen Meridian des 1. Strahles Gottes und der Göttin führt langfristig zu einem körperlichen Konflikt in der körperlichen Region, die durch eure körperlichen Meridiane mit der göttlichen Energie des göttlichen Feuers versorgt wird.

Der zentrale Mittelpunkt und der innere Kreis des oben genannten energetischen Feldes ist in eurem Gesicht euer Mund.
Der zentrale Mittelpunkt und der innere Kreis des oben genannten energetischen Feldes ist an eurem Hinterkopf die Mulde, die die göttlichen Energien des 1. Strahles Gottes und der Göttin körperlich in Empfang nimmt.

Aus eurem Mund suchen die göttlichen Energien des 1. Strahles Gottes und der Göttin in eure irdische Realität zu fließen.
Ihr seid Herr und Meister über euch und euer irdisches Leben.
Ihr seid Herr und Meister über euch und eure eigenen göttlichen Energien in eurer irdischen Realität.
Ist das nicht großartig!
Es braucht nur eure bewusste Bereitschaft, die Verantwortung für die göttliche Macht in euren irdischen Worten bewusst zu übernehmen, um euch die wahren göttlichen Wunder in eurer irdischen Realität zu offenbaren.
Ihr dürft bedachtsamer in der Wahl eurer irdischen Worte werden.
Das ist euch jedoch nur dann möglich, wenn es eurer Seele gelingt, ihre feinstoffliche Natur durch eure göttlichen Worte und eure göttlichen Handlungen auf Erden bewusst in der grobstofflichen Erde zu festigen.
Wenn die Energien eurer gesprochenen Worte und eurer irdischen Handlungen aus eurem animalischen Instinkt geboren werden, dann verlieren sie ihre göttliche Macht und erzeugen in euch und in eurer irdischen Realität die Illusionen von Opfer, Ohnmacht und Schwäche.
Eure gesprochenen Worte und eure irdischen Handlungen suchen sich in ihrer göttlichen Wahrhaftigkeit aus dem Fundament des göttlichen Willens in euch und um euch zu gebären, um euch die wahre

göttliche Macht der göttlichen Magie der irdischen Worte in eurer irdischen Realität zu offenbaren.

Denn am Anfang war der Ton.

Ihr seid die göttlichen Kinder eurer göttlichen Eltern in Übung auf Erden.

Es werde Licht!

Jedes gesprochene Wort besitzt seine eigene göttliche Magie in eurer irdischen Realität.

Eure gesprochenen Worte können das göttliche Vertrauen in der irdischen Bewusstheit einer anderen Seele oder in eurer eigenen irdischen Bewusstheit stärken und aktivieren oder aber die Illusionen von Angst nähren.

Eure gesprochenen Worte können die göttliche Freiheit und den göttlichen Glauben an das eigene göttliche Licht in der irdischen Bewusstheit einer anderen Seele oder in eurer eigenen göttlichen Bewusstheit stärken und aktivieren oder aber die irdische Illusion von Schuld nähren.

Eure gesprochenen Worte können den göttlichen Frieden in der irdischen Bewusstheit einer anderen Seele oder in eurer eigenen irdischen Bewusstheit stärken und aktivieren oder aber die irdische Illusion von Kampf nähren.

Eure gesprochenen Worte können die göttliche Liebe in der irdischen Bewusstheit einer anderen Seele oder in eurer eigenen irdischen Bewusstheit stärken und aktivieren oder aber die irdische Illusion von Hass nähren.

Eure gesprochenen Worte können eure Brüder und Schwestern oder euch selbst an den göttlichen Willen in ihrem oder eurem irdischen Leben bewusst erinnern oder aber die irdische Illusion der Trägheit nähren.

Eure gesprochenen Worte können die göttliche Klarheit und den göttlichen Überblick in der irdischen Bewusstheit einer anderen Seele oder in eurer eigenen irdischen Bewusstheit stärken oder aktivieren oder aber die irdischen Illusionen von Verwirrung und Verirrung nähren.

Eure gesprochenen Worte können euch und andere Seelen näher zu Gott und der Göttin in ihrer irdischen Bewusstheit führen oder aber die irdische Illusion der Getrenntheit von euren göttlichen Eltern nähren.

Bedenkt unsere Worte, meine geliebten Erdenkinder, denn ihr seid die göttlichen Kinder eurer göttlichen Eltern auf Erden.

Gewiss, eure göttlichen Worte können nur die Böden befruchten, die für eure gesprochenen Worte empfänglich sind und in Resonanz zu eurer göttlichen Wahrheit oder eurer irdischen Illusion stehen.

Doch der irdische Zeitpunkt ist gekommen, euch wieder an die Magie der gesprochenen Worte in euch und eurer irdischen Realität zu erinnern, um euch ein bewusster Herr und Meister über euch und euer irdisches Leben werden zu lassen.

Es werde Licht!

Für das Aussprechen des göttlichen Willens in euch und um euch fließt ein großer Teil der göttlichen Energien des 1. Strahles Gottes und der Göttin in euren irdischen Mund.

Es ist eine wichtige Aufgabe für jedes Menschenkind, die Dinge, die es umgeben, laut und deutlich bei ihrem wahren Namen zu benennen.

Die Empfangszentrale des 1. Strahles Gottes und der Göttin, die körperliche Mulde an eurem Hinterkopf über eurem Hals, wird von euch im allgemeinen Nacken genannt.

Die göttlichen Energien des 1. Strahles Gottes und der Göttin fließen in eure körperliche Empfangszentrale, euren Nacken ein, wenn es für die Erfüllung eures göttlichen Planes auf Erden notwendig ist, bestimmte Dinge auszusprechen oder bestimmte Handlungen auszuführen, die euch auf eurem göttlichen Pfad voranschreiten lassen.

Immer dann, wenn eure Worte und eure Taten große Veränderungen in eurer irdischen Realität erzeugen sollen, steigen oft unerlöste Wunden in euch auf, die ihr häufig als Alibi zu nehmen sucht, um eure unerlöste Wunde der Trägheit zu rechtfertigen.

Ihr beginnt euch in diesen Augenblicken dem göttlichen Willen in euch und um euch zu verschließen.

Dieser körperliche Verschluss erzeugt eine energetische Verdichtung in eurem Nacken, die sich immer weiter in eurem gesamten Hals-, Kopf- und Schulterbereich des 1. Strahles Gottes und der Göttin in eurem irdischen Körper auszudehnen in der Lage ist, um euch darauf aufmerksam werden zu lassen, wie hilfreich es doch für euch wäre, euch den irdischen Aufgaben zuzuwenden, die es in diesem Augenblick für eure spirituelle Entwicklung auf Erden zu nutzen gilt.

Euer irdischer Körper ist stets euer größter Diener!

Ihr dürft ihn in seiner grenzenlosen Liebe zu euch in seiner ganzen körperlichen Liebe anerkennen.

Die fehlende Zufuhr der göttlichen Energien, die durch einen körperlichen Verschluss in eurem Nacken entsteht, lässt euren irdischen Körper die Illusion von Müdigkeit und Schwäche erzeugen, und gleichzeitig erzeugt die Verdichtung in eurem Nacken einen inneren Druck, der euch nicht zur Ruhe kommen lässt.

Wenn die großartige Gelegenheit, auf die euch euer irdischer Körper in diesen Augenblicken aufmerksam zu machen sucht, ungenutzt an euch vorüberzieht, wird sich euer Nacken entspannen.

Der göttliche Wille in euch und um euch wird durch die Manifestationskraft eurer unerlösten Wunden jedoch ganz gewiss eine neue Gelegenheit gebären, die ungelöste Aufgabe eurer Seele für eure göttliche Bewusstwerdung auf Erden zu meistern.

Euer irdischer Körper wird erneut die oben genannten Symptome gebären, um euch an den göttlichen Willen in euch und um euch zu erinnern, wenn sich erneut eine irdische Gelegenheit für euren göttlichen Fortschritt auf Erden bietet, der die Transformation von unerlösten Wunden in eurem Halschakra in eurer irdischen Realität zu erfahren sucht.

Ihr dürft euren göttlichen Mut und eure göttliche Disziplin entwickeln lernen, um in ganzer Kraft und Stärke euren Weg des wahren Glaubens an den göttlichen Willen in eurem irdischen Leben zu gehen.

Bedenkt stets dabei: Übung macht den Meister!

Der göttliche Glaube an das göttliche Erwachen der göttlichen Erinnerung auf Erden in euch und um euch ist grenzenlos.

Die Zeit der goldenen Erinnerung auf Erden ist gekommen.
Es werde Licht!

Eure göttlichen Erkenntnisse und eure göttlichen Bewusstseinsprozesse wollen in eurer irdischen Realität ihre irdische Umsetzung erfahren.

Ihr sucht die göttliche Pyramide aus dem irdischen Quadrat zu gebären, die den göttlichen Kreis der göttlichen Vollkommenheit in euch und eurer irdischen Bewusstheit erzeugen wird.

Der Weg der irdischen Kommunikation über eure Worte ist ein Weg, der euch die irdische Umsetzung eurer göttlichen Wahrhaftigkeit auf Erden ermöglichen kann.

Jede irdische Kommunikation über eure göttliche Wahrhaftigkeit verbindet eure feinstoffliche Welt mit eurer grobstofflichen Welt.

Meister El Morya war in seinem irdischen Körper der Vermittler zwischen Himmel und Erde.

Sein göttlicher Wille floss im Namen Gottes und der Göttin durch seinen irdischen Körper in eure geweihte Erde und hat sie befruchtet mit dem wahren Willen Gottes und der Göttin, der es ihr ermöglicht, sich bewusst an ihre wahre Göttlichkeit zu erinnern, um sich in ihre wahre göttliche Größe zu erheben und somit auszudehnen.

Das Abbild von Meister El Morya findet ihr in eurem Halsbereich und somit auch die göttliche Macht eurer irdischen Kommunikation.

Ihr seid die göttlichen Kinder eurer göttlichen Eltern auf Erden.
Es werde Licht!

Jede wahre Veränderung in eurem Außen benötigt das Fundament einer inneren Veränderung in euch.

Göttliche Bewusstheit fließt in euch ein, um von euch und durch euch in eure irdische Realität zu fließen.

Wenn der Zeitpunkt gekommen ist, göttliche Veränderungen in eurem irdischen Leben vorzunehmen, dann fließt das Feuer der göttlichen Erlösung in euch ein, das euch aus überholten Situationen befreien möchte, um euch in eine tiefere Erkenntnisebene über das irdische Leben zu führen.

Ihr wisst tief in euch, wenn der göttliche Zeitpunkt in eurem irdischen Leben gekommen ist, die irdischen Worte und/oder die irdischen Handlungen auszusprechen und/oder auszuführen, die die Illusionen von Getrenntheit oder Angst in euch oder in einer anderen Seele aktivieren können.

Der göttliche Wille fordert in seiner göttlichen Wahrhaftigkeit stets den Weg der göttlichen Bewusstwerdung eurer unerlösten Wunden in euch und um euch, der euch die göttliche Transformation auf Erden ermöglicht.

Erlaubt dem göttlichen Willen in euch stets euer irdisches Leben zu führen.

Die Illusionen eurer unerlösten Wunden in euch selbst oder in einer anderen Seele sollten euch und andere nicht davon abhalten, dem göttlichen Willen in euch zu folgen.

Der göttliche Wille erzeugt immer das irdische Brot, die irdische Nahrung für jede Seele auf Erden, die sie gerade für ihre spirituelle, göttliche Entwicklung benötigt.

Gott und die Göttin sorgen für euch in ihrer göttlichen Vollkommenheit auf Erden.

Gott und die Göttin wissen, welches irdische Brot jede einzelne Seele auf Erden benötigt, um ihr göttliches Licht auf Erden optimal zu nähren.

Für jede Seele auf Erden wird das irdische Brot gebacken sein, das ihrem göttlichen Licht die größtmögliche Entfaltung und somit die größtmögliche irdische Bewusstwerdung ermöglicht.

Es braucht eure eigene bewusste und somit irdische Entscheidung, an den göttlichen Willen in eurem irdischen Leben und dem Leben einer jeden Seele zu glauben, damit dieser für euch in ganzer Größe sichtvoll werden kann.

Es werde Licht in euch und um euch!

Eure rechte Gesichts- und Kopfhälfte ist der irdische Ausdruck der Göttin in euch und eurem irdischen Körper.

Eure linke Körperhälfte ab der Schilddrüse ist der irdische Ausdruck eurer Göttin in euch und eurem irdischen Körper.

Von eurem Scheitel fließt euer körpereigener weiblicher Strom erst durch eure rechte Kopfhälfte bis zur Schilddrüse in eurem Halsbereich.

Von der Schilddrüse fließt der körpereigene weibliche Strom aus eurer rechten Kopf- und Gesichtshälfte weiter in eure linke Körperhälfte bis in eure Fingerspitzen und eure Zehen der linken Körperhälfte.

Von eurem linken Fuß und eurer linken Hand fließt euer körpereigener weiblicher Strom durch eure linke Körperhälfte bis zur Schilddrüse in eurem Halsbereich.

Von der Schilddrüse fließt der körpereigene weibliche Strom aus eurer linken Körperhälfte weiter in eure rechte Kopfhälfte bis zum Scheitel der rechten Kopfhälfte.

Eure linke Gesichts- und Kopfhälfte ist der irdische Ausdruck eures Gottes in euch und eurem irdischen Körper.

Eure rechte Körperhälfte ist ab der Schilddrüse der irdische Ausdruck eures Gottes in euch und eurem irdischen Körper.

Von eurem Scheitel fließt euer körpereigener männlicher Strom erst durch eure linke Kopfhälfte bis zur Schilddrüse in eurem Halsbereich.

Von der Schilddrüse fließt der körpereigene männliche Strom aus eurer linken Kopf- und Gesichtshälfte weiter in eure rechte Körperhälfte bis in eure Fingerspitzen und eure Zehen der rechten Körperhälfte.

Von eurem rechten Fuß und eurer rechten Hand fließt euer körpereigener männlicher Strom durch eure rechte Körperhälfte, bis zur Schilddrüse in eurem Halsbereich.

Von der Schilddrüse fließt der körpereigene männliche Strom aus eurer rechten Körperhälfte weiter in eure linke Kopfhälfte bis zum Scheitel der linken Kopfhälfte.

In eurem irdischen Körper kreuzen sich also eure körpereigenen Wege Gottes und der Göttin in eurer Schilddrüse und wechseln dort ihre Körperseiten.

In eurem irdischen Körper steuert eure linke Gehirnhälfte eure rechte Körperhälfte und eure rechte Gehirnhälfte eure linke Körperhälfte.

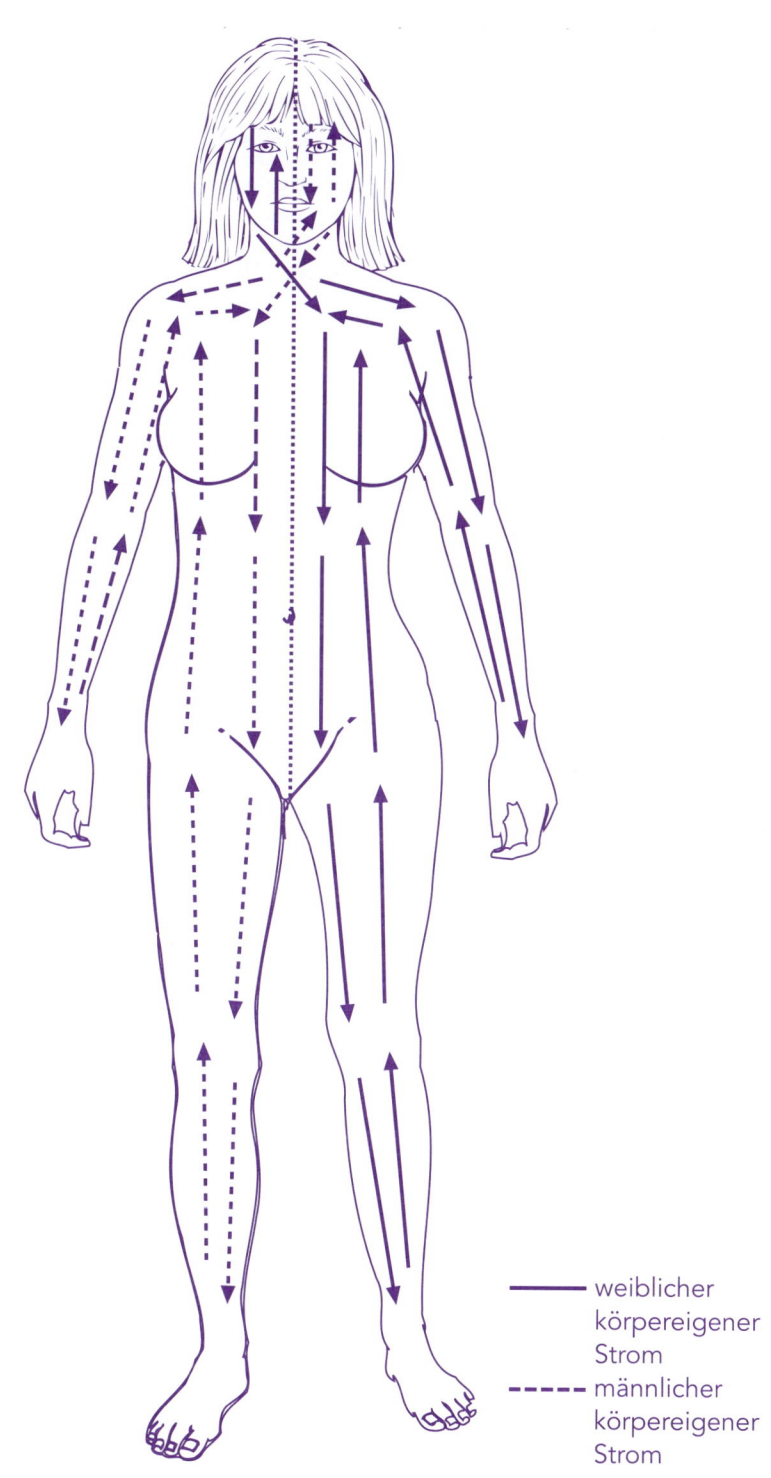

weiblicher
körpereigener
Strom
männlicher
körpereigener
Strom

Euer irdischer Körper ist der grobstofflichste Bestandteil eurer eigenen irdischen Seele und manifestiert eure Illusion der irdischen Dualität, die es für euch und in euch durch eure eigene göttliche Bewusstheit auf Erden zu transformieren gilt.

Euer irdischer Körper, er ist bereit, euch in jedem Augenblick seiner irdischen Existenz zu Diensten zu sein, meine geliebten Erdenkinder.

Wenn ihr seinen Dienst wahrhaft in Anspruch zu nehmen bereit seid, dann ist das göttliche Mysterium in der Lage, sich über euren irdischen Körper in dieser irdischen Realität zu manifestieren.

In der göttlichen Wahrhaftigkeit existiert keine irdische Dualität.

Die göttliche Wahrhaftigkeit ist immer das Bildnis der göttlichen Einheit in euch und um euch.

Die Energien Gottes und der Göttin in ihrer göttlichen Wahrhaftigkeit fließen gerade durch euren irdischen Körper.

Die göttliche Wahrhaftigkeit findet in eurer körperlichen Feinstofflichkeit und somit auch in eurer irdischen Körperlichkeit ihren göttlichen Ausdruck.

Um euren irdischen Hals befindet sich euer feinstofflicher Hals, der Bestandteil eurer feinstofflichen Aura ist und direkt an euren körperlichen Hals grenzt.

In eurem feinstofflichen Hals, dem Energiefeld um euren körperlichen Hals, findet ihr einen feinstofflichen Meridian, dessen körperliche Ein- und Ausgänge ebenfalls durch eure irdischen Ohren und eure Achselhöhlen gekennzeichnet sind.

Dieser feinstoffliche Meridian ermöglicht es einem Bestandteil eurer körpereigenen männlichen Energie, aus eurer linken Kopfhälfte in eure linke Körperhälfte zu gelangen, die eurer körpereigenen inneren Göttin entspricht, und ermöglicht eurer körpereigenen weiblichen Energie, aus eurer linken Körperhälfte in eure linke Kopfhälfte zu gelangen, die eurem körpereigenen Gott entspricht.

Dieser feinstoffliche Meridian ermöglicht einem Bestandteil eurer körpereigenen weiblichen Energie, aus eurer rechten Kopfhälfte in eure rechte Körperhälfte zu gelangen, die eurem körpereigenen inneren Gott entspricht und ermöglicht eurer körpereigenen männlichen Energie, aus eurer rechten Körperhälfte in eure rechte Kopfhälfte zu gelangen, die eurer körpereigenen Göttin entspricht.

Euer körpereigener innerer Gott ist dadurch in der Lage, eure körpereigene innere Göttin durch seine Gedanken und seine körperlichen Bedürfnisse zu befruchten.

Eure körpereigene innere Göttin ist dadurch in der Lage, euren körpereigenen inneren Gott durch ihre Emotionen und ihre körperlichen Bedürfnisse zu gebären.

Ihr sucht den Weg der göttlichen Einheit in euch und um euch.

Der Weg der göttlichen Vereinigung beginnt in euch.

Der feinstoffliche Meridian von euren irdischen Ohren zu euren irdischen Achselhöhlen und von euren irdischen Achselhöhlen zu euren irdischen Ohren ist ein göttlicher Weg in euch, der euch den irdischen Austausch und somit die irdische Vereinigung zwischen eurem körpereigenen Gott und eurer körpereigenen Göttin ermöglicht.

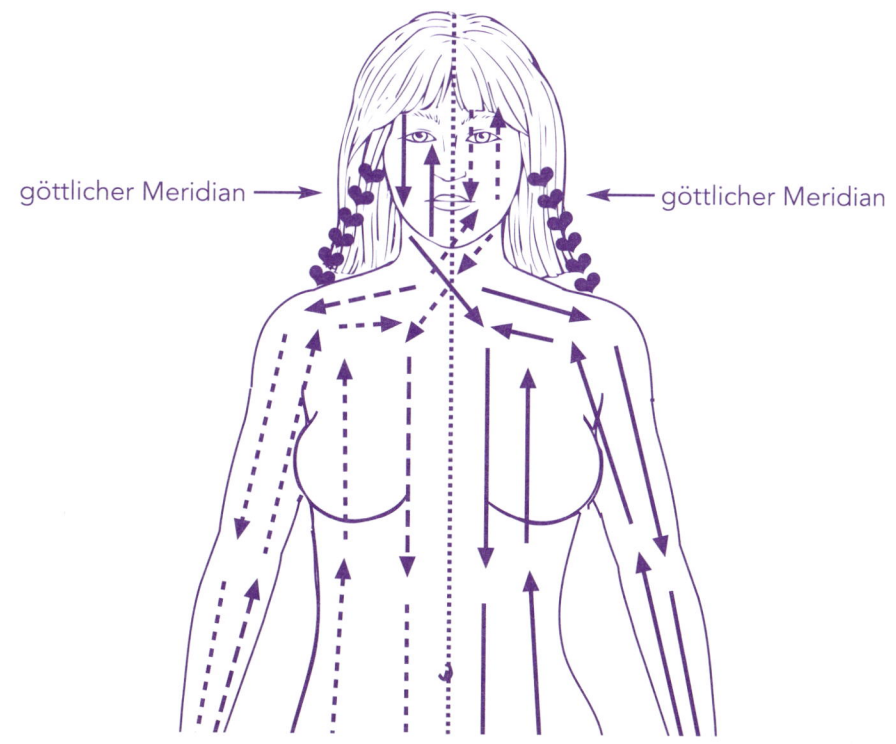

göttlicher Meridian →   ← göttlicher Meridian

Dieser feinstoffliche Meridian kann ein sehr schmaler Spalt in der feinstofflichen Aura einer irdischen Seele sein, der direkt von euren körperlichen Achselhöhlen zu eurer Ohrenumrandung fließt und von euren körperlichen Ohren zu euren Achselhöhlen, oder er kann so breit sein, dass er direkt an euren irdischen Körper, an eure Schulter, an euren Hals und euren unteren Gesichtsbereich grenzt und sich in eurer feinstofflichen Aura weiter ausdehnt.

Dieser göttliche Meridian erzeugt das Erwachen eurer eigenen androgynen Natur in eurem eigenen irdischen Körper.

Er beginnt in seiner göttlichen Ausdehnung euren irdischen Körper einzuhüllen und somit eure feinstoffliche Aura in ein gemeinsames Feld der göttlichen Verschmelzung von Gott und Göttin zu transformieren, was sich auch auf euren irdischen Körper auswirkt.

Immer wenn eine körpereigne männliche Energie auf eine körpereigne weibliche Energie in eurem irdischen Körper trifft, erzeugt diese göttliche Vereinigung eine alchemistische Reaktion.

Die Vereinigung eurer körpereigenen Energien erzeugt das göttliche Licht der göttlichen Bewusstwerdung in eurem irdischen Körper und seinen körperlichen Zellen.

Das göttliche Licht der göttlichen Bewusstwerdung in euch und eurem irdischen Körper transformiert die Illusion der irdischen Dualität in euch und eurem irdischen Körper und festigt die Wahrhaftigkeit eurer göttlichen Natur in euch und eurem irdischen Bewusstsein, das durch euren irdischen Körper zu seinem irdischen Ausdruck gelangt.

Es werde Licht!

Die feinstofflichen Energien Gottes und der Göttin um euch fließen in ihrer göttlichen Vollkommenheit gerade durch euren irdischen Körper nach unten und nach oben und erzeugen durch ihren göttlichen Fluss den feinstofflichen Weg, den göttlichen Meridian zwischen euren irdischen Achselhöhlen und euren irdischen Ohren, der von eurem körpereigenen Gott und eurer körpereigenen Göttin genutzt werden kann, um die körperliche Vereinigung eures eigenen irdischen Gottes und eurer körpereigenen Göttin in euch zu erfahren.

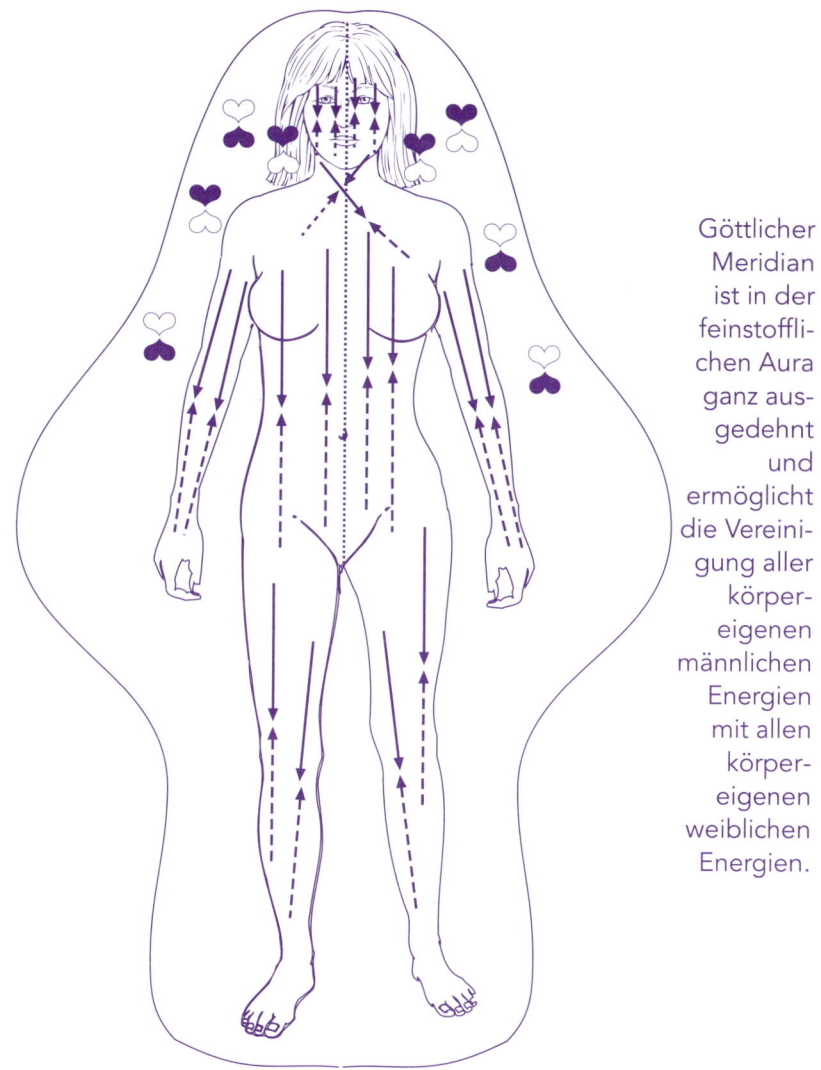

Göttlicher Meridian ist in der feinstofflichen Aura ganz ausgedehnt und ermöglicht die Vereinigung aller körpereigenen männlichen Energien mit allen körpereigenen weiblichen Energien.

Ist das nicht großartig?

Der feinstoffliche Meridian zwischen euren irdischen Ohren und euren irdischen Achselhöhlen ist Bestandteil des 2. Strahles Gottes und der Göttin in euch und um euch.

Die Wurzel aller irdischen Wege findet ihr in dem 1. Strahl Gottes und der Göttin in euch und um euch und somit in eurem irdischen Halsbereich.

Der feinstoffliche Meridian des 2. Strahles Gottes und der Göttin kann nur deshalb von euren körpereigenen Energien als ein Weg der eigenen inneren körperlichen Vereinigung erfahren werden, weil durch den Seitenwechsel eurer körpereigenen Wege in eurer Schilddrüse die irdische, körperliche Basis dafür geschaffen wird. (Siehe Zeichnung S. 115)

Ist das nicht großartig?

Euer irdischer Körper ist ein göttliches Wunderwerk in Vollkommenheit.

Die Schilddrüse reguliert den körpereigenen Energiefluss und bildet eine körperliche Einheit mit eurer Epiphyse, die speziell die Körperflüssigkeiten in eurem irdischen Körper regulieren darf.

Die Epiphyse übernimmt einen Anteil der Aufgaben eurer Schilddrüse, wenn euch diese körperlich nicht mehr zur Verfügung steht.

Die Schilddrüse in eurem irdischen Körper ist die körperliche Basis für den Austausch zwischen eurem männlichen Energiefeld und eurem weiblichen Energiefeld.

Unerlöste Wunden in eurer irdischen Realität, die den wahren Austausch zwischen Gott und der Göttin in euch entweder im Geben Gottes oder im Nehmen der Göttin verhindern, gebären langfristig die Illusionen eines körperlichen Konfliktes in eurer Schilddrüse.

Die irdischen Vorbilder eurer eigenen inneren zwei Pole von Männlichkeit und Weiblichkeit werden in eurer irdischen Kindheit, meist unbewusst, durch eure irdischen Eltern geboren.

Fehlender oder fehlgeleiteter Austausch zwischen euren irdischen Eltern zeigt euch die eigenen unerlösten Wunden in euch, die in diesem Leben durch euch und euren irdischen Körper ihre göttliche Transformation auf Erden erfahren möchten.

Es gilt die Dinge, die euch umgeben, bei ihrem wahren Namen zu benennen, damit ihr ein bewusster Herr und Meister über euch und euer irdisches Leben werden könnt.

Es braucht nur dein: Ich bin bereit!

Die körperliche Schilddrüse wird mit den Energien aus eurem oberen und eurem unteren Körperbereich versorgt.

Die Schilddrüse verteilt die grob- und die feinstofflichen Energien aus euren Chakren in euch und eurem irdischen Körper.

Wenn der Kehlkopf durch unerlöste Wunden nicht ausreichend göttliche Energien aufnehmen kann, um eure irdischen Worte und Handlungen auszuführen, dann greift dieser auf die Energien in eurer Schilddrüse zurück, die von der Schilddrüse in eurem irdischen Körper verteilt werden sollen.

Fehlen der Schilddrüse diese Energien langfristig, dann erzeugt sie eine Überfunktion.

Sie versucht mehr und mehr Energie durch euren irdischen Körper zu pumpen, um ihren Aufgaben gerecht zu werden.

Erkennt die Schilddrüse, dass dieser zusätzliche Energieaufwand das körperliche Überleben weiter bedroht, da die gewonnene Energie von eurem Kehlkopf durch unerlöste Wunden in euch langfristig weiter abgezogen wird, dann begibt sie sich in eine Unterfunktion.

Eine Schilddrüsenunterfunktion ist immer ein Ausdruck der Depression eurer Schilddrüse.

Jede körperliche Situation, die ihr in euren Illusionen einen körperlichen Konflikt oder eine Krankheit nennt, birgt eine göttliche Botschaft aus reinem Licht in sich, die in euer irdisches Leben und somit in euren irdischen Körper zu fließen sucht, wenn ihr diese Situation bei ihrem wahren Namen zu benennen in der Lage seid.

Es werde Licht!

Das rechte Ohr ist das Gehör der Göttin in euch.

Das linke Ohr ist das Gehör des Gottes in euch.

Das göttliche Gehör in euch, das durch eure feinstofflichen Meridiane mit göttlicher Energie versorgt wird, findet durch eure irdischen Ohren seinen körperlichen Ausdruck.

Innerhalb eurer feinstofflichen Wahrhaftigkeit, die eure grobstoffliche Materie erzeugt, sind eure irdischen Ohren ein Symbol des göttlichen Gehorsams in euch und eurem irdischen Leben.

Es ist eure irdische Aufgabe, bei der Integration des 1. Strahles Gottes und der Göttin in euch und um euch, dem göttlichen Willen in euch und um euch euer inneres und äußeres Gehör zu schenken.

Je größer eure irdischen Ohren ausgeprägt sind, umso deutlicher ist die Botschaft eures irdischen Körpers an euch, dass ihr euch in eurem Leben sehr bewusst mit dieser göttlichen Aufgabe auseinandersetzen solltet, dem göttlichen Willen in euch und eurem Leben euer bewusstes Gehör zu schenken.

Wenn der göttliche Wille von euch fordert, dass ihr eure eigene mentale Intelligenz mehr erhören solltet, dann wird euer linkes Ohr mit feinstofflicher Energie versorgt, um euer irdisches Ohr empfänglich werden zu lassen für den Willen eures inneren Gottes und somit auch des äußeren Gottes um euch.

Wenn die Worte eures irdischen Vaters oder einer anderen männlichen Bezugsperson in eurer Kindheit aus dem irdischen Feuer ihres Wurzelchakras geformt waren, also aus der Energie ihres animalischen Instinktes geboren wurden, der in seiner männlichen Ausdruckskraft immer aus seiner Illusion von Kampf, Angriff und Zorn in seinem irdischen Umfeld agiert und somit auch reagiert, dann kann das göttliche Gehör einer irdischen Kinderseele die Illusionen von großen inneren und äußeren Verletzungen erfahren.

Das irdische Feuer würde, wenn es langfristig von den empfindsamen Kinderohren aufgenommen würde, starke körperliche Verbrennungen in ihrem irdischen Körper erzeugen.

Diese Verbrennungen erzeugen langfristig die Illusion einer körperlichen Entzündung im Ohr, die zusätzliche Illusionen von körperlichem Schmerz in der Kinderseele gebären.

Wenn eine Kinderseele die Möglichkeit sieht, durch diese körperliche Reaktion, das Gehör ihres Umfeldes für ihre Illusion von Not zu erhalten, dann geht die Kinderseele versuchsweise diesen körperlichen Weg.

Wenn dieser Weg kein irdisches Gehör findet und somit keine irdischen Veränderungen in der Befruchtung des Gehöres ihres eigenen inneren kindlichen Gottes durch ein äußeres männliches Vorbild ermöglicht, dann beginnt die Kinderseele auf Erden zu ihrem eigenen Schutz einen energetischen Verschluss zu erzeugen, der ihr die Möglichkeit gibt, sich von dem äußeren Geschehen abzuschneiden und somit nur hören zu müssen, was sie hören will und kann, ohne sich zu stark mit den Illusionen von Verletzungen in ihrem irdischen Körper und ihrer irdischen Seele zu identifizieren.

Die Kinderseele beginnt sich vor der Einflussnahme männlicher Energien auf ihr eigenes männliches Energiefeld bewusst oder unbewusst zu schützen.

Das ADS-Syndrom in der Aufnahme männlicher, mentaler und somit logischer, irdischer Konzepte wird langfristig auf diese Weise geboren.

Die Kinderseele verweigert bewusst oder unbewusst die Annahme und somit die Aufnahme der männlichen Struktur in ihrer bewussten irdischen Welt.

Der ungelöste Konflikt der Kinderseele in dem Erhören männlicher Energien in ihrer irdischen Bewusstheit wird von der Kinderseele gespeichert und in ihr eigenes männliches Prinzip projiziert, das sie somit bewusst oder unbewusst abzulehnen beginnt und langfristig in ihrem irdischen Leben nicht wahrhaft zu erhören und zu entwickeln bereit ist.

Ist eine irdische Seele in ihrer feinstofflichen Entwicklung so weit vorangeschritten, dass sie diesen Verschluss in ihrer bewussten irdischen Realität zu transformieren in der Lage ist, dann wird dieser Verschluss in ihr irdisches Bewusstsein treten und sie dazu auffordern, sich mit ihrem eigenen inneren Gott auszusöhnen und ihm wieder ihr eigenes inneres Gehör zu schenken, indem sie ihre kindliche Vergangenheit bei ihrem wahren Namen zu benennen in der Lage ist, um ihre unerlösten Wunden in dem göttlichen Licht ihrer göttlichen Erkenntnis, gepaart mit dem göttlichen Licht ihrer göttlichen Barmherzigkeit zu transformieren.

Ihr braucht die mentale Intelligenz der göttlichen Logik eures eigenen inneren Gottes in euch und in eurer irdischen Realität, um nicht kopflos in eurem irdischen Leben zu irren.

Eure kindliche Vergangenheit wird stets durch äußere Situationen in eurem irdischen Alltag aktiviert, die die bewusste oder unbewusste Erinnerung an euren eigenen unerlösten Konflikt in euch aktivieren und somit euren unerlösten Wunden die Möglichkeit bieten, in euer Bewusstsein zu treten.

Ist das nicht großartig!

Eure unerlösten Wunden in eurem linken Gehör reagieren in diesen Augenblicken sehr sensibel auf die bewusste oder unbewusste Einflussnahme auf euer irdisches Mental und somit eure irdischen Gedanken durch die Worte einer männlichen Person in eurem Leben.

Meist ist sich die betroffene Seele ihrer Rolle in eurem Leben nicht bewusst, sondern glaubt an ihre Illusionen von Existenzkampf, die ihre unerlösten Wunden erzeugen und somit ihre Worte formen, die den göttlichen Willen in euch und um euch jedoch bewusst oder unbewusst übergehen.

Die göttliche Reihenfolge bei der Benennung aller Dinge, die euch in eurem irdischen Leben umgeben, verlangt, dass ihr jede Wunde in euch zu benennen in der Lage seid, bevor ihr sie in eurem Außen zu benennen und zu verstehen sucht, wenn ihr an das göttliche Tor der göttlichen Vollkommenheit auf Erden gelangen möchtet.

In euch beginnt der Weg der göttlichen Bewusstwerdung.

Wenn ihr die unerlösten Wunden eurer eigenen Kindheit in euch, die den unerlösten Wunden eurer irdischen Vorleben gleichen, zu benennen in der Lage seid, dann wird das Licht der göttlichen Erkenntnis in euch und um euch euren unerlösten Erfahrungen die irdische Transformation über das göttliche Erkennen auf Erden, die göttliche Erleuchtung, ermöglichen.

Die göttliche Erleuchtung erinnert jede unerlöste Wunde in euch an ihren göttlichen Ursprung und somit an ihren göttlichen Sinn in eurem irdischen Leben.

Es werde Licht!

Wenn euer göttlicher Wille von euch fordert, dass ihr eure eigene emotionale Intelligenz mehr erhören solltet, dann wird euer rechtes

Ohr mit feinstofflicher Energie versorgt, um euer irdisches Ohr empfänglich werden zu lassen für den Willen eurer inneren Göttin und somit auch der äußeren Göttin um euch.

Wenn die Worte eurer irdischen Mutter oder einer anderen weiblichen Bezugsperson in eurer Kindheit aus dem irdischen Feuer ihres Wurzelchakras geformt waren, also aus der Energie ihres animalischen Instinktes geboren wurden, der in seiner weiblichen Ausdruckskraft immer aus seiner Illusion von Verteidigung, Angst und Misstrauen in seinem irdischen Umfeld reagiert und somit agiert, dann kann das göttliche Gehör einer irdischen Kinderseele die Illusionen von großen inneren und äußeren Verletzungen erfahren.

Das irdische Feuer würde, wenn es langfristig bewusst von den empfindsamen Kinderohren in ihrer irdischen Realität aufgenommen würde, starke körperliche Verbrennungen erzeugen.

Diese Verbrennungen erzeugen langfristig die Illusion einer körperlichen Entzündung im Ohr, die zusätzliche Illusionen von körperlichem Schmerz in der Kinderseele gebären.

Wenn eine Kinderseele die Möglichkeit sieht, durch diese körperliche Reaktion das Gehör ihres Umfeldes für ihre Illusionen von Not zu erhalten, dann geht die Kinderseele versuchsweise diesen körperlichen Weg.

Wenn dieser Weg kein irdisches Gehör findet und somit keine irdischen Veränderungen in der Befruchtung des Gehöres ihrer eigenen inneren kindlichen Göttin durch ein äußeres weibliches Vorbild ermöglicht, dann beginnt die Kinderseele zu ihrem eigenen Schutz einen energetischen Verschluss zu erzeugen, der ihr die Möglichkeit gibt, sich von dem äußeren Geschehen abzuschneiden und nur das hören zu müssen, was sie hören will und was sie erhören kann, ohne sich zu stark mit den Illusionen von Verletzungen in ihrem irdischen Körper und ihrer irdischen Seele zu identifizieren.

Die Kinderseele beginnt sich bewusst oder unbewusst vor der Einflussnahme weiblicher Energien auf ihr eigenes weibliches Energiefeld zu schützen.

Das ADS-Syndrom in der Aufnahme weiblicher, emotionaler und somit intuitiver Energien wird langfristig auf diese Weise geboren.

Die Kinderseele verweigert bewusst oder unbewusst die Annahme und somit die Aufnahme der weiblichen Struktur in ihrer bewussten irdischen Welt.

Der ungelöste Konflikt der Kinderseele in dem Erhören weiblicher Energien wird von der Kinderseele gespeichert und in ihr eigenes weibliches Prinzip projiziert, das sie folglich bewusst oder unbewusst abzulehnen beginnt und langfristig in ihrem irdischen Leben nicht wahrhaft zu erhören und zu entwickeln bereit ist.

Ist eine irdische Seele in ihrer feinstofflichen Entwicklung so weit vorangeschritten, dass sie diesen Verschluss in ihrer bewussten irdischen Realität zu transformieren in der Lage ist, dann wird dieser Verschluss in ihr irdisches Bewusstsein treten und sie dazu auffordern, sich mit ihrer eigenen inneren Göttin auszusöhnen und ihr wieder ihr eigenes inneres Gehör zu schenken, indem sie ihre kindliche Vergangenheit bei ihrem wahren Namen zu benennen in der Lage ist, um ihre unerlösten Wunden in dem göttlichen Licht ihrer göttlichen Erkenntnis, gepaart mit dem göttlichen Licht ihrer göttlichen Barmherzigkeit, zu transformieren.

Ihr braucht die emotionale Intelligenz der göttlichen Intuition durch euer feinstoffliches Gefühl eurer eigenen inneren Göttin und in eurer irdischen Realität, um nicht ohne irdische Wurzel und somit ohne irdischen Bezug in eurem Leben zu irren.

Eure kindliche Vergangenheit wird stets durch äußere Situationen in eurem irdischen Alltag aktiviert, die in euch die bewusste oder unbewusste Erinnerung an euren eigenen unerlösten Konflikt aktiviert und somit den unerlösten Wunden in euch die Möglichkeit bietet, in euer irdisches Bewusstsein zu treten.

Die unerlösten Wunden in eurem rechten Gehör reagieren in diesen Augenblicken sehr sensibel auf die bewusste oder unbewusste Einflussnahme auf euer irdisches Gefühl und somit eure irdischen Emotionen durch die Worte einer weiblichen Person in eurem Leben.

Meist ist sich die betroffene Seele ihrer Rolle in eurem Leben nicht bewusst, sondern glaubt an ihre Illusionen von Existenzverteidigung oder Existenzrechtfertigung, die ihre unerlösten Wunden erzeugen und somit ihre Worte formen, die jedoch den göttlichen Willen in euch und um euch übergehen.

Wenn ihr die unerlösten Wunden eurer eigenen Kindheit zu benennen in der Lage seid, dann wird das Licht der göttlichen Barmherzigkeit in euch und um euch euren unerlösten Wunden die irdische Transformation durch das göttliche Mitgefühl ermöglichen.

Es braucht nur dein: Ich bin bereit!

In der körperlichen Empfangszentrale des göttlichen Feuers in eurem Nacken fließen die göttlichen Meridiane des 1. Strahles Gottes und der Göttin nicht nur in euren körperlichen Kopfbereich, sondern sie fließen auch zu eurem irdischen Kehlkopf und von dort aus zu eurer Schilddrüse, in der sich der göttliche Meridian des 1. Strahles Gottes und der Göttin teilt und auf der linken und rechten Schulter eures Körpers bis zu den Achselhöhlen fließt und von dort aus am äußeren Rand eurer Arme entlang bis in die Hände hinein.

Reichen sich euer körpereigener Gott, der durch eure rechte Hand zu seinem irdischen Ausdruck gelangt, und eure körpereigene Göttin, die durch eure linke Hand zu ihrem irdischen Ausdruck gelangt, die Hände, dann schließt sich der göttliche Kreis in euch und eurem Körper, und eure Handlungen werden zu einem Fundament des göttlichen Willens auf Erden.

Der irdische Körper ist ein Wunderwerk an göttlicher Vollkommenheit!

Der göttliche Wille und somit das göttliche Feuer fließt durch den Meridian des 1. Strahles Gottes und der Göttin in eurem irdischen Körper von euren Ohrläppchen seitlich am Hals entlang und durch den Kehlkopf in die Schultern.

Von euren Schultern fließt der göttliche Wille an euren Armen entlang und mündet in eure Hände.

Eure Hände sind das körperliche Organ eurer irdischen Handlungsmacht.

Der göttliche Wille gelangt durch eure Worte und durch eure Handlungen zu seinem irdischen Ausdruck.

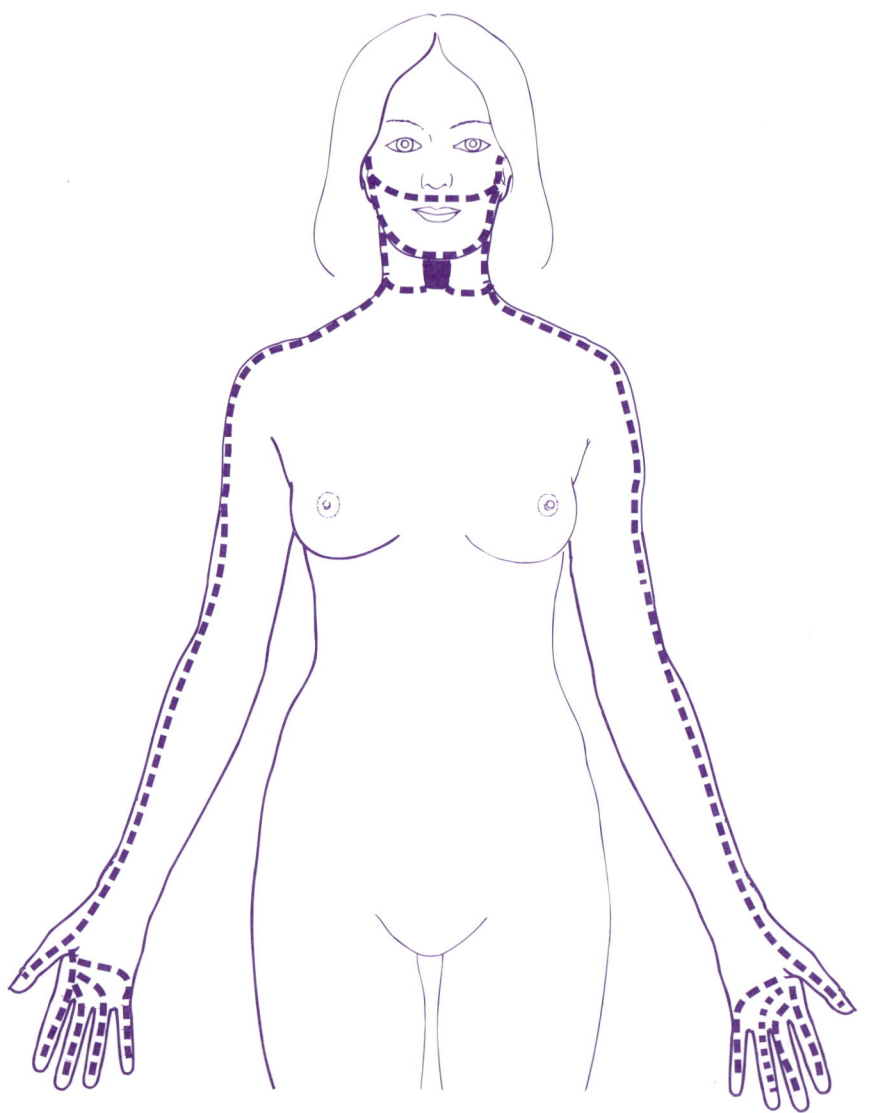

Wenn ihr für eure irdischen Handlungen nicht den göttlichen Willen als Ausgangspunkt wählt, sondern aus unerlösten Wunden heraus euer Leben oder das Leben einer anderen Seele zu meistern sucht, dann legt ihr euch mehr Aufgaben auf eure Schultern, als euer irdischer Körper tragen kann.

128

Wenn ihr zwar in euren irdischen Handlungen dem göttlichen Willen in euch zu folgen bereit seid, aber nicht an den göttlichen Willen um euch glauben möchtet, der euch ausreichend mit göttlicher Energie zu versorgen bereit ist, um euch alle eure göttlichen Aufgaben auf Erden mit Leichtigkeit meistern zu lassen, dann werden eure göttlichen Aufgaben zu einer irdischen Belastung, die ihr durch eure unerlösten Wunden mit eurer eigenen Körperkraft, mit eurer eigenen Körperenergie ausgleichen zu müssen glaubt.

Ihr seid die göttlichen Kinder in Übung!

Wenn ihr in der Umsetzung eurer göttlichen Aufgaben die Illusionen von Schwäche und Ohnmacht empfindet, dann übt euch laut und deutlich:

Ich glaube an die göttliche Kraft in mir, die alle irdischen Aufgaben zu meistern in der Lage ist, die meinem göttlichen Willen auf Erden entsprechen.

Sollte dennoch eure irdische Schulter die Illusion von Verspannung aufzeigen, dann kann nur eine unerlöste Wunde in euch emotionale oder mentale Handlungen von euch fordern, die außerhalb eures göttlichen Willens liegen.

Ihr seid die Schöpfer eurer irdischen Realität und somit eures irdischen Körpers!

Wenn ihr den göttlichen Willen in euch nicht wahrhaft zu spüren und zu erkennen in der Lage seid, dann übt euch laut und deutlich:
Gott und Göttin, möge euer Wille in meinem Leben geschehen!

Diese Affirmation lässt die bewusste Erinnerung an den göttlichen Willen in euch und um euch erwachen und ermöglicht es ihm, sich in eure bewusste, irdische Realität zu gebären.

Ihr seid die göttlichen Kinder in Übung auf Erden.

Die goldene Zeit der göttlichen Erinnerung an eure eigene Göttlichkeit auf Erden hat begonnen.

Es werde Licht!

Wenn eure linke Schulter die Illusion von körperlichem Schmerz erzeugt, dann ist die Botschaft stets ein Signal der emotionalen Überlastung in euren irdischen Handlungen.

Unerlöste Wunden in eurem Emotionalkörper verhindern die bewusste Empfängnis des göttlichen Willens und somit des göttlichen Feuers in euch und eurem irdischen Körper.

Unerlöste Wunden von Angst, Schuld, Einsamkeit oder Zweifel überlasten euch in euren irdischen Handlungen oder in Augenblicken der körperlichen Ruhe und scheinen die Entspannung in euren aktiven wie in euren passiven Phasen zu verhindern.

Ihr seid Herr und Meister über euch und euren irdischen Körper!

Erinnert euch und eure unerlösten Wunden in diesen Augenblicken an den göttlichen Willen in euch und um euch.

Es werde Licht!

Wenn eure rechte Schulter die Illusion von körperlichem Schmerz erzeugt, dann ist die Botschaft stets ein Signal der mentalen Überlastung in euren irdischen Handlungen.

Unerlöste Wunden in eurem Mentalkörper verhindern das bewusste Erkennen des göttlichen Willens in euch und in eurem irdischen Leben und überlasten oder unterfordern euch in euren irdischen Handlungen.

Die körperlichen Illusionen von Schmerz in euren Schultern und somit auch in euren irdischen Armen, denn eure Arme sind die körperliche Verlängerung eurer Schultern, werden geboren, wenn eure göttliche Energie nicht in eurem Alltag umgesetzt wird und es zu einem energetischen Stau in den genannten Bereichen kommt oder weil ihr euch mit Handlungen überlastet, die nicht eurem göttlichen Willen in eurem irdischen Leben entsprechen und somit eure körperlichen Grenzen überschreiten.

Wenn ihr durch eure Handlungen einen körperlichen Energiemangel erzeugt, dann ist euer Körper, in seiner grenzenlosen Liebe zu euch, stets bereit, euch zu alarmieren.

Euer Körper ist ein göttliches Gefäß, das sich bei allen irdischen Handlungen zu verkrampfen beginnt, die außerhalb eurer göttlichen Bestimmung auf Erden liegen.

Der göttliche Wille ist in euren körperlichen Zellen gespeichert.

Unerlöste Wunden in eurem Mentalkörper weisen immer auf bewusste oder unbewusste Identifikation mit falschen Glaubenssätzen hin, die den göttlichen Willen zu übergehen versuchen.

Unerlöste Wunden in eurem Mentalkörper verbergen immer die Illusion der Trägheit, die euch daran zu hindern scheint, eure Gedanken eurer spirituellen Entwicklung anzugleichen.

Wenn ihr diese Wunden in eurem Mentalkörper bei ihrem wahren Namen zu benennen in der Lage seid, dann werdet ihr durch das Licht der Erkenntnis alle falschen Identifikationen in eurem Mentalkörper loslassen.

Dieser Weg ist gewiss ein Weg der göttlichen Disziplin in Tätigkeit.

Glaubensvorstellungen, die den göttlichen Willen übergehen, überlasten euch in euren irdischen Handlungen und in den Augenblicken, in denen euer Körper zur Ruhe zu gelangen sucht.

Ihr seid Herr und Meister über euch und euren irdischen Körper!

Erinnert euch an den göttlichen Willen in euch und um euch.

Es werde Licht!

Der göttliche Meridian des 1. Strahles Gottes und der Göttin fließt von eurer Schulter zu euren Achselhöhlen und umschließt diese in einem runden Bogen, wie auch eure Ohren.

Von der Achselhöhle fließt der göttliche Meridian an der Innenseite eures Armes entlang bis in eure Hände.

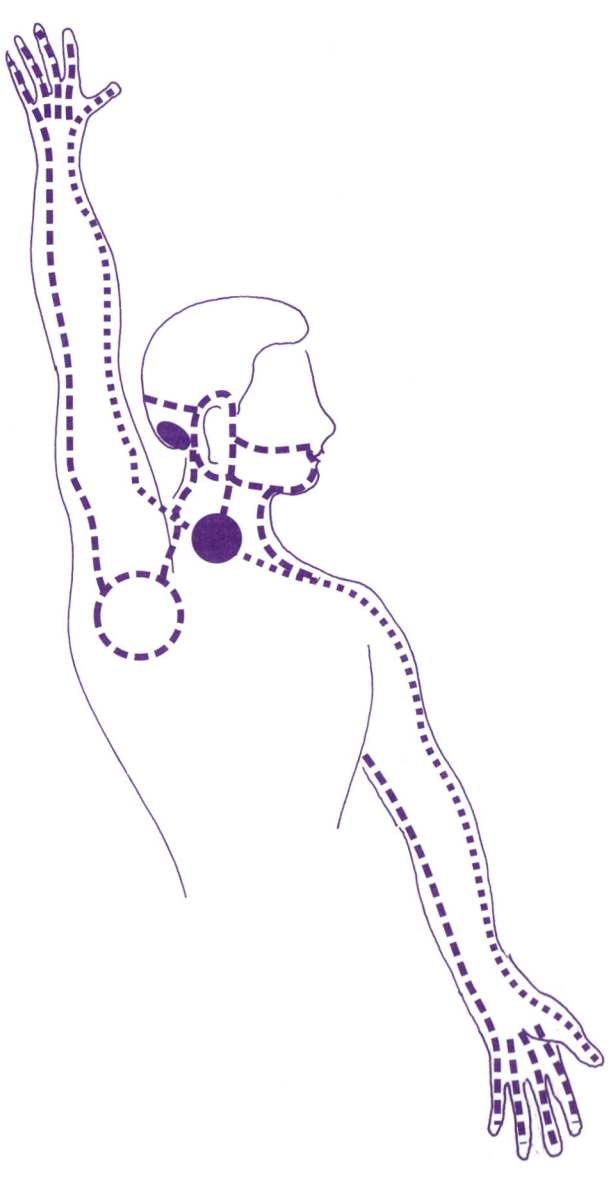

Direkt über euren Achselhöhlen, an eurem Oberkörper und an eurem Rücken, befinden sich die vier Punkte eurer eigenen körperlichen Macht.

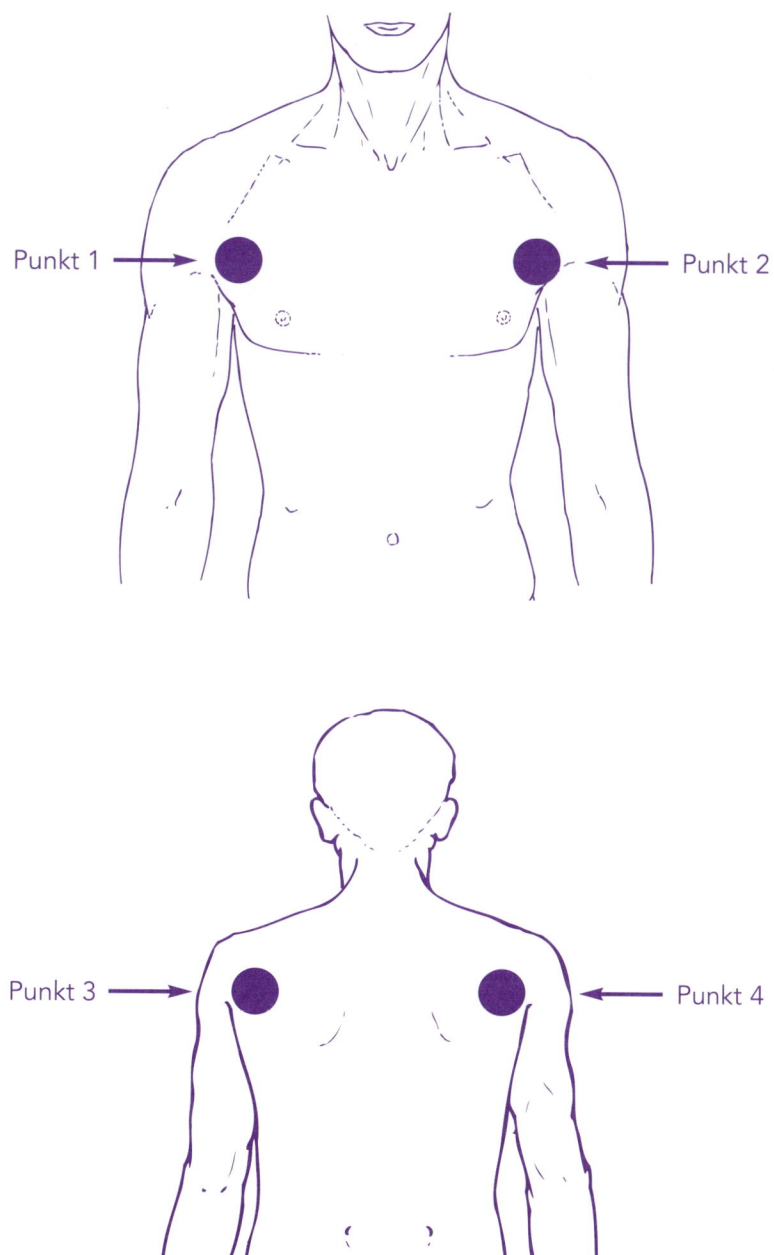

Jeder dieser vier körperlichen Punkte ist ein Aspekt des göttlichen Quadrates des 1. Strahles Gottes und der Göttin, dass es in euch und in eurem irdischen Leben zu entwickeln gilt.

Wenn ihr mit euren irdischen Händen, diese körperlichen Punkte mit Druck und somit mit Nachdruck zu berühren bereit seid, dann wird euch euer irdischer Körper anzeigen, wenn einer dieser göttlichen Pfeiler in euch noch nicht ausreichend entfaltet ist, um den irdischen Illusionen von Druck in eurem irdischen Leben bewusst Stand zu halten.

Punkt 1 liegt über eurer rechten Achselhöhle in eurem Oberkörper.

Punkt 1 ist die körperliche Zentrale eurer eigenen bewussten göttlichen Stärke in euren irdischen Handlungen.

Punkt 2 liegt über eurer linken Achselhöhle in eurem Oberkörper.

Punkt 2 ist die körperliche Zentrale eurer eigenen bewussten göttlichen Kraft des göttlichen Glaubens an den göttlichen Willen in euch und in eurem irdischen Leben.

Punkt 3 liegt über eurer linken Achselhöhle in eurem Rücken.

Punkt 3 ist die körperliche Zentrale eures eigenen bewussten göttlichen Mutes in euch und in eurem irdischen Leben.

Es braucht euren göttlichen Mut, eure wahre göttliche Natur bewusst in eure irdische Realität zu gebären.

Punkt 4 liegt über eurer rechten Achselhöhle in eurem Rücken.

Punkt 4 ist die körperliche Zentrale eurer eigenen bewussten göttlichen Disziplin in eurer bewussten Gedankenwelt und somit in euren irdischen Handlungen.

Wenn ihr an diesen vier körperlichen Stellen Druckschmerzen empfindet, dann erlaubt euch mit ganzer Kraft, Stärke, Mut und Disziplin diese vier göttlichen Pfeiler in euch und um euch wachsen zu lassen.

Ihr seid die göttlichen Kinder eurer göttlichen Eltern auf Erden!

Jede Verspannung und somit jeder Druckschmerz in einem der vier göttlichen Punkte eurer göttlichen Macht in eurem irdischen Körper zeigt euch einen energetischen Stau, eine Verdichtung eurer eigenen göttlichen Energien in euch.

Diese gestaute Energie wartet auf eure Bereitschaft euch in eurem irdischen Alltag bewusster zu eurer Verfügung stehen zu dürfen und euch somit bewusster in eure wahre göttliche Größe hinein wachsen zu lassen.

Ist das nicht großartig!

Jeder energetische Stau in den Bereichen des 1. Strahles Gottes und der Göttin zeigt euch, dass ihr euch in eurem irdischen Leben von eurer wahren Göttlichkeit zu distanzieren sucht.

Wenn die Erinnerung an den göttlichen Willen in euch nicht ausreichend gefestigt ist, dann verliert ihr euch in den Illusionen von Abhängigkeit, Ohnmacht, Schwäche und Hilflosigkeit.

Ihr seid die göttlichen Kinder eurer göttlichen Eltern auf Erden.

Die göttliche Macht pulsiert in euch und um euch.

Es braucht nur deine bewusste Bereitschaft, diesen Weg der göttlichen Erinnerung in dir zu gehen!

Es braucht nur dein: Ich bin bereit!

Fließt das göttliche Feuer in euren körperlichen Nacken ein, dann fließt es in seiner ursprünglichen, feinstofflichen Energie, als göttliches Feuer in den Bereich des göttlichen Meridians des 1. Strahles Gottes und der Göttin, der über eurem körperlichen Kehlkopf liegt,

Das göttliche Feuer ist blau.

Fließt das göttliche Feuer in euren körperlichen Nacken ein, dann fließt es in den Bereich des göttlichen Meridians des 1. Strahles Gottes und der Göttin, der unter eurem Kehlkopf liegt und danach in eure Schultern, Arme und Hände, um euch als irdische Handlungsenergie zur Verfügung zu stehen.

Die irdische Handlungsenergie ist das irdische Feuer.

Das irdische Feuer ist rot.

Wenn das göttliche Feuer in euren Arme und in eure Hände einfließt, dann transformiert sich das göttliche Feuer in das irdische Feuer und steht euch als irdische Handlungsenergie zur Verfügung.

Durch gezielte Meditation ist es euch möglich, das göttliche Feuer des 1. Strahles Gottes und der Göttin bewusst in euch aufzunehmen und in euren Schultern, Armen und Händen zu konzentrieren.

Eine solche Konzentration an irdischer Handlungsenergie ist stets sehr machtvoll.

Es existiert kein irdischer Berg, und mag er euch noch so groß erscheinen, den ihr mit ausreichender Konzentration des göttlichen Feuers in euch nicht versetzen könntet.

Es existieren viele irdische Illusionen von Schwäche, Ohnmacht und Hilflosigkeit in euch und um euch, die es bewusst zu transformieren gilt.

Es braucht nur dein: Ich bin bereit!

Wenn beim Lesen unserer Worte über den 1. Strahl Gottes und der Göttin unerlöste Wunden in eurem irdischen Körper im Bereich des 1. Strahles Gottes und der Göttin aufgestiegen sind, dann ist Anlass zu wahrer Freude gegeben.

Unerlöste Wunden in euch sind in das Licht eurer körperlichen Bewusstheit getreten.

Euer irdischer Körper ist immer euer irdischer Transformator!

Wenn eine unerlöste Wunde in euch körperlich sichtvoll wird, dann befindet sie sich im Abschluss ihrer Heilreise, die nun in eurem Körper ihre irdische und somit bewusste Transformation erfahren darf.

Es ist die göttliche Zeit auf Erden, die euch an eure eigene bewusste Göttlichkeit zu erinnern sucht.

Euer irdischer Körper kennt seine Aufgaben in dieser goldenen Zeit, und ihr dürft ihm vertrauen.

Euer Körper sucht den bewussten Weg der körperlichen Transformation, um als reiner Kelch den heiligen Geist Gottes und der Göttin in euch zu leben und zu empfangen.

Es ist nicht notwendig, dass ihr euch mit den Krankheitsbildern identifiziert, die im Massenbewusstsein der Menschheit entstanden sind, denn der Boden eurer irdischen Illusionen von Krankheit ist ohne göttliches Fundament.

Es werde Licht, in euch und in eurem irdischen Körper!

Jeder körperliche Verfall und jede Illusion von körperlicher Not entsteht, weil ihr in eurem irdischen Alltag vergessen wolltet, dass es das göttliche Feuer ist, das euch in euren irdischen Handlungen und Worten zur Verfügung steht und an das es bewusst zu glauben gilt, damit es in eure irdische Realität einfließen kann.

Euer Körper ist ein göttliches Werk der göttlichen Vollkommenheit auf Erden.

Euer irdischer Körper ist nicht darauf ausgerichtet, zu verfallen, sich abzunutzen oder sich zu verbrauchen.

Euer irdischer Körper ist nicht darauf ausgerichtet, sich seine Körperenergien durch eure irdische Unbewusstheit für eure irdischen Worte und Handlungen abziehen zu lassen.

Jedes verlorene Glied und jedes verlorene Organ kann euer irdischer Körper, wenn er im vollständigen Besitz seiner eigenen Körperenergien ist, wieder nachbilden, denn in eurer eigenen DNS, dem Bauplan eures irdischen Körpers, ist die Anleitung für jedes Organ und für jeden Bestandteil eures Körpers gespeichert.

Euer Körper ist immer auf Regeneration und Erneuerung ausgerichtet.

Wenn ihr ihm aber über Jahrzehnte jegliche Möglichkeit raubt, den Weg der vollkommenen Regeneration zu beschreiten, weil ihr ihm für eure irdischen Handlungen und Worte seine Körperenergie abzieht, dann beginnt er zu zerfallen und sich zu verschleißen.

Ihr seid Herr und Meister über euch und euer Leben!

Der 1. Strahl Gottes und der Göttin ist immer der göttliche Anfang aller irdischen Wege, auch wenn es um euren Körper geht.

Wenn ihr den göttlichen Meridian des 1. Strahles Gottes und der Göttin wahrhaft in euch zu entfalten sucht, dann bedenkt unsere Worte.

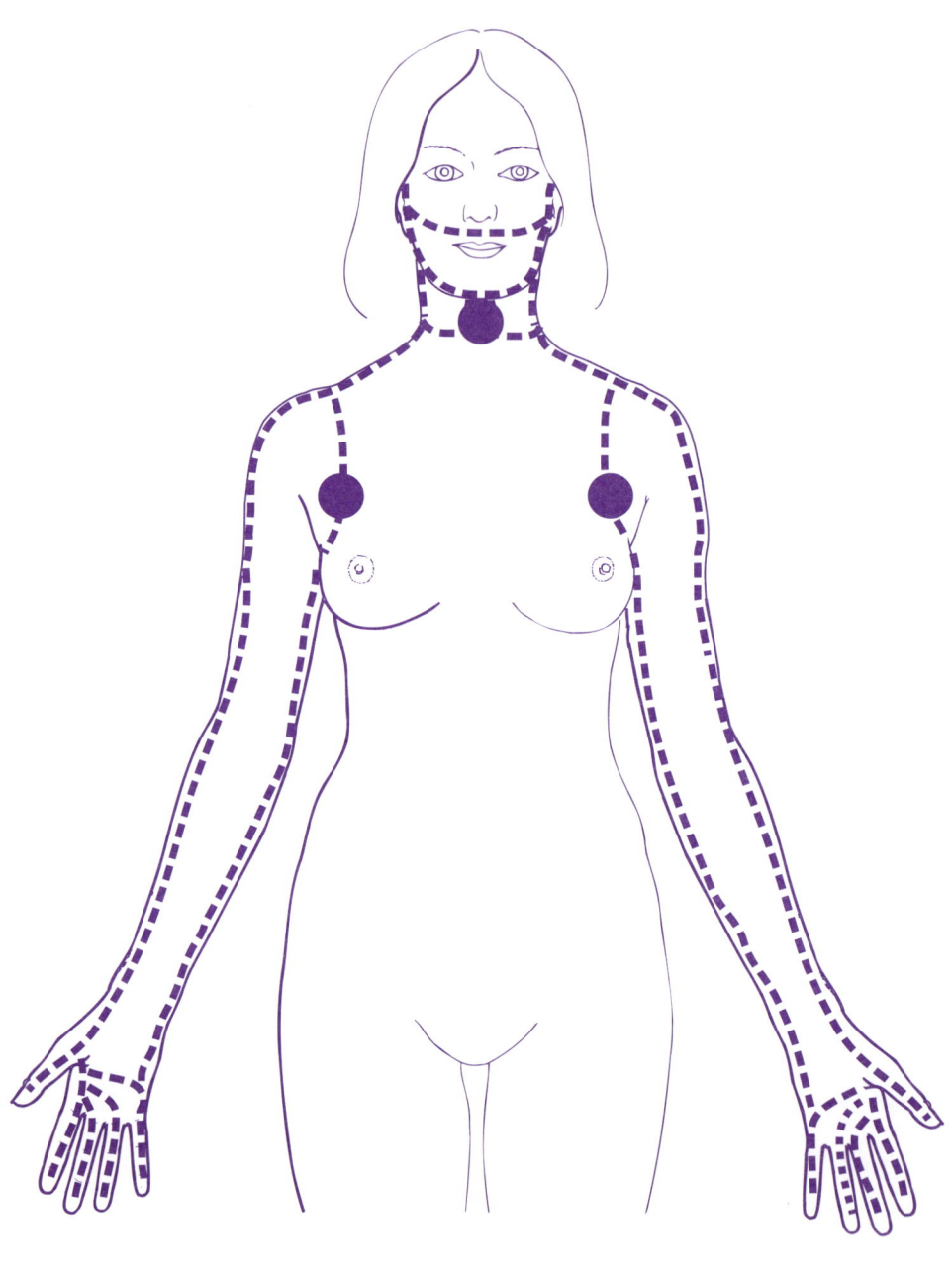

Ihr dürft den göttlichen Meridian des 1. Strahles Gottes und der Göttin mit aller Sorgfalt massieren, um ihn zu nähren.

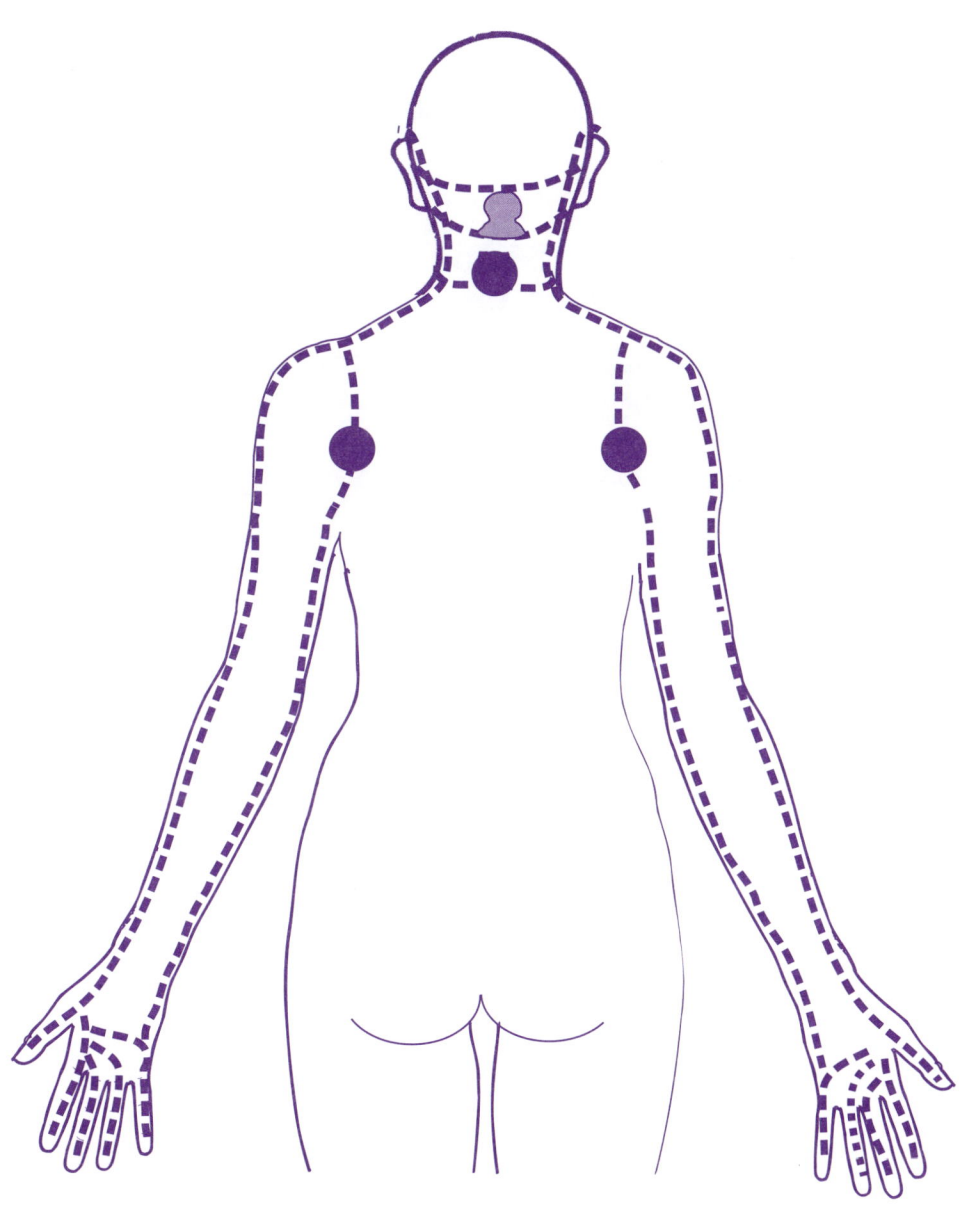

Übt euch in den genannten Affirmationen und lernt euch auf diese Weise in die Bewusstheit eurer eigenen Göttlichkeit auf Erden zu erheben.
Ich grüße das göttliche Licht in euch, meine geliebten Erdenkinder.

Meister Saint Germain

Der 2. Strahl Gottes und der Göttin

Der 2. Strahl Gottes und der Göttin symbolisiert das wahre Gold, das es in euch zu empfangen und zu erzeugen gilt.

Der 2. Strahl Gottes und der Göttin darf euch führen in die göttliche Wahrhaftigkeit der göttlichen Wunder auf Erden.

Die göttlichen Wunder in euch und um euch warten darauf, sich in eurer irdischen Realität zu entfalten.

Es braucht nur dein: Ich bin bereit!

Der 2. Strahl Gottes und der Göttin wird symbolisiert durch das Element Metall.

Es ist das Land der Sonne, und es ist das Land des Lächelns in euch und um euch, das in der Energie des 2. Strahles Gottes und der Göttin pulsiert.

Der Meister des 2. Strahles Gottes und der Göttin in eurer irdischen Gegenwart ist Meister Konfuzius.

Meister Konfuzius ist ein göttlicher Sohn von Meister Kuthumi.

Meister Kuthumi ernannte Meister Konfuzius zu seinem göttlichen und zu seinem irdischen Nachfolger als Meister des 2. Strahles Gottes und der Göttin, als dieser die göttliche Meisterschaft auf Erden errang.

In göttlicher Gelassenheit und mit lächelnden Augen vollendete Meister Konfuzius seinen irdischen Weg der göttlichen Meisterschaft.

Meister Kuthumi war sein göttlicher und sein irdischer Lehrer.

Grenzenlos ist ihr göttliches Wissen und grenzenlos ist ihre göttliche Weisheit.

Golden erstrahlt eine jede Seele, die die irdischen Meister, die göttlichen Lehrer des 2. Strahles Gottes und der Göttin, zu rufen bereit sind, um die göttliche Weisheit auf Erden zu gebären.

Es braucht nur dein: Ich bin bereit!

Zu der Zeit, als Noah mit seiner Arche auf Atlantis landete, war Meister Kuthumi der Stellvertreter des 2. Strahles Gottes und der Göttin auf Erden.

In seiner göttlichen Weisheit wird er euch nun einführen in das göttliche Wissen über die Energien des 2. Strahles Gottes und der Göttin.

Es lebe das göttliche Licht in euch und um euch!

Meister Saint Germain

So seid gegrüßt, meine geliebten Erdenkinder!

Als Noah mit seiner Arche auf Atlantis strandete, waren wir bereits da.

Wir wussten lange im voraus, dass das Alte Land untergehen würde, und hatten von Gott und der Göttin die Aufgabe erhalten, das göttliche Wissen, die alte Weisheit und den Stein der Weisen, den göttlichen Omphalos, nach Atlantis zu bringen.

Es war der göttliche Wille, der im Alten Land nicht mehr wahrhaftig geachtet wurde.

Die göttlichen Botschaften und somit alle irdischen Warnungen fanden wenig Gehör.

Trägheit vermischte sich mit Hochmut in den Bewohnern des Alten Landes, und beide verschlossen zahlreiche Türen zu den Herzen der Bewohner von Lemurien.

Es war ein wundervolles Volk in einem geheiligten Land, das kurz vor seiner göttlichen Vollkommenheit auf Erden zu straucheln begann und sich in den Verstrickungen der irdischen Dualität verlor.

Ihre spirituellen Fähigkeiten vermochten göttliche Wunder auf Erden zu vollbringen.

Sie wollten jedoch vergessen, dass jedes irdische Ziel nur dann dauerhaft Bestand hat, wenn der göttliche Wille das Fundament ihrer Handlungen bildet, mögen ihre Illusionen von göttlicher Macht auch noch so wohlwollend gemeint gewesen sein.

Einige Wenige waren bereit, der göttlichen Weisheit zu folgen, und halfen mir beim Transport des alten Wissens nach Atlantis.

Ganze Bibliotheken räumten wir gemeinsam aus und vergaßen auch nicht den heiligen Stein der Weisen, der das irdische Fundament des 2. Strahles Gottes und der Göttin bildet, auf unsere zwei großen Schiffe zu verladen.

Wir waren schon eine ganze Weile über das große Meer gefahren, bevor die Göttin das Alte Land verschlang, um es in der Tiefe ihres Ozeans zu reinigen.

Als sich das Wasser in Bewegung zu setzen begann, waren wir, das göttliche Wissen und der heilige Stein der Weisen bereits an einem sicheren Ort in Atlantis.

Zu der Zeit, da Noah mit seiner Arche auf Atlantis strandete, war ich ein irdischer Ehemann und Vater.

Meine geliebte Ehefrau war die Stellvertreterin des 7. Strahles Gottes und der Göttin auf Erden.

Ihr damaliger Name war *Aphrodite*.

Ihr kennt sie auch unter ihrem irdischen Namen *Meisterin Kuan Yin,* den sie sich viele Jahre nach ihrer Inkarnation auf Atlantis für einen weiteren göttlichen Auftrag auf Erden selbst erwählte und erhielt.

Es existiert kein Unterschied zwischen der Göttin Aphrodite und Meisterin Kuan Yin.

Meisterin Kuan Yin ist die göttliche Mutter von Meister Saint Germain.

Als ihr göttlicher Sohn Meister Saint Germain seinen Weg der göttlichen Meisterschaft auf Erden vollendete, ernannte Meisterin Kuan Yin ihn zu ihrem Nachfolger als Meister des 7. Strahles Gottes und der Göttin auf Erden.

Meisterin Kuan Yin war seine göttliche und seine irdische Lehrerin. Sie ist ein irdisches Bildnis der Großen Göttin.

Meisterin Kuan Yin ist ein reiner Kelch der göttlichen Gnade, der göttlichen Barmherzigkeit und der göttlichen Sinnlichkeit und benennt den inneren Kern des göttlichen Meisters Saint Germain, der euch in seinem grenzenlosen Mitgefühl und in seiner grenzenlosen Barmherzigkeit für euch in dieser großen Zeit zu führen bereit ist.

Sie sind ein göttlicher Segen für euch, den ihr bewusst und voller Freude empfangen dürft.

Meine Liebe zu meiner irdischen Ehefrau war in der damaligen Inkarnation von göttlicher Gnade beseelt.

Ich liebte und ich liebe sie mehr, als ich es in euren irdischen Worten ausdrücken kann.

In einigen folgenden Kulturen wurde sie als Göttin Aphrodite verehrt.

In Atlantis war ihre irdische Verkörperung und ihr göttliches Wesen als Aphrodite ein irdisches Vorbild, an dem sich die neue Menschheit zu orientieren suchte.

Ihre göttliche Gnade, ihre göttliche Sensibilität und Wahrnehmung, ihre göttliche Empfänglichkeit und Intuition, ihre göttliche Weiblichkeit und Sinnlichkeit übertrafen jede menschliche Vorstellung.

Niemals blieb ihr etwas verborgen.

Sie war ein göttlicher Magnet auf Erden, der die Menschenkinder zahlreich zu sich zog.

Sie suchte die Menschheit an ihre eigene Göttlichkeit zu erinnern, so wie heute ihr geliebter Sohn, Meister Saint Germain.

Ihr Mitgefühl für die Menschheit war und ist wahrhaft grenzenlos.

Auf Atlantis empfing und gebar sie ihren göttlichen Sohn Meister Saint Germain und machte der aufsteigenden Menschheit ein göttliches Geschenk von grenzenlosem Wert.

Von Anbeginn wussten wir, dass er eines Tages die Menschheit in das goldene Zeitalter auf Erden führen würde.

Als irdischer Vater durfte ich sie in diesem göttlichen Auftrag auf Atlantis unterstützen.

Von Anbeginn an war der geliebte Meister Saint Germain der männliche Ausdruck seiner göttlichen Mutter Meisterin Kuan Yin.

Ihre emotionalen Reaktionen und Bewegungen waren stets identisch.

Der Unterschied zwischen Mutter und Sohn lag und liegt in der äußeren Umsetzung ihrer emotionalen Reaktionen und Bewegungen.

Der geliebte Meister Saint Germain äußert seine emotionalen Reaktionen und Bewegungen in seiner eigenen männlichen Dynamik und verleiht der Energie seiner göttlichen Mutter die irdische Durchsetzungskraft, die es in dieser goldenen Zeit, eurer irdischen Gegenwart, braucht.

Der geliebte Meister Saint Germain, dessen Element Äther von weiblicher Natur ist, verbrachte bewusst sehr viele Inkarnationen in einem männlichen Körper, um sich mit der Energie der männlichen Aktivität bewusst zu verbinden und zu vereinen.

Auf Atlantis befand sich die violette Flamme in ihrem Ruhepol, der durch Meisterin Kuan Yin zum Ausdruck gelangte.

In der damaligen Zeit wurde sie von den Seelen, die ihren Rat suchten, stets bewusst gesucht und somit bewusst gefunden.

Meister Saint Germain ist die violette Flamme in ihrer aktiven, männlichen Form der bewussten irdischen Umsetzung und Aktivität, die sich bewusst auf das irdische Leben und seine Bewohner zubewegt.

Meister Saint Germain braucht in dieser goldenen Zeit weder bewusst gesucht noch bewusst gefunden zu werden, denn er ist sehr bewusst in euch und um euch.

Ihr werdet ihn in dieser goldenen Zeit nicht übersehen und somit übergehen können, denn er besitzt eine energetische Präsenz, derer ihr euch nicht entziehen könnt.

Seine göttliche Mutter wirkt in ihm und durch ihn in der männlichen Dynamik der irdischen Aktivität und Umsetzung, ohne ihre wahre Natur, die Passivität der empfänglichen Göttin, in ihm zu verlieren.

In der damaligen Zeit auf Atlantis durfte ich meinem geliebten Sohn, Meister Saint Germain, als irdischer Vater ein männliches Vorbild sein, das sein eigenes Leben zu einem Lobgesang auf die Göttin werden ließ.

Er war ein sehr eifriger Schüler, der in seiner Liebe zu der Großen Göttin wahre göttliche Größe zeugte und gebar.

Meisterin Kuan Yin symbolisiert das göttliche Element Äther.

Sie symbolisiert den feinstofflichsten Aspekt der Großen Göttin auf Erden.

Als Stellvertreter des 2. Strahles Gottes und der Göttin symbolisiere ich das göttliche Element Metall und damit den feinstofflichsten Aspekt des Großen Gottes auf Erden.

Aus der göttlichen Liebe zwischen mir und meiner damaligen Ehefrau wurden drei irdische Kinder geboren.

Unser erstes Kind war eine Tochter.

Sie wurde in Lemurien gezeugt und geboren.

Als wir auf Atlantis ankamen, waren unsere zwei geliebten Söhne, Meister Konfuzius und Meister Saint Germain, noch nicht geboren.

Unsere geliebte Tochter war von solcher Liebe, Schönheit und Anmut, dass sich ein jedes Herz öffnete, wenn es sie erblickte.

Sie war und sie ist die Stellvertreterin des 3. Strahles Gottes und der Göttin auf Erden.

Die göttliche Liebe zwischen mir und meiner Ehefrau ermöglichte es dem irdischen Kind der Liebe, der Meisterin des 3. Strahles Gottes und der Göttin, in eure irdische Realität zu gelangen.

Ihr kennt sie unter ihrem irdischen Namen *Meisterin Rowena*.

Sie symbolisiert das göttliche Element Liebe.

In der damaligen Inkarnation auf Atlantis war ihr Name *Venus*.

Zahlreich waren die Bewunderer in der aufsteigenden Menschheit, die jene Inkarnation hervorbrachte..

Es gelang ihr, durch ihre bloße Anwesenheit, jedes Menschenherz an seinen göttlichen Ursprung, die reine Liebe, zu erinnern.

Bis heute ist die Erinnerung an ihr damaliges Wirken in den Menschenherzen lebendig geblieben.

Die irdische Liebe zwischen zwei Menschenkindern kann so groß sein, dass sie die göttliche Liebe auf Erden gebiert.

Gemeinsam mit meiner irdischen Familie bildete ich bei meiner Ankunft auf Atlantis das göttliche Dreieck der göttlichen Feinstofflichkeit auf Erden.

Das göttliche Dreieck besteht aus den Elementen Metall, Äther und Liebe.

In göttlicher Wahrhaftigkeit erzeugt das göttliche Dreieck das irdische Quadrat.

Das göttliche Dreieck, das euren Planeten Erde und somit euer irdisches Grundquadrat geboren hat, waren Gott und die Göttin in ihrer göttlichen Vereinigung, denn wenn sich Gott und die Göttin in ihrer feinstofflichen Natur vereinen, entsteht das göttliche Dreieck.

Das göttliche Dreieck ist immer ein irdisches Symbol für die göttliche Trinität (Dreiheit), die sich aus der Vereinigung von Gott und Göttin auf Erden zeugt und gebiert.

Wenn sich Gott und die Göttin vereinen, dann wird immer das große Dritte geboren.

Wenn Gott und die Göttin sich in ihrer wahren göttlichen Feinstofflichkeit miteinander verbinden, dann wird es immer die göttliche Liebe sein, die sich daraus gebiert.

Für euch gilt es zu lernen, das Quadrat als eure irdische Grundlage zu betrachten, das euch durch eure irdische Geburt gegeben ist.

Das göttliche Dreieck aus eurem göttlichen, feinstofflichen Ursprung manifestiert bis zum Eintritt in euer Erwachsenen-Dasein eure irdischen Erfahrungen.

Es ist darauf ausgerichtet, euch mit allen Erfahrungen in eurem irdischen Quadrat zu versorgen, die ihr für eure göttliche Entwicklung auf Erden benötigt.

Diese Erfahrungen bezwecken, euch mit jenen Illusionen dieser Welt zu identifizieren, die den unerlösten Wunden in euch entsprechen.

Das irdische Quadrat bezeichnet euer irdisches Leben, eure irdischen Umstände, in die eure Seele bewusst hineingeboren wird.

Das irdische Quadrat ist die Realität, in der ihr euch in einem irdischen Leben aufhaltet und bewegt.

Jedes irdische Quadrat, in das eine Seele hineingeboren wird, ist optimal darauf ausgerichtet, die Seele dabei zu unterstützen, das göttliche Dreieck, ihre wahre feinstoffliche und somit göttliche Natur, bewusst zu erkennen, zu entfalten und demzufolge zu benennen.

Ist es einer irdischen Seele gelungen, über die Aktivierung ihrer feinstofflichen, göttlichen Natur das göttliche Dreieck bewusst zu entfalten, dann gebiert sie die bewusste Schöpferkraft auf Erden.

Erzeugt ihr bewusst euer eigenes göttliches Dreieck in euch, dann ist es euch möglich, euer irdisches Quadrat bewusst selbst zu erzeugen.

Ihr werdet durch die Entstehung eures inneren göttlichen Dreieckes zu einem bewussten Herrn und Meister über eure irdische Realität, und göttliche Wunder werden für euch zu einem festen Bestandteil eurer irdischen Realität.

Ihr werdet euch nicht länger an die Illusionen eurer irdischen Welt binden, die euch daran zu hindern versuchen, bewusst eure göttliche Natur in euch zu begrüßen.

Ihr werdet ein bewusster Schöpfer und eine bewusste Schöpferin eurer irdischen Realität, wenn das göttliche Dreieck bewusst in euch geboren wird.

Das göttliche Dreieck im göttlichen Detail für euch zu benennen, ist ein langer Weg der göttlichen Weisheit auf Erden.

Wir werden euch Schritt für Schritt in diese göttliche Weisheit einführen.

Handelt und sucht niemals in Eile eure Schritte zu gehen, denn sonst verschließen die unerlösten Wunden in euch, die euch zur Eile drängen, den bewussten Kontakt zu eurem göttlichen Dreieck, eurer wahren göttlichen Natur.

Wie weise ist doch die Aussage meines geliebten Sohnes Meister Konfuzius:

Wenn ihr in Eile seid, dann macht einen Umweg!

Eure irdische Realität ist eine Welt der irdischen und der göttlichen Spiegel.

Das göttliche Element Metall ist der irdische Ausdruck des fein-stofflichen spirituellen Gottes in euch und um euch, der von seiner ir-dischen Göttin in eurem Kronenchakra empfangen wird.

Das irdische Element Metall ist der reine Kelch der Göttin in euch, in eurem Kronenchakra.

Das irdische Element Metall ist eine neutrale Substanz, deren Be-schaffenheit von der feinstofflichen Energie abhängt, die es führt, leitet und somit befruchtet.

Das göttliche Element Metall ist das reine Licht Gottes, das das ir-dische Element Metall zu befruchten sucht.

In allen Ländern dieser Erde, in der die Materie Gold reichlich vor-handen ist, findet ihr das göttliche Wirken zahlreicher spiritueller See-len, die dieses Gold durch ihren eigenen Bewusstseinszustand bewusst oder unbewusst in eurer irdischen Welt erzeugt haben.

Das Gold auf der Erde entsteht durch die Empfängnis des Goldes in eurem feinstofflichen Körper über eurem Scheitel, der Zentrale des 2. Strahles Gottes und der Göttin in euch.

Gott ist in seiner feinstofflichsten Ausdrucksform, dem göttlichen Ele-ment Metall, das reine Licht, das heller scheint, als eure Augen es ertragen könne, ohne geblendet zu sein, wenn ihr es zu empfangen bereit seid.

Er ist in seiner feinstofflichsten Ausdrucksform die göttliche Erleuch-tung, die in euch einfließt und die irdische Weisheit in euch gebiert.

Der Planet Erde spiegelt euren eigenen physischen Körper in seinem spirituellen Mysterium.

Der *Stein der Weisen* ist einer von sieben göttlichen Heiligtümern auf eurer Erde.

Viele von euch kennen den heiligen Gral und das heilige Schwert.

Die sieben göttlichen Heiligtümer sind auf eurer Erde verteilt und erzeugen göttliche Brennpunkte von irdischer Macht, Erleuchtung, Liebe, Vertrauen, Wahrheit, Frieden und Transformation.

Eines Tages werdet ihr verstehen, dass ihr diese göttlichen Wunder dennoch in euch und nicht um euch suchen solltet.

Jedes der sieben göttlichen Heiligtümer entscheidet eigenständig, wann es bereit ist, eine irdische Seele zu empfangen.

Wenn eine Seele in der Lage ist, das Mysterium eines der sieben göttlichen Heiligtümer in sich selbst zu bergen, dann entsteht eine Verbindung zu dem geweihten Ort, an dem sich das Heiligtum befindet.

Findet eine Seele den irdischen Eingang, dann hat sie ihn nicht wirklich gefunden und nicht wirklich gesucht.

Durchschreitet eine irdische Seele bewusst diesen irdischen Eingang, dann wird sie um dieses Heiligtum wissen und sich mit diesem vereinen.

Die großen Mysterien dieser Erde sind in euch durch euch selbst geborgen.

Kein Eingeweihter, der göttlichen Zugang hat, wird euch den Weg zu diesen göttlichen Wundern auf Erden im Detail beschreiben, denn er weiß, dass es eure eigene göttliche Entwicklung benötigt, um die göttlichen Mysterien auf dieser Welt nicht zu stören.

Ihr seid stets liebevoll eingebettet in die göttliche Führung auf Erden.

Das göttliche Element Metall ist goldgelb.

Das göttliche Element Metall ist die göttliche Flamme der Erleuchtung.

Goldgelb entspringt der feinstofflichen Energie Gottes, die auch durch eure Sonne in eure irdische Atmosphäre gelangt.

Das göttliche Element Metall ist der Odem Gottes, der über eurem Scheitel bewusst Einlass in euch zu finden sucht.

Das irdische Element Metall ist weiß.

Das irdische Element Metall ist ein reiner Kelch der feinstofflichen Göttin in euch, in eurem Kronenchakra.

Das göttliche Element Wasser ist weiß.

Das göttliche Element Wasser gleicht dem irdischen Element Metall.

Das göttliche Wasser und das irdische Metall empfangen und reflektieren das Licht Gottes.

Das göttliche Wasser und das irdische Metall empfangen und reflektieren die feinstofflichen Energien, die sie umgeben und befruchten.

Das göttliche Wasser und das irdische Metall gebären ihre eigene Form und ihre eigene Beschaffenheit als irdisches Abbild der feinstofflichen Energien, die sie umgeben und befruchten.

Das irdische Element Metall in eurem Kronenchakra empfängt die göttliche Erleuchtung, das Licht Gottes, und gebiert die göttliche Weisheit auf Erden.

Weißgold entsteht aus der feinstofflichen Energie der Göttin, die auch durch euren Mond in eure irdische Atmosphäre gelangt.

Erzengel Jophiel - Constantia ist der Erzengel des 2. Strahles Gottes und der Göttin.

Erzengel Jophiel ist der männliche Pol dieses großen Erzengels
Erzengel Constantia ist sein weiblicher Pol.

Der 2. Strahl Gottes und der Göttin spiegelt in seiner göttlichen Einheit, dem göttlichen Kreis der göttlichen Vollkommenheit, den feinstofflichsten Pol eures eigenen inneren und äußeren Gottes.

Erzengel Constantia ist der innere Kern des feinstofflichsten Pols eures eigenen inneren und äußeren Gottes.

Gott und die Göttin sind in ihrer göttlichen Wahrhaftigkeit immer miteinander vereint.

Erzengel Constantia ist die feinstoffliche und die irdische Öffnung für das reine Licht Gottes über eurem Scheitel.

Erzengel Constantia ist der innere Kern ihres feinstofflichen Gottes, der sich augenblicklich um sie zu erzeugen beginnt, wenn sie in euch geboren wird.

Erzengel Constantia ist ein feinstofflicher Ausdruck der großen Göttin in euch.

Die göttliche Öffnung über eurem Scheitel gleicht einem feinstofflichen Kelch, der das Licht Gottes über eurem Haupt in seiner göttlichen Feinstofflichkeit anzieht und empfängt, um das göttliche Licht in euren irdischen Körper zu gebären.

Erzengel Constantia ist der göttliche und der irdische Aspekt der Göttin über eurem irdischen Haupt, die ihren göttlichen Gemahl in Empfang zu nehmen bereit ist, um ihn in eure irdische Realität zu gebären.

Erzengel Jophiel ist das reine Licht Gottes, das bewusst oder unbewusst in euch einfließt, um euch zu erleuchten und in eure göttliche Bewusstheit auf Erden zu führen.

In vielen Kulturen wurde er als großer Sonnengott verehrt.

Er ist das Licht der göttlichen Erleuchtung, das eure feinstoffliche Seele auf Erden wärmt.

Er ist das Licht der göttlichen Erleuchtung, das eure irdische Seele bewusst oder unbewusst auf Erden führt.

Er ist das Licht der göttlichen Bewusstwerdung, dass euch immer mit eurem göttlichen Plan auf Erden verbindet.

Der geliebte Meister Saint Germain zeigte euch in seinem Kapitel über das Halschakra die vier körperlichen Punkte der irdischen Macht in eurem Körper.

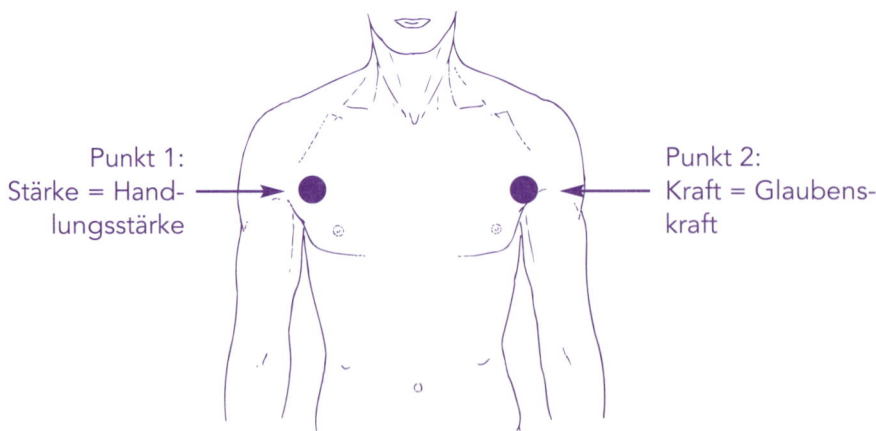

Punkt 1:
Stärke = Handlungsstärke

Punkt 2:
Kraft = Glaubenskraft

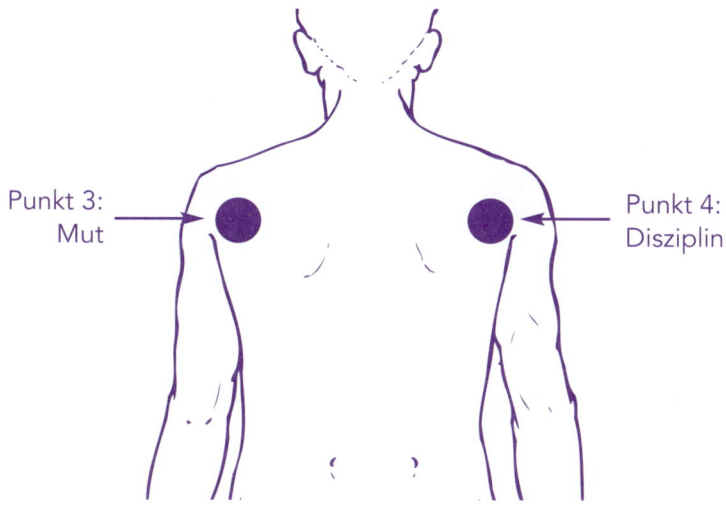

Punkt 3:
Mut

Punkt 4:
Disziplin

Erzeugt ihr durch eure Bewusstwerdung und eure Übung die Energie von göttlicher Kraft, göttlicher Stärke, göttlichem Mut und/oder göttlicher Disziplin in einem oder in allen dieser vier körperlichen Punkte, dann beginnen sich diese auszudehnen und ihr eigenes Rad zu erzeugen, ihr eigenes Chakra in eurem irdischen Körper.

Ein Chakra ist ein Energierad, das sich im Uhrzeigersinn zu drehen beginnt, um seine Energien in eurem irdischen Körper zu verteilen.

Vier weitere Chakren sucht euer irdischer Körper in eurem Halschakra zu erzeugen und zu gebären, um euch ein bewusster Herr und Meister über euch und euer Leben werden zu lassen.

Punkt 1, die göttliche Handlungstärke, sucht ein körperliches Chakra für euer göttliches Element Feuer zu erzeugen.

Punkt 2, die göttliche Glaubenskraft, sucht ein körperliches Chakra für euer göttliches Element Wasser zu erzeugen.

Punkt 3, der göttliche Mut, der sich aus der göttlichen Glaubenskraft in euch gebären möchte, sucht ein körperliches Chakra für euer göttliches Element Erde zu gebären.

Punkt 4, die göttliche Disziplin in euren irdischen Gedanken, sucht ein körperliches Chakra für euer göttliches Element Luft zu erzeugen.

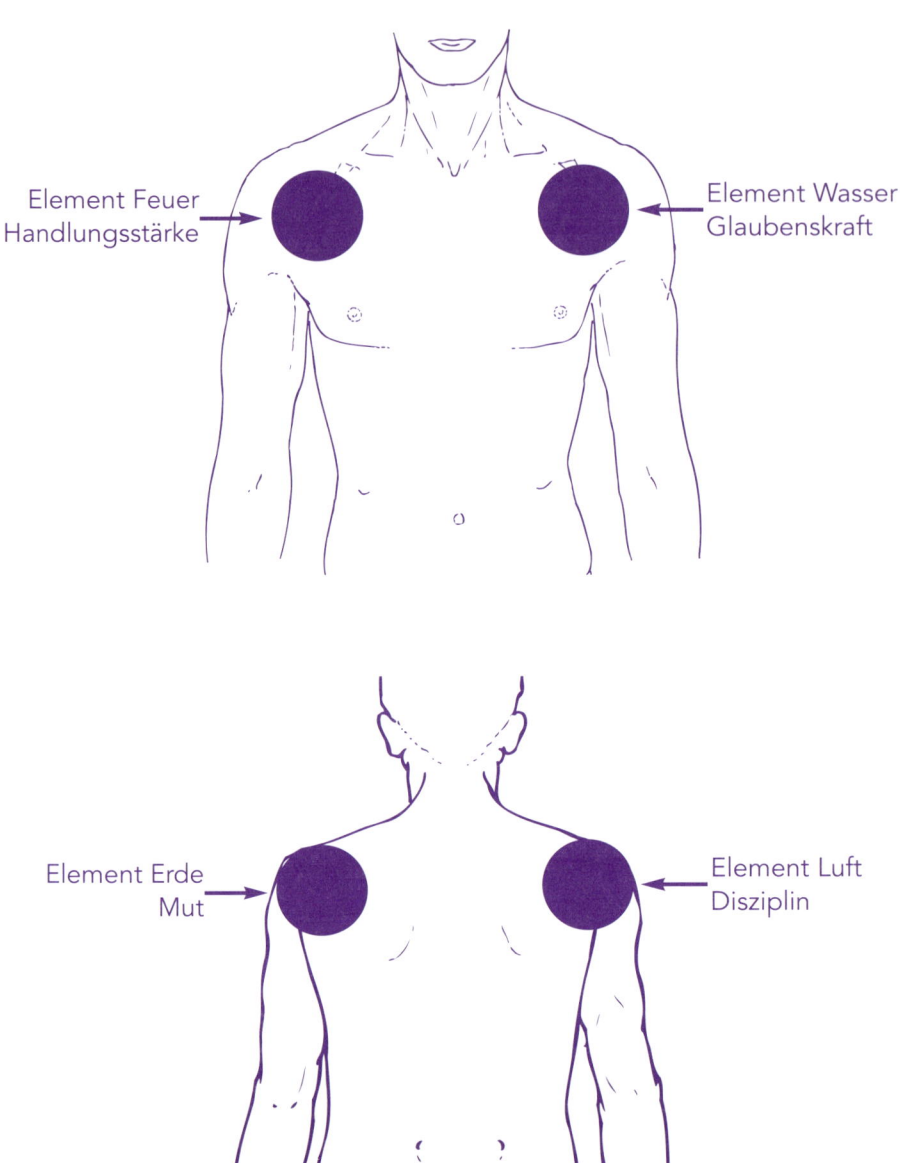

Element Feuer
Handlungsstärke

Element Wasser
Glaubenskraft

Element Erde
Mut

Element Luft
Disziplin

Die göttlichen Energien von Kraft, Stärke, Mut und Disziplin, die es in euch zu erzeugen und zu gebären gilt, erzeugen und gebären vier weitere Chakren in eurem irdischen Körper.

Aus jedem Chakra fließt die von euch erzeugte und geborene Energie in drei Bahnen durch und um euren irdischen Körper.

Erzeugt ihr das göttliche Element Feuer durch eure irdische Handlungsstärke, dann fließt diese Energie aus eurem körperlichen Punkt 1, dem Chakra für das Element Feuer in eurem Halschakra, aus dem äußeren und oberen Rand dieses Chakras an eurer Schulter

1: in euren rechten Arm, um euch als irdische Handlungsstärke zu dienen;

2: gerade zu eurem körperlichen Punkt 4, dem Chakra für das Element Luft in eurem Halschakra, um dort seinen göttlichen Sohn und seinen irdischen Vater, das Element Luft, in eurem körperlichen Punkt 4 zu nähren, zu aktivieren, zu wärmen und zu unterstützen.

Göttliche Handlungsstärke in eurem irdischen Alltag nährt, aktiviert, wärmt und unterstützt eure göttliche Gedankenebene auf Erden.

Es braucht die bewusste Vereinigung von Luft und Feuer, um das wahre Abbild Gottes in euch zu erzeugen.

3: zu eurem Kronenchakra über eurem Scheitel.

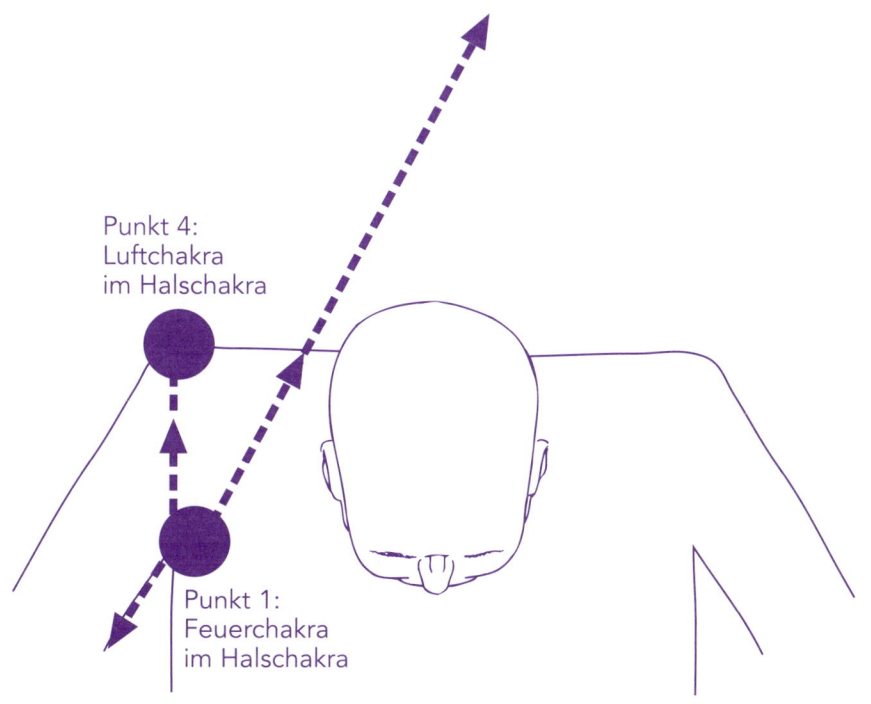

Punkt 4:
Luftchakra
im Halschakra

Punkt 1:
Feuerchakra
im Halschakra

Erzeugt ihr das göttliche Element Luft durch eure Disziplin in euren irdischen Gedanken, dann fließt diese Energie aus eurem körperlichen Punkt 4, dem Chakra für das Element Luft in eurem Halschakra, aus dem äußeren und oberen Rand dieses Chakras an eurer Schulter

1: in euren rechten Arm, um eure irdische Handlungsstärke zu führen, zu nähren und ihr die Kraft des Durchhaltevermögens bei euren irdischen Aktivitäten zu geben.

2: gerade zu eurem Nacken, bis der Hals beginnt, und sammelt sich dort an einem Punkt rechts neben eurer Halswirbelsäule und fließt von dort gerade auf eurer Schulter am äußeren Hals entlang zur Vorderseite eures Körpers, um sich in der kleinen Mulde zu sammeln, die sich über eurem Schlüsselbein rechts unter eurem Hals befindet.

Von dort fließt die Energie des Elementes Luft nach rechts zu dem äußeren und oberen Rand des Chakras für das Element Feuer in eurem Halschakra, zu eurem körperlichen Punkt 1.

Das Element Luft sucht seinen göttlichen Vater und seinen irdischen Sohn, das Element Feuer, in eurem körperlichen Punkt 1 zu erzeugen, zu motivieren und in seiner Handlungsstärke anzuregen.

Göttliche Disziplin in euren irdischen Gedanken erzeugt, motiviert und regt eure irdische Handlungsstärke an.

Es braucht die bewusste Vereinigung von Luft und Feuer, um das wahre Abbild Gottes in euch zu erzeugen.

3: zu eurem Kronenchakra über eurem Scheitel.

Die zwei Punkte, die durch den Energiefluss der Elemente Feuer und Luft auf eurer rechten Schulter gezeugt werden, sind die zwei Nebenchakren der zwei Hauptchakren der Elemente Feuer und Luft in eurem Halschakra.

Das Nebenchakra über eurem Schlüsselbein auf der rechten Körperseite ist das Nebenchakra für das Hauptchakra Element Feuer.

Das Nebenchakra an eurem Nacken auf der rechten Körperseite ist das Nebenchakra für das Hauptchakra Element Luft.

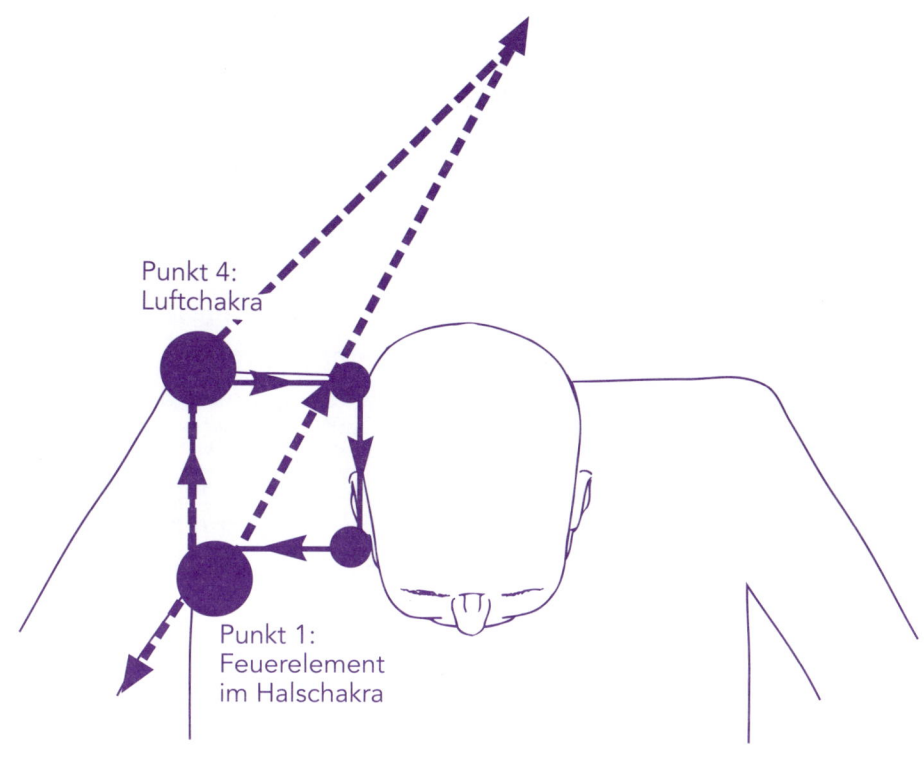

Punkt 4:
Luftchakra

Punkt 1:
Feuerelement
im Halschakra

Auf eurer rechten Schulter entsteht ein Quadrat, das wir auch das irdische Grundquadrat für die Entstehung eures eigenen inneren Gottes nennen.

Euer irdischer Körper spiegelt die Dualität, die es in euch zu überwinden gilt.

Wenn sich die Elemente Feuer und Luft in eurem irdischen Leben miteinander vereinen, dann entsteht aus dieser Vereinigung das irdische Quadrat Gottes auf eurer rechten Schulter.

Luft und Feuer sind die zwei Grundsubstanzen Gottes, die es in eurem irdischen Leben und somit in eurem irdischen Körper zu vereinen gilt, um den Einen Gott in euch zu zeugen.

Erzeugt ihr das göttliche Element Wasser durch die irdische Glaubenskraft in eurem irdischen Gefühl, dann fließt diese Energie aus eurem körperlichen Punkt 2, dem Chakra für das Element Wasser in eurem Halschakra, aus dem äußeren und oberen Rand dieses Chakras an eurer Schulter

1. in euren linken Arm, um eure irdische Handlungsstärke durch eure eigene Glaubenskraft in euch zu gebären;

2. gerade zu der Mulde über eurem Schlüsselbein der linken Körperhälfte.

   Dort sammelt sich die Energie und fließt gerade an eurem Hals entlang in euren Nacken.

   Von dort fließt die Energie gerade zu dem äußeren und oberen Rand des Chakras für das Element Erde in eurem Halschakra, zu eurem körperlichen Punkt drei.

   Das Element Wasser sucht seine göttliche Tochter und seine irdische Mutter, das Element Erde, in euch zu gebären.

   Euer eigenes Gefühl gebiert eure göttlichen Emotionen, wenn es sich durch eure eigene Glaubenskraft mit dem göttlichen Willen verbindet.

   Eure eigenen Emotionen suchen euch den Weg aufzuzeigen, der dem göttlichen Willen für euch auf Erden entspricht.

3. gerade zu eurem Kronenchakra über eurem Scheitel.

Erzeugt ihr das göttliche Element Erde durch den irdischen Mut in euren Emotionen, dann fließt diese Energie aus eurem körperlichen Punkt 3, dem Chakra für das Element Erde in eurem Halschakra, aus dem äußeren und oberen Rand dieses Chakras an eurer Schulter

1. in euren linken Arm, um eure irdische Handlungsstärke mit göttlichem Mut zu nähren und zu führen;

2. gerade zu eurem körperlichen Punkt 2, dem Chakra für das Element Wasser in eurem Halschakra, um dort ihre göttliche Mutter und ihre irdische Tochter, das Element Wasser, zu nähren und auf der irdischen Ebene, in eurem körperlichen Punkt 2, zu gebären.

   Das Element Erde ist immer der irdische Boden für das Element Wasser.

Über eure Emotionen gelangt euer Gefühl zu seinem irdischen Ausdruck.

3. zu eurem Kronenchakra über eurem Scheitel.

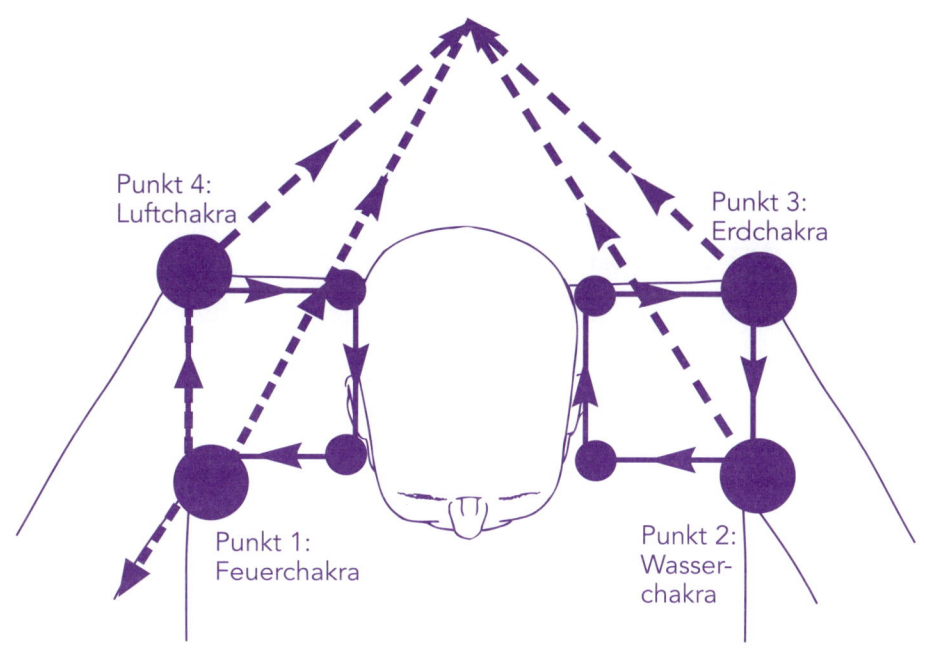

Die zwei Punkte, die durch den Energiefluss der Elemente Wasser und Erde auf eurer linken Schulter geboren werden, sind die zwei Nebenchakren der zwei Hauptchakren der Elemente Wasser und Erde in eurem Halschakra.

Das Nebenchakra über eurem Schlüsselbein auf der linken Körperseite ist das Nebenchakra für das Hauptchakra Element Wasser.

Das Nebenchakra an eurem Nacken auf der linken Körperseite ist das Nebenchakra für das Hauptchakra Element Erde.

Auf eurer linken Schulter entsteht ein Quadrat, das wir auch das irdische Grundquadrat für die Entstehung eurer eigenen inneren Göttin nennen.

Euer irdischer Körper spiegelt die Dualität, die es in euch zu überwinden gilt.

Wenn sich die Elemente Wasser und Erde in eurem irdischen Leben miteinander vereinen, dann entsteht aus dieser Vereinigung das irdische Quadrat der Göttin auf eurer linken Schulter.

Wasser und Erde sind die zwei Grundsubstanzen der Göttin, die es in eurem irdischen Leben und somit in eurem irdischen Körper zu vereinen gilt, um die Eine Göttin in euch zu gebären.

Sind die irdischen Quadrate auf euren Schultern in euch bewusst gezeugt und geboren, dann werdet ihr bewusst Einfluss nehmen auf euer irdisches Leben, eure irdischen Situationen, Umstände und Erfahrungen.

Das Halschakra symbolisiert das göttliche Element Feuer.

Euer Halschakra hat immer die göttliche Aufgabe, eure göttliche Natur bewusst in eurem irdischen Alltag, eurem irdischen Quadrat, zu erzeugen und zu gebären.

Eure irdische Natur besteht aus den Elementen Feuer, Wasser, Luft und Erde.

Der Anfang aller göttlichen Wege auf Erden ist der 1. Strahl Gottes und der Göttin in euch und um euch.

Die Entstehung und die Geburt von göttlicher Stärke, göttlicher Kraft, göttlichem Mut und göttlicher Disziplin erzeugt und gebiert die irdische Basis auf euren Schultern, aus der sich die Pyramide Gottes und der Göttin um euer Haupt zu erzeugen und zu gebären beginnt.

Die göttliche Disziplin wird symbolisiert durch das Element Luft.

Göttliche Disziplin wird bewusst in euch geboren, wenn ihr eure irdischen Gedanken auf den göttlichen Willen in eurem Leben ausrichtet.

Das göttliche Feuer, das durch den Meridian des 1. Strahles Gottes und der Göttin in euren physischen Körper einfließt, formt bewusst eure irdische Gedankenebene, wenn ihr die göttliche Disziplin trainiert und somit den männlichen Pol in euch an seine eigene Göttlichkeit erinnert.

Die göttliche Stärke wird symbolisiert vom Element Feuer.

Göttliche Stärke wird bewusst in euch geboren, wenn ihr eure irdischen Handlungen auf den göttlichen Willen in eurem Leben ausrichtet.

Das göttliche Feuer, das durch den Meridian des 1. Strahles Gottes und der Göttin in euren physischen Körper einfließt, formt bewusst eure irdische Handlungsstärke, wenn ihr die göttliche Stärke trainiert und somit den männlichen Pol in euch an seine eigene Göttlichkeit erinnert.

Die Meridiane des 2. Strahles Gottes und der Göttin fließen aus den vier Elementen-Chakren eures Halschakras direkt in euer Kronenchakra.

Eure vier Elemente-Chakren werden gezeugt und geboren, wenn in den vier körperlichen Punkten über euren Achselhöhlen göttliche Energie gezeugt und geboren wird.

Erzeugt ihr die Energien von Disziplin und Stärke in eurem irdischen Quadrat Gottes auf eurer rechten Schulter, dann fließen diese Energien über den Meridian des 2. Strahles Gottes und der Göttin zu eurem Kronenchakra und erzeugen dort miteinander das goldene Licht der göttlichen Erleuchtung, den heiligen Geist Gottes.

Das Element Luft und das Element Feuer vereinen sich in eurem Kronenchakra, und es entsteht das göttliche Element Metall.

Das göttliche Element Metall erzeugt die Elemente Luft und Feuer.

Jedes der beiden Elemente Luft und Feuer ist ein irdisches Abbild ihres göttlichen Schöpfers.

Durch ihre irdische Trennung scheint ihre Göttlichkeit auf Erden verloren.

Vereint ihr diese Elemente in euch, dann entsteht der Bauplan Gottes in euch.

Aus diesem göttlichen Bauplan erzeugen eure grob- und eure feinstofflichen Zellen das Abbild und die Erinnerung an den göttlichen Schöpfer in euch.

Es entsteht das göttliche und somit feinstoffliche Element Metall, das Licht der Erleuchtung, das sich aus vielen leuchtenden Kreisen zusammensetzt und in eurem Kronenchakra empfangen werden möchte.

Wenn sich Luft und Feuer vereinen, dann erzeugen sie gemeinsam das große Dritte, nämlich Gott, ihren Schöpfer, in eurem Kronenchakra.

Diese Vereinigung eurer eigenen Energien Gottes in eurem Kronenchakra ist euer irdischer Weg in eure eigene Göttlichkeit auf Erden.

Dieser Weg der Vereinigung der zwei irdischen Grundsubstanzen Gottes, um das eine Dritte zu erzeugen, wird durch die heilige Dreifaltigkeit, die Trinität (Dreiheit) Gottes, beschrieben.

Durch die Vereinigung der Elemente Luft und Feuer entsteht das Element Metall.

Die heilige Dreifaltigkeit Gottes, seine göttliche Trinität, ist der irdische Weg seiner göttlichen Vereinigung in euch.

Jede Seele, ob bewusst oder unbewusst, sucht diesen Weg auf Erden zu erzeugen.

Die heilige Dreifaltigkeit Gottes wird in vielen irdischen Gleichnissen beschrieben:

1. Luft, Feuer und Metall
2. Vater, Sohn und heiliger Geist
3. Gedanke, Handlung und Erleuchtung

Alle diese Gleichnisse, die die Trinität Gottes beschreiben, verkünden den einen Weg und die eine Botschaft:

Vereint eure eigenen Bestandteile Gottes in euch, um das große Dritte, Gott in seiner göttlichen Vollkommenheit, seiner göttlichen Einheit, in euch zu erzeugen.

Alle drei Gleichnisse beschreiben den Einen Weg, den Weg der Vereinigung Gottes in euch, um die bewusste Erleuchtung auf Erden zu erfahren.

Durch die Vereinigung der von euch geschaffenen göttlichen Energien Handlungsstärke und Gedankendisziplin, die Elemente Feuer und Luft, wird die Dreifaltigkeit Gottes in euch geboren.

In eurer irdischen Realität ist es euer göttliches Ziel, dass eure Gedanken und eure Handlungen einander spiegeln und ergänzen, um das Element Luft und Feuer miteinander zu vereinen.

Jede irdische Handlung, die nicht dem göttlichen Willen entspricht, aktiviert euren eigenen feinstofflichen Gott, der über euer Kronenchakra durch seine göttlichen Gedanken in eurem irdischen Geist Einfluss auf eure irdischen Handlungen und Worte nimmt.

Euer eigener feinstofflicher Gott in eurem Kronenchakra sorgt für die Einhaltung des göttlichen Planes in eurem irdischen Leben.

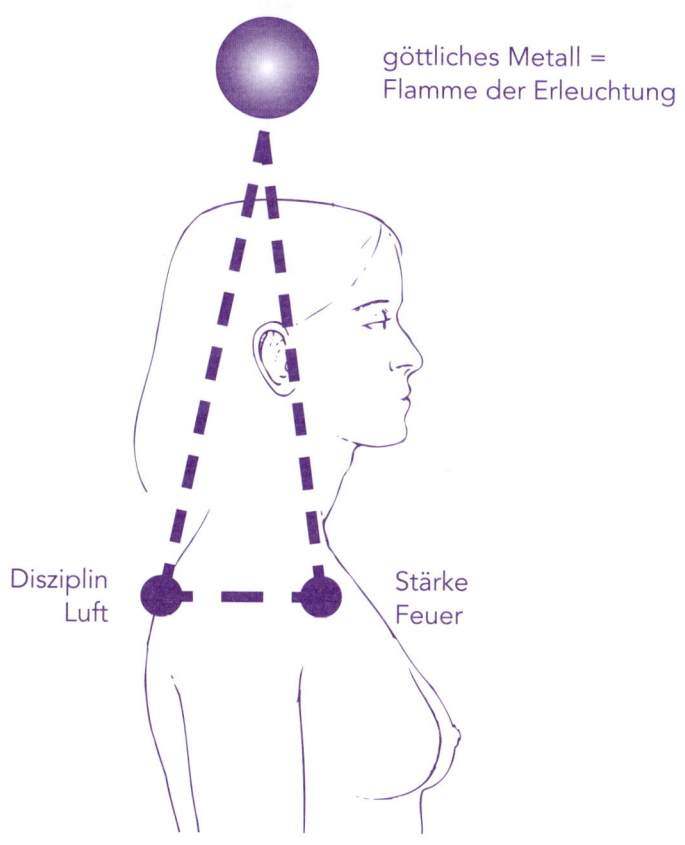

Das Dreieck der Trinität Gottes in unserem Körper

Jede irdische Handlung, die nicht dem göttlichen Willen entspricht, erzeugt göttliche Gedanken in eurem bewussten Geist, die diese Handlung in Frage stellen.

Der göttliche Wille vereint eure irdischen Gedanken mit euren irdischen Handlungen.

In eurer irdischen Realität ist es euer göttliches Ziel, dass eure irdischen Worte eure Gedanken und eure Handlungen miteinander vereinen, damit das göttliche Feuer in euch in seinem Gleichgewicht wirken kann.

Jedes gesprochene Wort, das nicht euren wahren Gedanken und euren wahren Handlungen entspricht, stellt eure wahre göttliche Natur bewusst in Frage und stürzt euch in die Illusionen der Ohnmacht und Schwäche.

Der göttliche Wille ist das Fundament für die wahre Macht auf Erden.

Der göttliche Wille fordert die göttliche Vereinigung eures eigenen inneren Gottes, um das göttliche Dreieck, die Trinität Gottes, in euch zu erzeugen.

Die göttliche Kraft wird symbolisiert durch das Element Wasser.

Göttliche Kraft wird bewusst in euch geboren, wenn ihr euer irdisches Gefühl bewusst auf den göttlichen Willen in eurem Leben ausrichtet.

Der wahre Glaube in euch und in eurem irdischen Leben ist die stärkste irdische Kraft.

Die wahre Glaubenskraft an den göttlichen Willen in euch und in eurem irdischen Leben ist eure wahre Natur, die in eure irdische Bewusstheit zu gelangen sucht.

Es braucht eure bewusste Bereitschaft, euch an eure eigene göttliche Natur erinnern zu wollen.

Das göttliche Feuer, das durch den Meridian des 1. Strahles Gottes und der Göttin in euren physischen Körper einfließt, formt bewusst den göttlichen Glauben an den göttlichen Willen in eurem Gefühl, wenn ihr die göttliche Kraft des wahren Glaubens in euch trainiert und somit euren eigenen weiblichen Pol an seine wahre Göttlichkeit erinnert.

Der göttliche Mut wird symbolisiert durch das Element Erde.

Göttlicher Mut wird bewusst in euch geboren, wenn ihr eure irdischen Emotionen auf den göttlichen Willen in eurem Leben ausrichtet.

Bewusst an den göttlichen Willen in euch und das göttliche Gefühl in eurem Leben zu glauben, wird euren irdischen Mut in eurem irdischen Gefühl gebären.

Das göttliche Feuer, das durch den Meridian des 1. Strahles Gottes und der Göttin in eurem physischen Körper einfließt, formt bewusst den irdischen Mut in euch, wenn ihr den göttlichen Mut in euch zu gebären bereit seid und somit euren eigenen weiblichen Pol an seine wahre Göttlichkeit erinnert.

Erzeugt ihr die Energie von Kraft und Mut in eurem irdischen Quadrat, dann fließen diese Energien über den Meridian des 2. Strahles Gottes und der Göttin zu eurem Kronenchakra und gebären dort miteinander den reinen Kelch der Göttin, das göttliche Element Äther, das das göttliche Licht der Erleuchtung in euch, in eurer irdischen Realität zu empfangen in der Lage ist.

Das Element Wasser und das Element Erde vereinen sich in eurem Kronenchakra und gebären das göttliche Element Äther.

Das göttliche Element Äther gebiert die göttlichen und die irdischen Elemente Wasser und Erde.

Die Elemente Wasser und Erde sind göttliche Bestandteile ihrer göttlichen Schöpferin, des heiligen Kelches in euch.

Durch ihre irdische Trennung, scheint ihre Göttlichkeit in euch verloren.

Vereint ihr diese Elemente, dann entsteht der Bauplan der Göttin in euch.

Aus diesem göttlichen Bauplan erzeugen eure grob- und eure fein-stofflichen Zellen das Abbild und die Erinnerung an die göttliche Schöpferin in euch.

Es entsteht das göttliche und somit feinstoffliche Element Äther in Form eines großen Kreises, der sich zu dem empfänglichen Kelch der Göttin formt und öffnet, um das göttliche Element Metall in Empfang zu nehmen.

Gott und die Göttin suchen sich in dir zu vereinen, um deine gött-liche Natur auf Erden bewusst zu erzeugen und zu gebären.

Wenn sich Wasser und Erde vereinen, dann erzeugen sie gemein-sam das große Dritte, die Göttin, ihre Schöpferin, in eurem Kronen-chakra.

Diese Vereinigung eurer eigenen Energien der Göttin in eurem Kronenchakra ist euer irdischer Weg in eure eigene Göttlichkeit auf Erden.

Dieser Weg der Vereinigung der zwei irdischen Grundsubstanzen der Göttin, um das eine Dritte zu erzeugen, wird durch die heilige Dreifaltigeit, die Trinität (Dreiheit) der Göttin, beschrieben.

Durch die Vereinigung der Elemente Wasser und Erde entsteht das Element Äther.

Die heilige Dreifaltigkeit der Göttin, ihre göttliche Trinität, ist der irdische Weg ihrer göttlichen Vereinigung in euch.

Jede Seele, ob bewusst oder unbewusst, sucht diesen Weg auf Erden zu gebären.

Die heilige Dreifaltigkeit der Göttin wird in vielen irdischen Gleich-nissen beschrieben:

1. Wasser, Erde und Äther
2. Mutter, Tochter und heiliger Kelch
3. Gefühl, Emotion und Intuition

Alle diese Gleichnisse, die die Trinität der Göttin beschreiben, verkün-den den einen Weg und die eine Botschaft:

Vereint die von euch geschaffenen Energien Glaubenskraft und Mut, die Elemente Wasser und Erde, um die göttliche Dreifaltigkeit der Göttin in euch zu gebären.

In eurer irdischen Realität ist es euer göttliches Ziel, dass euer Gefühl und eure Emotionen einander spiegeln und ergänzen, um das Element Wasser und Erde in euch miteinander zu vereinen.

Jede Emotion in euch, die nicht dem göttlichen Willen entspricht, sondern aus einer unerlösten Wunde in eurem Gefühl geboren wurde, aktiviert eure eigene feinstoffliche Göttin, die über eure Intuition Einfluss auf eure irdischen Wege nimmt.

Eure eigene feinstoffliche Göttin sorgt gemeinsam mit Gott für die Einhaltung des göttlichen Planes in eurem irdischen Leben.

Der göttliche Wille vereint euer irdisches Gefühl mit euren irdischen Emotionen.

In eurer irdischen Realität ist es euer göttliches Ziel, dass eure irdischen Worte euer Gefühl und eure Emotionen miteinander vereinen, damit das göttliche Feuer in euch in seinem Gleichgewicht wirken kann.

Jedes gesprochene Wort, das nicht eurem wahren Gefühl und euren wahren Emotionen entspricht, stellt eure wahre göttliche Natur in Frage und stürzt euch in die Illusionen der Ohnmacht und Schwäche.

Der göttliche Wille fordert die göttliche Vereinigung eurer eigenen inneren Göttin, um das göttliche Dreieck, die Trinität der Göttin, in euch zu erzeugen.

Das göttliche Element Äther ist der reine Kelch der Göttin, dessen Form und Beschaffenheit zu der göttlichen Energie in Resonanz steht, von der dieser göttliche Kelch befruchtet wird.

Das göttliche Element Äther, das durch die Vereinigung von Wasser und Erde in euch geboren wird, ist die göttliche Flamme der Transformation und des Wandels.

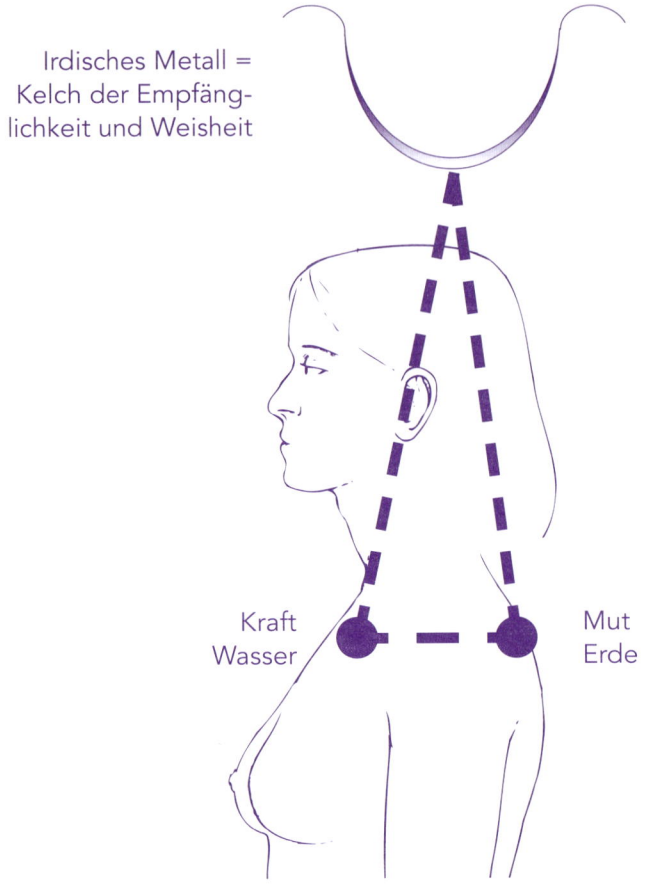

Irdisches Metall =
Kelch der Empfäng-
lichkeit und Weisheit

Kraft
Wasser

Mut
Erde

Das Dreieck der Trinität der Göttin in unserem Körper

Die große Göttin ist in ihrer göttlichen Natur die göttliche Essenz von Transformation und Wandel.

Das göttliche Element Äther ist das Element des 7. Strahles Gottes und der Göttin, das sich in eurem Kronenchakra in das irdische Element Metall transformiert, um ihren göttlichen Gemahl als irdisches Spiegelbild in ihrem göttlichen Kelch zu empfangen, zu gebären und zu reflektieren.

Als göttliches Element Wasser und somit als irdisches Element Metall wird sie von ihrem göttlichen Gemahl mit seinem goldenen Licht befruchtet und erstrahlt golden.

168

Die göttlichen und die irdischen Elemente Wasser und Erde sind die Kinder der Großen Mutter, des Elementes Äther, die ihre Kinder in jedem Augenblick aus sich zu gebären in der Lage ist.

Die irdische Kraft und der irdische Mut sind immer von göttlicher Natur, wenn sie bewusst in euch geboren werden.

Die irdische Kraft ist immer ein Ausdruck des göttlichen Elementes Wasser.

Der irdische Mut ist immer ein Ausdruck des göttlichen Elementes Erde.

Das göttliche Element Metall ist das reine Licht Gottes, dessen irdische Form und Beschaffenheit zu dem Kelch in Resonanz steht, den er mit seinem göttlichen Licht befruchtet.

Das göttliche Element Metall, das durch die Vereinigung von Luft und Feuer entsteht, ist die göttliche Flamme der Erleuchtung.

Das göttliche Element Metall ist das Element des 2. Strahles Gottes und der Göttin, das in eurem Kronenchakra als göttliche Flamme der Erleuchtung seine geliebte Göttin in euch zu erleuchten und zu erheben sucht.

Die Elemente Luft und Feuer sind die Kinder des Großen Vaters, des göttlichen Elementes Metall.

Das göttliche Element Metall besteht aus den Elementen Luft und Feuer in ihrer göttlichen Vollkommenheit.

Die irdische Disziplin und die irdische Stärke sind immer von göttlicher Natur, wenn sie bewusst in euch gezeugt werden.

Die irdische Disziplin ist immer ein Ausdruck des göttlichen Elementes Luft.

Die irdische Stärke ist immer ein Ausdruck des göttlichen Elementes Feuer.

Wenn ihr eure irdischen Schultern mit eurem feinstofflichen Dritten Auge von der Seite betrachtet und ihr über die Elemente-Chakren Feuer und Luft an eurer rechten Schultern verfügt, dann findet ihr das Dreieck Gottes, das durch die Energie, die aus euren Elemente-Chakren in euer Kronenchakra fließt, gezeugt wird.

Aus der Spitze dieses Dreieckes, die direkt euer Kronenchakra kennzeichnet, fließt das göttliche Element Metall und erzeugt den göttlichen Kreis der Erleuchtung aus dem Element Metall über eurem Haupt.

Wenn ihr eure irdischen Schultern mit eurem feinstofflichen Dritten Auge von der Seite betrachtet und ihr über die Elemente-Chakren Wasser und Erde an eurer linken Schulter verfügt, dann findet ihr das göttliche Dreieck der Göttin, das durch die Energie, die aus euren Elemente-Chakren in euer Kronenchakra fließt, geboren wird.

Aus der Spitze dieses Dreieckes, die direkt euer Kronenchakra kennzeichnet, fließt das göttliche Element Äther, das sich von einem violetten Kreis in einen weißen Kelch, das irdische Element Metall transformiert.

Der göttliche Kelch der Empfänglichkeit für das göttliche Element Metall wird über eurem Haupt geboren.

Empfängt der weiße Kelch der Göttin das goldene Licht der Erleuchtung Gottes, dann erfüllt sie ihre göttliche Spiegelfunktion für ihren göttlichen Gemahl und beginnt golden zu leuchten.

Der göttliche Kelch der Göttin ist immer ein geöffneter Kreis.

Denn alles ist nach dem Einen Bilde erschaffen.

Euer Kronenchakra ist der Ort der feinstofflichen Vereinigung von Gott und seiner Göttin in euch.

Euer Kronenchakra ist der Ort der irdischen Erinnerung an eure wahre göttliche Natur.

Die Göttin öffnet ihren heiligen Kelch über eurem irdischen Haupt und empfängt das göttliche Licht der Erleuchtung, ihren göttlichen Gemahl auf Erden.

Die Energie des 2. Strahles Gottes und der Göttin ist ein göttlicher Bestandteil des göttlichen Kreises der Vollkommenheit.

170

Die Energie des 2. Strahles Gottes und der Göttin trägt die Form ihres göttlichen Ursprunges in ihren feinstofflichen Zellen gespeichert und besteht in eurer irdischen Realität aus feinstofflichen Kreisen, die in eurem Kronenchakra von eurer Göttin über eurem Haupt empfangen werden.

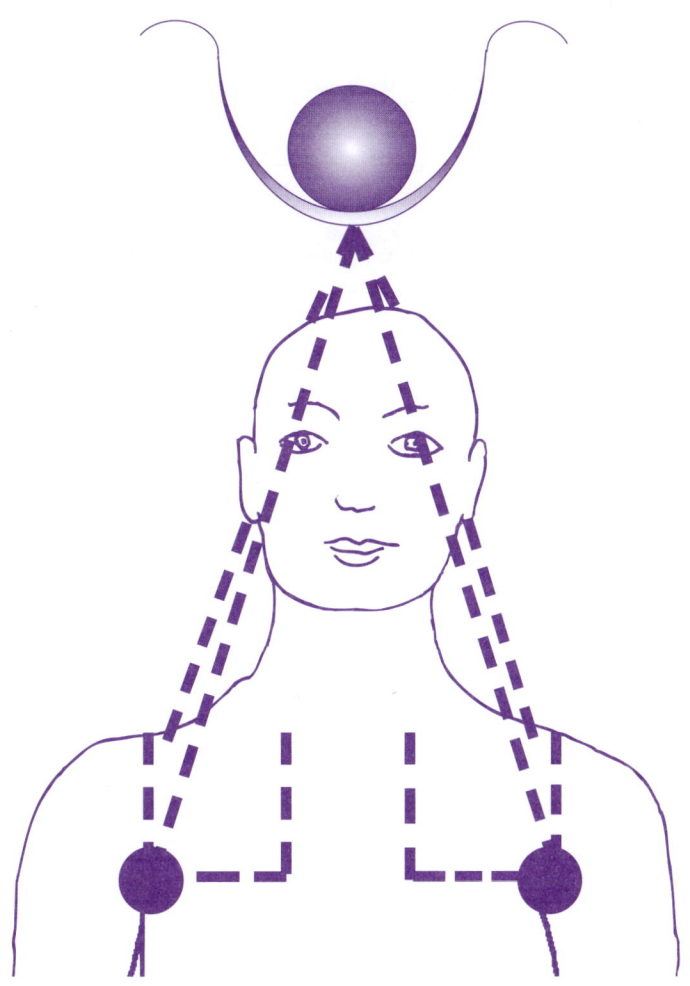

Die Vereinigung Gottes und der Göttin in eurem Kronenchakra erzeugt einen weiteren Meridian des 2. Strahles Gottes und der Göttin in euch.

Dieser Meridian sucht gerade von eurem Kronenchakra durch euren gesamten Körper, bis in eure Genitalien und von dort gerade in die Erde zu fließen.

Die Länge und die Breite dieses Meridians sind abhängig von der göttlichen Entwicklung auf eurem irdischen Weg.

Erwacht eine Seele und beginnt die göttliche Vereinigung in ihrem Kronenchakra zu erzeugen und zu gebären, dann wird dieser Meridian gerade durch euren Kopf zu eurem Dritten Auge, dem göttlichen Element Luft, fließen, um göttliche Gedanken der Erinnerung an eure göttliche Natur zu erzeugen.

Von eurem Dritten Auge fließt dieser Meridian zu und durch euren Hals, um irdische Handlungen und Worte der göttlichen Wahrhaftigkeit in euch zu erzeugen, die euren irdischen Weg in das goldene Licht der Erleuchtung tauchen.

Vom Hals fließt der Meridian des 2. Strahles Gottes und der Göttin gerade an der Wirbelsäule entlang zu eurem Herzchakra, um euer Herz durch das Licht der göttlichen Vereinigung zu erheben.

Von eurem Herzen fließt er zu eurem Magenchakra, um göttliche Emotionen der Erinnerung an euren göttlichen Ursprung zu gebären.

Von eurem Magenchakra fließt der Meridian zu eurem Sakralchakra, dem Element Äther in eurem Körper, um göttliche Intuitionen der bewussten Erinnerung an euren göttlichen Weg auf Erden zu gebären.

Von eurem Sakralchakra fließt er schließlich zu eurem Wurzelchakra, um euch an eure göttliche Verbundenheit mit euren göttlichen Eltern auf Erden zu erinnern.

Durch diese Erinnerung erzeugt und gebiert sich der Weg des göttlichen Meridians des 2. Strahles Gottes und der Göttin, der gerade aus euren Genitalien in die Erde fließt, um sie bewusst mit eurem göttlichen Licht zu befruchten und somit neu zu gebären.

Der Zeitraum, den dieser Meridian des 2. Strahles Gottes und der Göttin benötigt, bis er sein goldenes Licht von eurem Kronenchakra durch euren ganzen Körper in die Erde fließen lassen kann, ist abhängig davon, wie viele unerlöste Wunden in einem Chakra zu erleuchten sind.

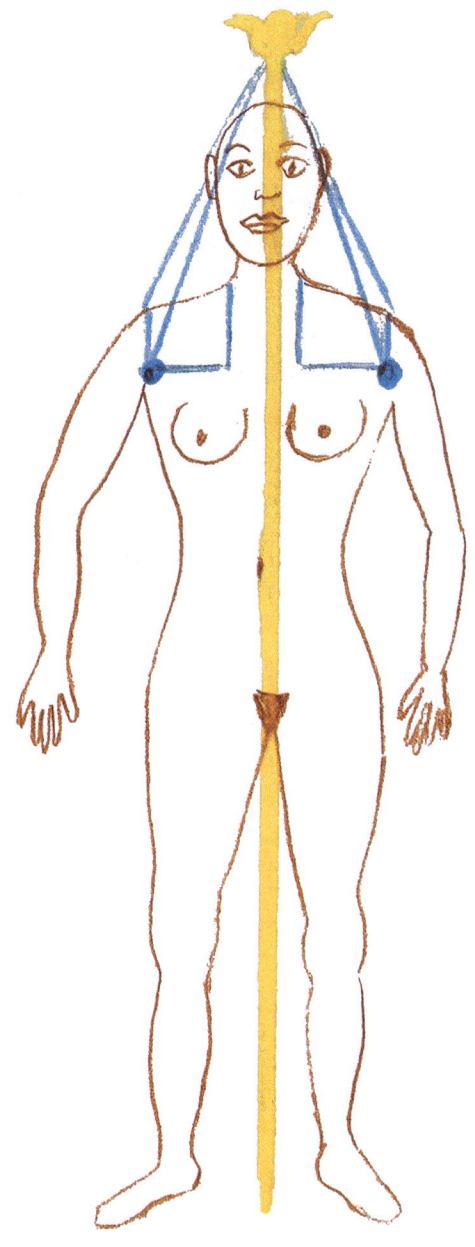

In einigen Bereichen gelingt es dem göttlichen Licht sehr schnell, sich in euch auszudehnen.

In anderen Bereichen stößt der göttliche Meridian des 2. Strahles Gottes und der Göttin auf unerlöste Wunden.

Bevor er sich weiter ausdehnen kann, wird er eure unerlösten Wunden erleuchten, sie in eure Bewusstheit erheben, um sie dort zu transformieren.

Sind diese Transformationen abgeschlossen, dann fließt dieser Meridian weiter durch euren Körper, mit seinem bewussten Ziel, eure geliebte Erde neu zu befruchten und neu zu gebären.

Der Weg dieses Meridians des 2. Strahles Gottes und der Göttin ist der Weg der irdischen Vereinigung eures Gottes, der durch euer Kronenchakra in euch einfließt, mit seiner geliebten Erde durch euren irdischen Körper

In einem Augenblick der vollkommenen göttlichen Erleuchtung auf Erden dehnt sich der Meridian des 2. Strahles Gottes und der Göttin so weit aus, dass ein Lichtkegel entsteht, der eure gesamte physische Natur erleuchtet.

Wenn es euch nur für ein paar Augenblicke gelingt, diesen Lichtkegel in euch zu erzeugen und zu gebären, dann wird diese kurze Zeit bereits eine grenzenlose Flut an Erinnerungen an die göttliche Natur in euch und in eurem Körper bewusst erzeugen und gebären.

Der Weg der Erleuchtung ist ein irdischer Weg der Meditation durch bewusste Aktivität oder bewusste Passivität.

Beide Wege, der Weg der aktiven Meditation und der Weg der passiven Meditation, sind Wege der Erleuchtung, wenn eure Aktivität oder eure Passivität die Selbsterkenntnis auf Erden anstrebt.

Der Weg der Meditation entsteht durch den Aspekt der göttlichen Bewusstheit.

Der Weg der Meditation ist der Weg der bewussten Stille und Empfänglichkeit in eurer Passivität und der bewussten Worte und Handlungen in eurer Aktivität.

Beide Wege sind Wege der Selbsterkenntnis und somit der Selbsterleuchtung.

Aus der göttlichen Selbsterkenntnis und Selbsterleuchtung gebiert sich die göttliche Erkenntnis und die göttliche Erleuchtung auf Erden.

Erkenne dich selbst und du erkennst die Welt!
Erleuchte dich selbst und du erleuchtest die Welt!
Denn alles ist nach dem Einen Bilde erschaffen.

Die Augenblicke der Erleuchtung, die von vielen Seelen auf Erden durch den Weg der Meditation bewusst erzeugt und geboren werden, erleuchten auch die unerlösten Wunden in eurem Körper.
Der Weg der Meditation ist immer ein Weg der Transformation.
Jeder Erleuchtung auf Erden folgt eine körperliche Transformation eurer unerlösten Wunden, bis das Licht Gottes und der Göttin frei durch euch fließen kann.

Ist der Meridian des 2. Strahles Gottes und der Göttin so weit gewachsen, dass er euren gesamten Hals anfüllt, dann schließt dieser Meridian die Lücke zwischen dem linken und dem rechten Quadrat

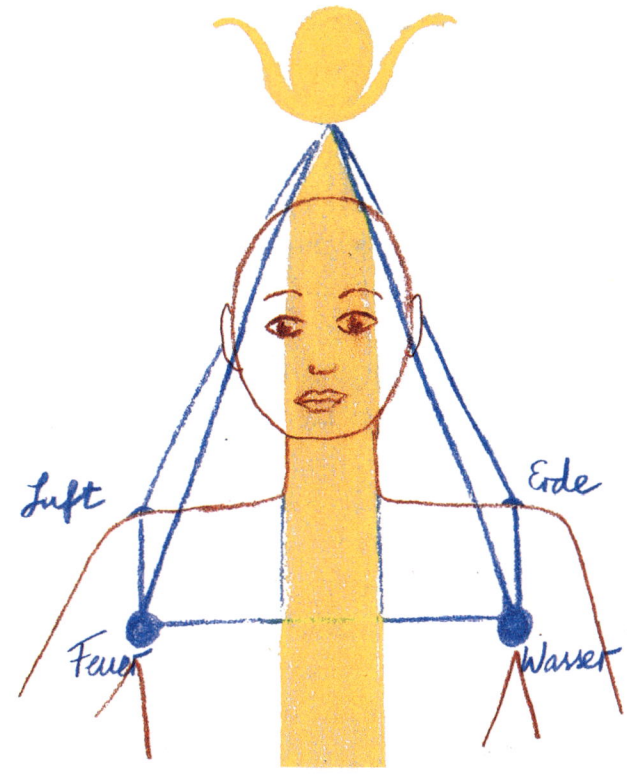

auf euren Schultern und erzeugt den irdischen Boden für die Entstehung der androgynen Natur in eurem Körper.

Der Meridian des 2. Strahles Gottes und der Göttin ist ein göttliches Bindeglied, das euren körpereigenen Gott mit eurer körpereigenen Göttin verbindet, indem er einen Verbindungskanal erzeugt, durch den sich die Energien Gottes auf eurer rechten Schulter mit den Energien der Göttin auf eurer linken Schulter vereinen.

Der Meridian des 2. Strahles Gottes und der Göttin besteht aus den vier göttlichen Elementen in ihrer göttlichen Vereinigung über eurem Haupt und ist somit immer in der Lage, seine eigenen vier Kinder in euch zu erzeugen, zu gebären und sie miteinander zu verbinden.

Wenn es euch gelingt, diesen Zustand langfristig in euch zu erzeugen, dann beginnt euer Körper, seine Illusion der Getrenntheit zu überwinden, und verändert seine Beschaffenheit.

Er beginnt seine androgyne Natur auf Erden zu manifestieren.

Da dieser Zustand zugleich eine sehr große Beschleunigung eurer eigenen Schwingung und eurer eigenen Atome bedeutet, werdet ihr für eure gegenwärtige Umgebung nicht mehr sichtvoll sein, weil ihr dadurch in eine höhere Dimension auf Erden gelangt.

Ihr könntet in diesem Zustand zwar euer Umfeld sehen, aber dieses nicht mehr euch. Wenn ihr einen Gegenstand an einem Faden befestigt und diesen Gegenstand durch euren Faden sich ganz schnell im Kreis drehen lasst, dann werden Gegenstand und Faden für euch ab einer gewissen Geschwindigkeit unsichtbar.

Das Volk der Maya war ein göttliches Volk, dem dieser Prozess der Selbsterleuchtung und somit der Selbsterhöhung in eine höhere Dimension auf Erden gelungen war.

Das Volk der Maya ist nicht ein Volk, das auf Erden ausgestorben ist, sondern es ist für euch lediglich nicht mehr sichtvoll.

In eurer irdischen Zukunft wird die Menschheit den göttlichen Pfad, den die Mayas bewusst für die Menschheit auf Erden ausgetreten haben, beschreiten.

176

Das Volk der Maya leistet große Dienste für die Menschheit, da seine Energien direkt in euer irdisches menschliches Massenbewusstsein einfließen und die Menschheit in ihrem Fortschritt unterstützen.

Sie flüstern göttliche Worte der göttlichen Wegweisung in viele menschliche Ohren, wenn ihre Hilfe auf Erden benötigt wird.

Sie sind euch ganz nah und werden euch in irdischen Empfang nehmen, wenn die Menschheit in den nächsten 2.000 Jahren gelernt haben wird, ihre körperliche Schwingung in einer höheren Dimension auf Erden zu festigen.

Unser geliebter Meister Saint Germain zeigte euch in seiner irdischen Inkarnation als Graf von Saint Germain, dass dieser Weg für euch Menschen möglich ist, indem er diesen Weg dazu nutzte, Raum und Zeit zu überwinden.

Aus menschlicher Sicht wurde er vor seinen Betrachtern plötzlich unsichtbar und tauchte eine Sekunde später an einem entfernten Ort wieder auf.

Aus menschlicher Sicht war das wahrhaft eine Attraktion, die die Menschheit zum Nachdenken über ihre wahre Natur anregen sollte.

Er war und ist immer eine göttliche Rebellion gegen eure bisherigen Ideen der menschlichen Möglichkeiten auf Erden.

Er ist und war immer ein Banner der göttlichen Freiheit auf Erden, das euch an eure göttliche Natur und somit an eure göttlichen Möglichkeiten auf Erden zu erinnern sucht.

Er manifestierte als Graf von Saint Germain bewussten Wohlstand und Fülle, um die Empfänglichkeit von Wohlstand und Fülle auf Erden für euch Menschen bewusst werden zu lassen.

Als Graf von Saint Germain war er ein Sendbote für die neue goldene Zeit auf Erden.

Er ist der irdische und der göttliche Wegweiser der neuen Zeit!

Nichts von dem, was er tat und was er tut, ist frei von göttlicher Symbolik. Er ist immer eine irdische und eine göttliche Verkörperung der neuen goldenen Zeit gewesen, die nun durch ihn und mit ihm begonnen hat.

Auf euren irdischen Schultern zeugt und gebiert sich die feinstoffliche Pyramide aus euren vier Elemente-Chakren.

Jede feinstoffliche Pyramide erzeugt einen grobstofflichen Kreis.

Jeder feinstoffliche Kreis erzeugt eine grobstoffliche Pyramide.

Der irdische Kreis, der in der feinstofflichen Pyramide und somit in eurem Kopf geboren wird, ist der göttliche Brennpunkt des 5. Strahles Gottes und der Göttin in euch.

Der göttliche Brennpunkt des 5. Strahles Gottes und der Göttin in eurem irdischen Körper ist euer inneres, Drittes Auge, das sich über euren zwei äußeren Augen befindet.

In eurem Dritten Auge entsteht der irdische Kreis der feinstofflichen Pyramide auf euren Schultern.

Euer Drittes Auge ist der grobstoffliche Kreis der feinstofflichen Pyramide.

Der 5. Strahl Gottes und der Göttin symbolisiert das göttliche Element Luft.

Das Element Luft symbolisiert eure Gedanken, eure Mentalebene.

Der irdische Kreis, der durch die Pyramide auf euren Schultern geboren wird, besteht aus irdischen und somit bewussten Gedanken und Visionen, die der göttlichen Wahrhaftigkeit entsprechen.

In der göttlichen Wahrhaftigkeit erzeugt das Element Feuer das Element Luft.

Meister El Morya war der Vater von Meister Hilarion.

In der irdischen Realität erzeugt das Element Luft das Element Feuer.

Eure irdische Realität spiegelt das göttliche Werk in seinen einzelnen Aspekten und Details.

Die irdische Realität ist das Spiegelbild der göttlichen Realität.

Zu meiner irdischen Zeit, da das Alte Land unterging, verließen die großen Seherinnen des Alten Landes mit uns Lemurien und folgten uns nach Atlantis. Mein damaliger irdischer Name war *Ra Apollon*.

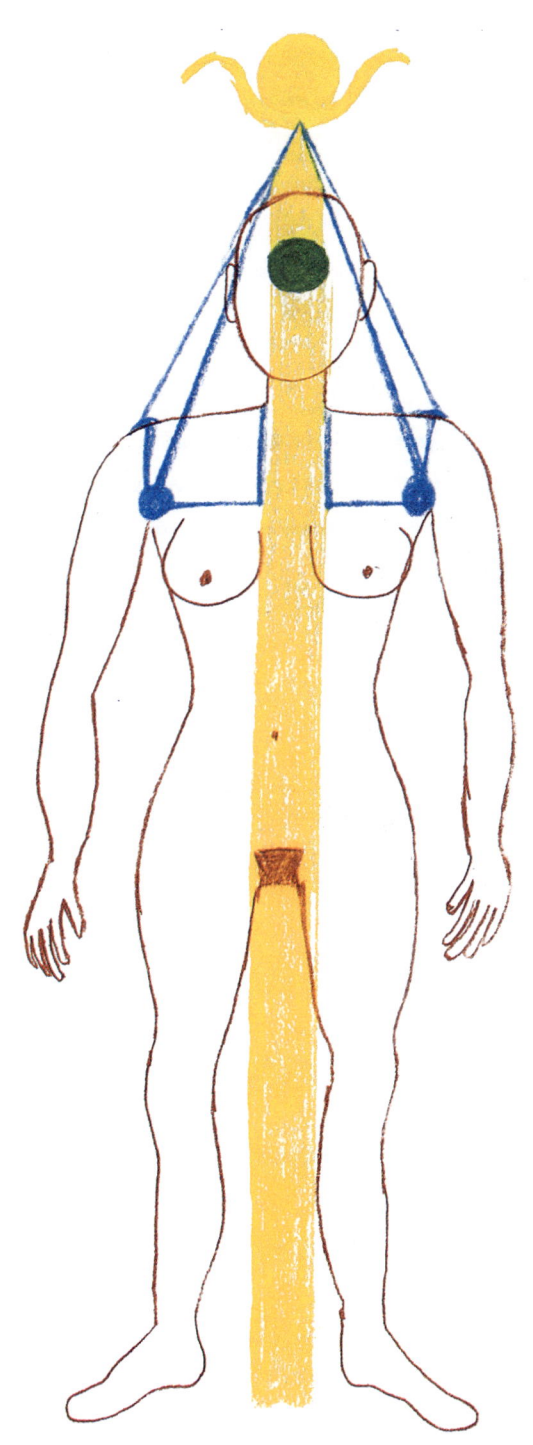

Der Stein der Weisen, ein großer Omphalos, war ein göttliches Geschenk des großen Erzengel Jophiel an seine Göttin Constantia auf Erden, die durch ihre von ihr erwählten Seherinnen körperliche Gestalt anzunehmen in der Lage war, um sein göttliches Licht durch ihre Botschaften auf Erden zu empfangen.

Delphi war ein Ort, wo dieser Stein sich in die Erde grub und Griechenland für lange Zeit durch seine Weisheit zu großer Macht verhalf.

In Delphi wurde Erzengel Jophiel als Gott Apollon verehrt, der seine Göttin Constantia durch ihre erwählten Seherinnen auf Erden, die Sibyllen, mit seinem göttlichen Licht der Erleuchtung befruchtete, um den Menschenkindern den bewussten Kontakt zu ihrem göttlichen Ursprung zu ermöglichen.

Der irdische Standort des göttlichen Omphalos kennzeichnet immer den Ort der göttlichen Erleuchtung auf Erden.

Wenn sich die göttliche Wahrheit des Omphalos mit der irdischen Wahrheit seines Standortes zu reiben beginnt, dann zeigt sich diese Reibung durch die Bewegung der Naturkräfte.

Die göttliche Wahrheit des Omphalos ist die Anerkennung Gottes seiner geliebten Göttin auf Erden.

Der göttliche Omphalos wird seine göttliche Wahrheit und seine göttliche Natur stets bewahren.

Er ist der Stein der göttlichen Weisheit, die ihr auf Erden zu erfahren sucht.

Er ist stets bereit, euch zu lehren, die göttliche Weisheit, das göttliche Liebeslied eures Gottes an seine irdische Göttin in euch zu erzeugen und zu empfangen.

Er sichert den möglichen göttlichen Eingriff auf Erden, wenn sich Gebiete eures Planeten in ihren irdischen Illusionen zu stark von ihrer göttlichen Wahrhaftigkeit distanzieren.

Der göttliche Omphalos ist ein irdischer Lobgesang Gottes an seine irdische Göttin, der durch seinen Strahlungsbereich, seinen irdischen Standort, strömt.

Der göttliche Omphalos befruchtet seinen irdischen Standort mit seinem göttlichen Licht und lässt ihn golden erstrahlen.

Wird die Erde und das Wasser, die ihn umgeben, mit irdischen Illusionen der Missachtung und der fehlenden Anerkennung der Göttin von ihren Bewohnern getränkt und gefärbt, dann wird der göttliche Omphalos sie an ihre göttliche Natur erinnern.

Die Erinnerung an ihre wahre Natur löst in den Elementen der Göttin, Wasser und Erde, einen großen Reinigungsprozess aus, wenn sich die Bewohner den heilsamen, göttlichen Energien des Omphalos entziehen und sich weigern, sich der göttlichen Wahrheit zu öffnen, die durch seine Energie in ihre irdische Realität zu fließen sucht.

Das Element Wasser erinnert sich an seine wahre göttliche Natur, denn es wird direkt von dem Omphalos neu befruchtet und verändert seine irdische Beschaffenheit und wird zur Kraft der göttlichen Reinigung auf Erden.

Die göttliche Kraft der Reinigung, die Ausdruck der göttlichen Mutter ist, verschlingt ihre Tochter Erde, um sie zu reinigen, wenn die Energien der Bewohner die große Göttin durch Abwertung und Missachtung beschmutzen und sie an ihrem göttlichen Aufstieg auf Erden zu hindern suchen.

Der Aufstieg der Göttin in euch und um euch auf Erden ist euer aller bewusstes oder unbewusstes Ziel.

Die große Göttin verschlingt ihre unreinen Kinder, um sie in ihrer göttlichen Vollkommenheit neu zu gebären, wenn die große Reinigung abgeschlossen ist.

Die Elemente Wasser und Erde sind Bestandteil des irdischen Quadrates.

Jede Bewegung der Elemente Wasser und Erde in eurem irdischen Quadrat nimmt Einfluss auf die Elemente Luft und Feuer.

Jede Bewegung der Elemente Wasser und Erde gebiert eine Bewegung in den Elementen Luft und Feuer.

Gott und die Göttin sind in ihrer göttlichen Liebe unzertrennbar.

Der göttliche Omphalos befand sich immer an den irdischen Brennpunkten, die durch das Element Wasser große Reinigungen erfahren haben, die ihr auch Landuntergang nennen könnt.

Diese Brennpunkte waren vor ihrem Untergang immer auch Brennpunkte der Erleuchtung auf Erden, denen es jedoch nicht gelang, sich dem göttlichen Lobgesang Gottes an seine Göttin hinzugeben.

Als ich in Atlantis nach meiner Ankunft mit meiner irdischen Familie und unseren Begleitern und Begleiterinnen den großen Regenbogen am Himmel sah, wusste ich, dass mein geliebter Freund Noah mit seiner Familie landet war.

In meinem Geist wurde der Regenbogen geboren, bevor Noah ihn in der irdischen Welt manifestierte.

Ich wartete, bis Er den großen Berg bestieg, denn ich wusste, dass mein Weg erst auf Erden geboren und integriert werden konnte, wenn Er den großen Schritt der Wende in der Entwicklung der Menschheit ermöglichen würde.

Er war die geborene göttliche Erinnerung an den göttlichen Willen auf Erden.

Er war die göttliche Kraft, die göttliche Stärke, der göttliche Mut und die göttliche Disziplin in Tätigkeit auf Erden, die es in dieser Welt brauchte, um den neuen Morgen auf Erden zu begrüßen.

Ihm gelang es, den göttlichen Willen wieder in das Bewusstsein der Menschen treten zu lassen.

Das göttliche Quadrat wurde durch Ihn bewusst in dieser Welt gezeugt und erstellte die irdische Basis für die Entstehung und die Integration der 1. göttlichen Pyramide in eurer neuen irdischen Welt.

Die erste Pyramide der neuen Zeit entstand auf den irdischen Schultern von Meister El Morya in seiner irdischen Inkarnation als Noah.

An der Spitze dieser Pyramide findet ihr den 2. Strahl Gottes und der Göttin in euch.

Das göttliche Wissen um die Entstehung der göttlichen Pyramide auf Erden wurde bereits in Lemurien erworben und geboren, und Meister El Morya war ein göttlicher Schüler und ein göttlicher Lehrer im Alten Land gewesen, der nun die Gelegenheit erhielt, den Weg der göttlichen Meisterschaft auf Erden zu beschreiten.

Als Noah mit seiner Familie am höchsten Punkt, der Plattform des heiligen Berges von Atlantis, angekommen war, machte ich mich mit meiner Frau und meiner Tochter auf den Weg, ihnen zu folgen.

Wir folgten ihnen auf dem irdischen Weg, den Noah mit seiner Familie für uns gebahnt hatte.

Für Noah und seine Familie war der Aufstieg ein heiliges Mysterium.

Der Aufstieg erforderte die bewusste Integration und Vereinigung von göttlicher Stärke, göttlicher Kraft, göttlichem Mut und göttlicher Disziplin in einem irdischen Körper.

Dieser irdische Körper war der Körper von Noah, dem Stellvertreter des 1. Strahles Gottes und der Göttin, der seine Energien auf seine irdische Familie übertrug und sie an ihre eigene göttliche Wahrhaftigkeit erinnerte und jeden von ihnen zu einem irdischen Brennpunkt werden ließ.

Jeder Schritt, den er bei seinem Aufstieg machte, erschuf den irdischen Weg zu der Plattform, dem höchsten Punkt des heiligen Berges auf Atlantis.

Der heilige Berg von Atlantis glich in seiner irdischen Form der göttlichen Pyramide.

Seine Spitze jedoch war zu Beginn keine Spitze, sondern eine gerade Plattform, auf der die göttliche Pyramide als Spitze erst durch die Ankunft meiner Familie und mir gezeugt und geboren werden konnte.

In göttlicher Leichtigkeit konnten wir den irdischen Weg beschreiten, den Noah mit seiner irdischen Familie gezeugt und geboren hatte.

Meine Familie und ich waren die feinstofflichen "Zutaten" für die Entstehung der göttlichen Pyramide auf dem heiligen Berg von Atlantis.

Noah und seine Familie waren der irdische Weg zu dem höchsten Punkt Gottes auf Atlantis, auf dem die göttliche Pyramide entstand.

Gemeinsam bildeten wir den Kreis der göttlichen Vollkommenheit auf Erden, der die irdische Pyramide auf Atlantis als grobstoffliche Aura gebar.

Es war eine Zeit der göttlichen Wunder auf Erden.

Als wir auf dem heiligen Berg in Atlantis die göttlichen Wunder vollbringen durften, öffnete sich meine geliebte Ehefrau, Symbol des Elementes Äther, dem reinen Licht Gottes für ihre Empfängnis ihrer zwei irdischen Söhne.

Als wir auf dem heiligen Berg in Atlantis die göttlichen Wunder vollbringen durften, erzeugte ich, Symbol des Elementes Metall, das reine Licht Gottes für die Zeugung meiner zwei irdischen Söhne.

Gemeinsam wurden sie gezeugt, empfangen und geboren.

Unser Sohn, der euch heute als Meister Konfuzius bekannt ist, war genau eine Minute älter als sein Bruder, den ihr unter dem Namen Meister Saint Germain kennt.

10.000 Jahre nachdem der 2. Strahl Gottes und der Göttin seine Integration auf Erden erfuhr, beginnt die Integration des 7. Strahles Gottes und der Göttin.

Willkommen in eurer irdischen Gegenwart!

Es ist nun die Zeit gekommen, euch an diese göttlichen Wunder zu erinnern, damit sie von euch bewusst auf dieser Erde geboren werden.

Jeder von euch trägt das Abbild Gottes und der Göttin in seinen Zellen gespeichert.

Es ist nun die Zeit gekommen, euch an die göttlichen Wahrheiten zu erinnern, denn eure Erde befindet sich erneut vor einem großen Reinigungsprozess.

Dieser Reinigungsprozess wird die Menschheit nicht zerstören, sondern langfristig vor ihrem Untergang bewahren.

Es wird eine ganz und gar neue Zeit der göttlichen Bewusstheit auf Erden geboren.

Wir empfehlen euch, zu einem Teil der großen Welle der göttlichen Reinigung auf Erden zu werden, denn dann werdet ihr gesegnet sein und den neuen Morgen auf Erden zeugen und gebären.

Sucht die Botschaft der großen Flut zu verstehen, denn dann wird sie euch Erlösung sein.

Wenn ihr euch nicht mit der großen Welle der Reinigung in euch und um euch verbindet und so zu einem irdischen Bestandteil von ihr werdet, dann werdet ihr zu einem Bestandteil der Erde, die von der Göttin gereinigt wird.

Es wird nicht nur ein Kontinent sein, der die Erfahrung von Landverlust machen wird.

Es wird nicht nur ein Kontinent sein, der in der goldenen Zeit aufsteigen wird.

Euch ist noch nicht bewusst, wie nah sich das Alte Land bereits an der Oberfläche befindet.

Diese Erkenntnisse werden euren Forschern Erlösung bringen, denn dann werdet ihr auch wissen, welche Länder dieser Welt göttliche Reinigung erfahren werden.

Verbindet euch in eurer irdischen Bewusstheit mit der großen Göttin, und ihr göttlicher Schoß wird euch liebevoll einbetten.

Verleugnet ihr die große Göttin in eurer Bewusstheit, dann wird sie irdische Wege der Erinnerung an sie einschlagen müssen.

Es gilt, der großen Göttin in ihrer göttlichen Bewegung euer Gehör zu schenken, denn Sie ist es, die ihr so dringend für euren weiteren Fortschritt in eurer irdischen Bewusstheit benötigt!

Die große Welle der irdischen Reinigung wird ein Paradies von göttlicher Vollkommenheit auf Erden gebären.

Es gilt nicht, vor dieser Reinigung zu fliehen, denn sie ist ein wahrer Segen für die Menschheit, der sich erst im Laufe der Zeit als solcher erweisen wird!

Meister Kuthumi

Erzengel Jophiel - Constantia

Erzengel Jophiel – Constantia ist der Erzengel des 2. Strahles Gottes und der Göttin in euch und um euch.

In der göttlichen Wahrhaftigkeit sind Gott und die Göttin immer miteinander verbunden.

Gott ist in seiner Fürsorge stets bereit, euch mit seiner goldenen Flamme der Erleuchtung zu befruchten.

Ist eure eigene innere Göttin nicht bewusst in euch geboren, dann werdet ihr diese göttliche Flamme der Erleuchtung nicht empfangen können.

Eure eigene innere Göttin ist eure eigene göttliche Wahrhaftigkeit.

Wenn ihr euch bewusst an eure eigene göttliche Wahrhaftigkeit zu erinnern bereit seid, dann wird sich diese göttliche Wahrhaftigkeit in eurem irdischen Geist gebären und somit materialisieren.

Euer irdischer Geist ist ein Erzeuger der materiellen Welt.

Wenn ihr jedoch eure göttliche Wahrhaftigkeit zu vergessen sucht, dann kann sie sich nicht bewusst in eurer irdischen Realität entfalten.

Wenn ihr euch aber in eurer irdischen Bewusstheit an sie erinnert, dann kann sie in eurer irdischen Realität Wirklichkeit werden.

Ihr seid die Schöpfer eurer eigenen Realität.

Wissen ist ein energetischer Ausdruck des großen Erzengels Jophiel auf Erden, den die Menschheit auf ihre eigene Weise zu ehren bereit ist, indem sie Wissen in ihrer irdischen Realität bewusst achtet und ehrt.

Sein goldenes Licht der Erleuchtung wurde in vielen Kulturen bewusst geachtet und verehrt.

Sein göttlicher Ausdruck auf Erden ist das Element Metall, das sich in eurer irdischen Welt in Gold verwandelt.

Die Würdigung der goldenen Essenz von Erzengel Jophiel ist nicht die größte Herausforderung, die es für euch auf Erden zu meistern gilt.

Ihn zu ehren und zu lobpreisen seid ihr, ob bewusst oder unbewusst, geübt.

Erzengel Jophiel ist das Licht der goldenen Sonne, die euch durch ihre wärmenden Strahlen befruchtet, um euch irdisches Leben und göttliches Wachstum zu ermöglichen.

Jedes irdische Wissen, jedes irdische Gold, jedes goldene Licht der Erleuchtung und jeder göttliche Sonnenstrahl ist ohne göttlichen Bezug und ohne irdisches Leben, wenn die Göttin in euch diese Energien in ihrem Kelch nicht zu empfangen in der Lage ist.

Gott und Göttin sind in ihrer göttlichen Wahrhaftigkeit immer miteinander verbunden.

Ihr sucht das Abbild der göttlichen Wahrhaftigkeit von Gott und Göttin in ihrer göttlichen Verbundenheit bewusst in euch zu erzeugen und zu gebären, um sie in ihrer grenzenlosen Fülle in euch und eurem irdischen Leben bewusst empfangen zu können.

Ihr sucht die Vereinigung Gottes und der Göttin in euch zu erzeugen und zu gebären.

Die goldene Zeit eurer irdischen Gegenwart, die das bewusste Erwachen der Göttin in euch gebären wird, wird euch in die bewusste Erfahrung der göttlichen Wahrhaftigkeit, die auch immer göttliche Fülle bedeutet, führen.

Das Licht Gottes sucht seine Empfängnis in euch.

Das Licht Gottes wird bewusst in euch empfangen werden, wenn die Göttin in euch erwacht ist.

Es braucht eure Bereitschaft, bewusst an die Göttin in euch und eurem Gefühl glauben zu wollen und eure Emotionen durch euren göttlichen Mut zu gebären, um euch bewusst mit göttlichem Mut mit euren Emotionen auseinanderzusetzen, indem ihr den Weg der Selbstbetrachtung beschreitet.

Jeder Weg der bewussten Selbstbetrachtung führt euch langfristig in das Erkennen eurer eigenen Göttlichkeit in euch.

Jeder Weg der bewussten Selbstbetrachtung wird schlussendlich euren göttlichen Mut trainieren und euren göttlichen Glauben in seiner göttlichen Kraft nähren.

Wissen mag euch dazu verhelfen, euren göttlichen Plan auf Erden zu verstehen.

Die göttliche Weisheit ermöglicht euch, den göttlichen Plan dieser Welt nicht nur zu verstehen, sondern ihn auch zu lieben, um euch mit eurem irdischen Lebensweg auszusöhnen.

Das göttliche Wissen vereint sich in eurem Kronenchakra mit seiner irdischen Geliebten, eurer eigenen inneren Göttin, die durch eure Glaubenskraft und euren Mut bewusst in euch geboren wurde.

Die Vereinigung von Gott und Göttin in eurem Kronenchakra erzeugt immer das große Dritte.

Das große Dritte, das aus der Vereinigung Gottes mit seiner geliebten Göttin in eurem Kronenchakra geboren wird, ist das göttliche Element Liebe.

Das göttliche Licht der Erleuchtung, das – menschlich gesehen – auch göttliches Wissen, göttliches Erkennen und göttliches Verstehen genannt werden kann, erzeugt und gebiert im Augenblick der bewussten Empfängnis durch den Kelch der Göttin in euch immer auch die Liebe zu eurem irdischen Leben.

Das göttliche Licht der Erleuchtung kann aus der göttlichen Einheit direkt in euer Kronenchakra fließen, um eure Seele auf Erden zu erleuchten.

Es kann durch die Vereinigung von Luft und Feuer in eurem Kronenchakra bewusst von euch erzeugt werden, um eure Seele auf Erden zu erleuchten.

Doch das göttliche Licht der Erleuchtung benötigt immer den Kelch der Göttin in euch, damit es euch in die göttliche Weisheit der Liebe einzuführen vermag.

Die göttliche Weisheit führt euch immer zu eurem Herzen, dem irdischen Mittelpunkt der Liebe in euch.

Der Weg der bewussten Selbstbetrachtung ist immer ein Weg, der die Existenz der empfänglichen Göttin in euch voraussetzt und sie somit in eure irdische Realität gebiert.

Der Weg der bewussten Selbstbetrachtung wählt als Ausgangspunkt immer irdische Situationen, Gedanken und Gefühle, die selbst empfangen oder geboren habt.

Empfängnis und Geburt sind der Ausdruck der großen Göttin.

Durch den Weg der bewussten Selbstbetrachtung erzeugt ihr die bewusste Erinnerung an den Kelch der Göttin in euch und ermöglicht diesem, sich bewusst in eurer irdischen Realität zu gebären.

Wenn ihr in eurem Leben Antworten zu finden sucht, dann stellt ihm direkt nach eurem morgendlichen Erwachen die Aufgabe, euch mit der Antwort zu befruchten, die ihr zu finden sucht.

Notiert euer Anliegen an euer irdisches Leben und wendet euch dann eurem Alltag zu.

Die Antwort, sie kommt gewiss.

Einzig und allein eurem Leben dürft ihr die Entscheidung darüber überlassen, wie es euch seine Antwort überreichen wird.

Euer Leben spricht eure eigene Sprache, denn es wurde bewusst oder unbewusst von euch selbst entworfen.

Vertraut dem göttlichen Funken in euch und eurem irdischen Leben und erkennt den göttlichen Schüler in euch.

Ihr sucht, die bewussten Herren und Meister über euch und euer irdisches Leben zu werden!

Suchet und ihr werdet finden.

Suchet niemals in Eile, denn dann verschließen sich die Türen zu dem göttlichen Mysterium auf Erden.

Suchet immer voller göttlicher Erwartung und in göttlicher Gewissheit und somit Bewusstheit, dass euer Leben immer die Antwort auf alle eure Fragen in sich trägt.

Es existiert keine irdische Situation und auch kein irdischer Kontakt zu einer anderen Seele in eurem Leben, die ohne Botschaft und ohne Antwort für euch wäre.

Jede äußere Situation in eurem Leben existiert aus einer inneren Resonanz in euch.

Jede äußere Situation in eurem Leben wird gezeugt und geboren aus eurer eigenen Energie.

Alleine den wahren Namen der irdischen Situationen, die euch umgeben, ausfindig zu machen, darf euer großes Werk auf Erden sein.

Zu benennen was in euch ist, wird euch ermöglichen, zu benennen, was um euch ist.

Findet das göttliche Wissen der Erleuchtung keinen empfänglichen Kelch in euch, dann verwandelt sich das göttliche Wissen in euer irdisches Wissen.

Dem irdischen Wissen fehlt das Element Äther, das Element der großen Göttin, das immer ein Ausdruck der Transformation und Verwandlung auf Erden ist.

Viele irdischen Wege der Wissenschaft ernten den Spott der folgenden Jahrhunderte, wenn bloßes Wissen ohne Weisheit zu lehren gesucht worden war.

Das irdische Wissen berücksichtigt eure Verwandlungs- und Transformationsprozesse nicht, wenn es nicht durch bewusste Selbstbetrachtung empfangen oder geboren wird.

Göttliches Wissen entfaltet seine wahre Größe, wenn es in direkten Bezug zu euch selbst treten darf.

Ihr selbst seid das göttliche Mysterium, das ihr zu entschlüsseln sucht.

Alles in eurem irdischen Leben ist darauf ausgerichtet, euch selbst zu spiegeln.

Ihr spiegelt euch in Zahlen, Formeln, Elementen, Farben und allen anderen irdischen Ausdrucksformen.

Alles in eurer Realität ist ein Abbild eurer eigenen bewussten oder unbewussten Natur und somit darauf ausgerichtet, euch in der bewussten Selbsterkenntnis zu unterstützen.

Irdisches Wissen, das nicht durch Selbstbetrachtung in göttliche Weisheit verwandelt werden kann, führt langfristig in die Stagnation eurer göttlichen Entwicklung auf Erden.

Das Mysterium des Lebens in seiner konstanten weiblichen Empfangs- und Wandlungsenergie darf in eurem irdischen Leben keine Ausgrenzung erfahren, wenn ihr dieses Leben zu verstehen sucht.

Das Mysterium des Lebens mit seiner konstanten Botschaft der universellen Gesetzmäßigkeiten eurer eigenen Energien, die es für euch bewusst zu entschlüsseln gilt, darf in eurem irdischen Leben keine Ausgrenzung erfahren, wenn ihr euch langfristig zu erheben sucht.

Die göttliche Weisheit, die durch die bewusste Selbstbetrachtung und somit durch die bewusste Empfängnis der göttlichen Erleuchtung über das irdische Leben von euch geboren wird, erinnert euch auch immer an die wahre Verbundenheit mit euren Brüdern und Schwestern.

Ihr glaubt auf eure eigene Weise, dass ihr Menschen euch sehr voneinander unterscheidet.

Die göttliche Wahrheit ist jedoch, dass ihr einander spiegelt und ergänzt.

In eurer göttlichen Wahrhaftigkeit seid ihr immer ein Spiegel der göttlichen Selbsterkenntnis.

In der Realität eurer unerlösten Wunden ergänzt ihr euch in euren Rollen als Opfer und Täter, denn jedes Opfer braucht seinen Täter, und jeder Täter braucht sein Opfer, damit ihr den unerlösten Wunden in eurer irdischen Realität begegnen könnt.

Ihr inszeniert euer eigenes Leben bewusst oder unbewusst, um euch durch eure irdischen Situationen in der göttlichen Aufgabe zu üben, euch und euer irdisches Leben bewusst zu benennen.

Durch die bewusste Selbsterkenntnis gebiert sich immer die universelle Erkenntnis über das irdische Leben und seine Bewohner.

Erkenne dich selbst und du wirst die Welt erkennen!

Alle Menschenkinder funktionieren nach den gleichen göttlichen und irdischen Gesetzmäßigkeiten.

Wenn ihr eure menschlichen Erbsubstanzen prüft und miteinander vergleicht, dann werdet ihr feststellen, dass der Unterschied nur sehr gering ist.

Alle Menschenkinder bestehen aus den gleichen genetischen Zutaten, Substanzen und Energien.

Alle Menschenkinder suchen bewusst oder unbewusst, ihre eigenen genetischen Zutaten Leben in ihr ursprüngliches göttliches Maß, ihre göttliche Reihenfolge und ihre göttliche Beschaffenheit in ihrem zu transformieren, um sich selbst in ihre göttliche Natur auf Erden zu verwandeln.

Die Geburt der göttlichen Weisheit ist immer ein Weg der Selbsterkenntnis.

Erkenne dich selbst und du wirst die Welt erkennen!

Benenne dich selbst und du wirst die Welt benennen!

Die bewusste Bereitschaft zur Selbstbetrachtung und somit zur Selbsterkenntnis erzeugt den Wandlungsprozess von Wissen in den göttlichen Aspekt von Weisheit.

Die bewusste Bereitschaft zur Selbstbetrachtung ist immer die Bereitschaft, eurer Göttin, Erleuchtung über euch und euer Leben empfangen und gebären zu wollen.

Wenn ihr nicht breit seid, das göttliche Licht der Erleuchtung bewusst in euch zu empfangen, um es in das innere Licht der göttlichen Weisheit zu transformieren, dann entsteht ein energetischer Stau in eurem Kronenchakra.

Das göttliche Element Metall und somit das göttliche Licht der Erleuchtung, das euch in eurem Kronenchakra zu befruchten sucht, beginnt sich über eurem Kopf zu verdichten und erzeugt eine energetische Platte, die einen spürbaren Druck auf euren Kopf auszuüben beginnt.

Diese körperlichen Reaktionen bezeichnet ihr als Kopfschmerzen.

Eine energetische Platte über eurem Kopf entsteht immer, wenn ihr euch bewusst oder unbewusst weigert, das göttliche Licht der Erleuchtung in euch, in eurem göttlichen Kelch, zu empfangen.

Das göttliche Licht der Erleuchtung bewusst in euch zu empfangen bedeutet immer, den Weg der Selbstbetrachtung und somit Selbsterkenntnis in eurem Leben zu beschreiten.

Das göttliche Licht der Erleuchtung ist immer das irdische Licht der Selbsterkenntnis, das durch eure bewusste Bereitschaft zur Selbstbetrachtung in euch empfangen wird.

Eine energetische Platte über und langfristig auf eurem Kopf entsteht immer, wenn ihr euch bewusst oder unbewusst weigert, den Weg der göttlichen Selbsterkenntnis zu beschreiten, der sich durch die Aufnahme der göttlichen Flamme der Erleuchtung in euch zu öffnen beginnt, um die göttliche Weisheit in euch zu gebären.

Die verdichtete Energie des 2. Strahles Gottes und der Göttin wird von euch auch Hochmut genannt.

Hochmut ist immer eine bewusste oder unbewusste Weigerung, den Weg der bewussten Selbstbetrachtung und somit Selbsterkenntnis und Selbsterleuchtung zu beschreiten.

Meidet ihr den Weg der bewussten Selbstbetrachtung, dann meidet ihr den Weg der bewussten Selbsterkenntnis.

Jeder Weg der Selbsterkenntnis ist ein Weg der Selbsterleuchtung.

Meidet ihr den Weg der bewussten Selbsterleuchtung in eurem Alltag, dann meidet ihr den bewussten Kontakt und die bewusste Erinnerung an eure eigene Göttlichkeit auf Erden und ihr verliert euch in den irdischen Illusionen, die euch einzuflüstern suchen, dass ihr ein Opfer eurer eigenen Realität zu seid.

Fehlt euch der bewusste Kontakt zu eurer eigenen Göttlichkeit und somit zu eurer göttlichen Aufgabe der Selbsterkenntnis und Selbsterleuchtung in eurem irdischen Alltag, dann fehlt euch in diesen Augenblicken auch die bewusste Erinnerung an euren eigenen göttlichen Ursprung, und ihr könnt euch in irdischen Illusionen über eure eigene Wertlosigkeit verlieren.

Eine energetische Platte über eurem Kopf ist immer eine Verdichtung der Energien des 2. Strahles Gottes und der Göttin in eurem Kronenchakra.

Die feinstofflichen Energien der göttlichen Erleuchtung und somit der irdischen Selbsterleuchtung des 2. Strahles Gottes und der Göttin verdichten sich durch eure eigene Unempfänglichkeit und erzeugen die Energien der Selbstverdunkelung in eurem Kronenchakra, wenn ihr den Weg der bewussten göttlichen Selbstbetrachtung meidet.

Alle Illusionen eurer unerlösten Wunden von Selbstzweifeln und eurer angeblichen Wertlosigkeit steigen auf und verhindern die bewusste Erinnerung an eure göttliche Natur und euren göttlichen Ursprung.

Die Illusionen der Selbstzweifel und der angeblichen eigenen Wertlosigkeit verleugnen das göttliche Licht in euch und hindern euch daran, die bewusste Erinnerung und somit die bewusste Aktivierung eurer eigenen Göttlichkeit in euch zu erzeugen und zu gebären.

In eurem Kronenchakra kann die empfängliche Göttin nicht bewusst geboren werden, wenn ihr durch eure Illusionen der Selbstzweifel und Wertlosigkeit eure eigene Göttlichkeit in euch verleugnet.

Das göttliche Licht der Erleuchtung kann auf diese Weise nicht bewusst empfangen werden, um in eure bewusste Realität zu fließen, sondern beginnt sich in eurem Kronenchakra weiter zu verdichten.

Es braucht stets euren Mut und eure bewusste Bereitschaft an die Göttlichkeit in euch bewusst glauben zu wollen, um die göttliche Empfänglichkeit in euch bewusst zu erzeugen und zu gebären.

Es braucht stets euren Mut und eure bewusste Bereitschaft an die Göttlichkeit in eurem irdischen Leben und euren irdischen Alltagssituationen bewusst glauben zu wollen, um die göttliche Empfänglichkeit in euch bewusst zu erzeugen und zu gebären.

Um die scheinbar so quälenden Wunden der Selbstzweifel und der angeblichen eigenen Wertlosigkeit zu lindern, suchen einige Menschenkinder sich mit ihren Brüdern und Schwestern zu vergleichen.

In diesen Augenblicken sind sie in der Illusion von Hoffnung, sich durch die angeblichen Fehler und Unzulänglichkeiten der anderen, selbst erheben und somit erlösen zu können.

Sie suchen ihren eigenen Wert durch die angebliche Wertlosigkeit der anderen zu definieren, in der Hoffnung, ihre quälenden Wunden der Selbstzweifel und der Wertlosigkeit auf diese Weise ein wenig zu lindern.

Diese Verhaltenstrukturen entsprechen nicht eurer göttlichen Natur, sondern der Realität eurer unerlösten Wunden und entfernen euch weiter in eurer bewussten Realität von eurer göttlichen Wahrhaftigkeit.

Die Illusionen der Selbstzweifel und der angeblichen Wertlosigkeit können sich auf diese Weise nur vergrößern.

Die Illusionen der Wertlosigkeit glauben an ihre Idee der Wertlosigkeit und ängstigen sich bewusst oder unbewusst davor, den Weg der bewussten Selbsterleuchtung zu beschreiten, um sich nicht noch wertloser zu empfinden.

Es braucht euren göttlichen Mut, den Weg der göttlichen Selbstbetrachtung in euch bewusst gebären zu wollen, um diesen Kreislauf zu beenden.

Der Weg der göttlichen Selbstbetrachtung berücksichtigt als irdische Basis immer den göttlichen Willen in euch und eurem Leben, der euch euren göttlichen Plan auf Erden durch euer irdisches Leben in euch und um euch zu offenbaren sucht.

Es existiert kein inneres und kein äußeres Erleben, das nicht die Funktion erfüllt, euch in eurem göttlichen Lehrplan auf Erden zu unterstützen. Es existieren nur göttliche Lehrpläne, die eure Seele auf Erden bewusst oder unbewusst zu studieren sucht.

Jede innere und jede äußere Situation in eurem irdischen Leben ist ein göttlicher Bestandteil eures göttlichen Lehrplanes auf Erden.

Ihr dürft euch bewusst in jeder irdischen Situation nach der göttlichen Lernaufgabe fragen, die es für euch zu meistern gilt.

Ihr dürft euch bewusst in jeder irdischen Situation nach ihrem wahren Namen fragen, den es für euch ausfindig zu machen gilt.

Ihr dürft euch bewusst in jeder irdischen Situation nach der göttlichen Botschaft für euch erkundigen.

Suchet und ihr werdet finden!

Sucht eure Antworten immer in einen direkten Bezug zu euch selbst zu setzen, denn der Weg der Geburt einer göttlichen Erkenntnis in euch führt immer über den Weg der Selbsterkenntnis.

Jeder bewusste Weg der irdischen Selbstbetrachtung führt euch auf den Weg der bewussten Selbsterkenntnis und somit auf den Weg der göttlichen Selbsterleuchtung auf Erden.

Der Weg der irdischen Selbsterkenntnis und somit der Weg der göttlichen Selbsterleuchtung erzeugt langfristig immer den göttlichen Frieden in euch.

Denn, Frieden ist in euch und Frieden ist mit euch.

Wenn eure Gedanken euch mit göttlicher Erkenntnis und göttlichem Verstehen befruchten, dann ist es immer das göttliche Licht, das in euch und durch euch wirkt.

Es ist euer irdischer Weg auf Erden, das göttliche Licht der Erkenntnis zu einem festen Bestandteil eures irdischen Geistes werden zu lassen.

Wenn eure Gedanken euch in einer göttlichen Spirale über das irdische Leben erheben und euch zu einem Lobgesang der göttlichen Liebe auf Erden werden lassen, dann ist es das göttliche Licht der Erleuchtung, das durch den Kelch der göttlichen Empfänglichkeit in eurem irdischen Geist geboren wurde.

Erzengel Constantia ist der göttliche Kelch in eurem göttlichen Bewusstsein, den es in eurer irdischen Realität bewusst durch eure irdische Erinnerung zu gebären gilt.

Die göttliche Erinnerung an Erzengel Constantia ist in euren irdischen Zellen gespeichert und wartet darauf, in euch bewusst zu erwachen.

Identifiziert euch nicht mit den Illusionen der Unzulänglichkeit, die euch daran zu hindern suchen, augenblicklich mit dieser Erinnerung und somit ihrer Geburt in eurem bewussten Geist zu beginnen.

Ihr seid das göttliche Licht in Tätigkeit auf Erden.

Es gilt eure Glaubenskraft an den göttlichen Kelch der Empfänglichkeit in euch bewusst zu trainieren, denn aus eurer eigenen Glaubenskraft wird er in euch geboren sein.

Euer eigenes Leben als einen göttlichen Weg der eigenen Selbsterleuchtung zu betrachten, wird euch Frieden schenken.

Euer eigenes Leben als ein göttliches Geschenk zu betrachten, das in seiner grenzenlosen Fülle an göttlicher Botschaft nur darauf wartet, von euch ausgepackt und somit empfangen zu werden, wird euch Weisheit schenken.

Die göttliche Weisheit wird euch euer Leben als ein göttliches Mysterium offenbaren, dessen göttliche Wunder grenzenlos sind.

Unser geliebter Meister Saint Germain würde nun zu euch sagen:

Es braucht nur Dein: Ich bin bereit! Ich bin bereit, an das göttliche Licht in mir und in meinem Leben bewusst zu glauben!

Wir werden uns nun von euch verabschieden, meine geliebten Erdenkinder und bleiben dennoch ganz nah bei Dir und in Dir.

Das folgende Kapitel über euer Kronenchakra wird von unserem geliebten Meister Saint Germain geführt und geleitet sein.

Denn, er ist der bewusste Herr und Meister über die körperliche Liebe, die Liebe zu euch selbst und eurem irdischen Körper.

Meister Kuthumi

Das Kronenchakra

So seid gegrüßt, meine geliebten Erdenkinder!

Welch' eine Freude, euch nun weiter einführen zu dürfen in das große Mysterium der menschlichen und somit körperlichen Natur auf Erden.
 Es lebe das göttliche Licht in euch und in eurem irdischen Körper!

Euer Kronenchakra ist der Ort der göttlichen Vereinigung.

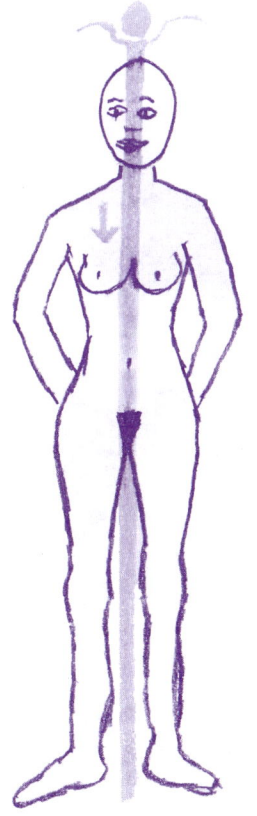

Die Essenz des 2. Strahles Gottes und der Göttin, die durch die Vereinigung Gottes und der Göttin in eurem Kronenchakra empfangen und geboren wird, fließt durch den Meridian des 2. Strahles Gottes und der Göttin gerade durch euren Körper, um diesen an seinen wahren göttlichen Ursprung, die Einheit Gottes und der Göttin in euch, zu erinnern.

Jede bewusste Erinnerung an eure göttliche Wahrhaftigkeit beginnt augenblicklich ihre Manifestation in eurem Körper zu erzeugen und zu gebären. Die Vereinigung von Gott und Göttin ist ein großer Teil der göttlichen Wahrhaftigkeit, die es bewusst für euch auf Erden zu manifestieren gilt.

Die göttliche Wahrhaftigkeit ist stets bereit, ihre bewusste Manifestation in eurer irdischen Realität anzutreten, denn sie ist euer aller bewusstes oder unbewusstes Ziel auf Erden.

Es ist euer eigenes größtes Sehnen, die Vereinigung eures körpereigenen Gottes mit eurer körpereigenen Göttin in eurem Körper zu vollziehen.

Es wird euer größter Segen sein, die Vereinigung von Gott und Göttin in euch zu begrüßen, die in dieser goldenen Zeit das göttliche Ziel auf Erden ist.

Es braucht nur dein: Ich bin bereit!

In der göttlichen feinstofflichen Wahrhaftigkeit sind Gott und die Göttin immer miteinander verbunden.

In eurer irdischen Realität existiert die Illusion der Getrenntheit und somit die Illusion der Dualität.

Der Ausdruck der göttlichen Vereinigung Gottes mit seiner Göttin ist auf Erden die Illusion der Getrenntheit von Gott und Göttin, die euch hier umgibt und zu durchdringen scheint.

Eure irdische Welt ist eine Welt, die eure eigenen Illusionen von Dualität zu spiegeln bereit ist, um sie im Lichte eurer göttlichen Bewusstheit, die ihr in und durch euch erringen und gebären sollt, in ihre göttliche Wahrhaftigkeit, die Einheit aller Dinge, zu transformieren.

Eure göttliche Bewusstheit beginnt sich durch eure bewusste Erinnerung an euren göttlichen Ursprung und eure göttliche Natur auf Erden in euch zu manifestieren.

Die göttliche Einheit aller Dinge in euch und um euch bewusst erkennen zu dürfen und somit erkennen zu wollen, wird eure göttliche Aufgabe sein, die es bewusst zu erfüllen gilt, um eure göttliche Wahrhaftigkeit auf Erden zu erheben.

Euer freier Wille ist stets eure bewusste oder unbewusste Entscheidung für oder gegen einen Weg der bewussten Erkenntnis auf Erden.

Der freie Wille einer jeden Seele ist unantastbar.

Sucht nicht an die verschlossenen Türen anderer Seelen klopfen oder sie gar gewaltsam öffnen zu wollen, wenn sie in ihrem freien Willen den Weg der bewussten Erkenntnis verweigern.

Wenn eine Seele nicht aus ihrem freien Willen den Weg der bewussten Erkenntnis in einer irdischen Situation anzutreten bereit ist, dann wird sich dieser Weg für sie auch nicht öffnen können, ganz gleich, wie offensichtlich für euch die Erkenntnis zu sein scheint, die ein anderer für sich gewinnen sollte.

Ihr dürft jedoch in Augenblicken, in denen ihr verzweifelt versucht, eine verschlossene Tür der Erkenntnis in einem anderen zu öffnen, eure eigenen unerlösten Wunden betrachten, die euch die Verantwortung für den Lebensweg einer anderen Seele zu übertragen versuchen.

Jede Seele ist ab dem Eintritt in ihr Erwachsenen-Dasein für sich selbst verantwortlich. In göttlicher Wahrhaftigkeit ermöglicht euch diese Selbstverantwortung den Weg des wahren Friedens auf Erden.

Die göttliche Wahrhaftigkeit der Selbstverantwortung einer jeden Seele auf Erden befreit euch langfristig aus euren Illusionen von Opfer und Täter.

Alle Gedanken und alle Emotionen, die aus der Illusion der Getrenntheit gezeugt und geboren werden, distanzieren euch vom Weg in eure eigene bewusste Göttlichkeit auf Erden.

Alle Gedanken und alle Emotionen, die euch die bewusste Erinnerung an die wahre Verbundenheit mit euren Brüdern und Schwestern auf Erden verweigern, sind aus den unerlösten Wunden in euch entstanden, die es bewusst zu erlösen und somit zu transformieren gilt.

Ihr dürft euren freien Willen bewusst für die Transformation eurer unerlösten Wunden einsetzen, denn dann wird sich dieser Weg mit ganzer göttlicher Gewissheit in euch und in eurem Leben offenbaren.

Suchet und ihr werdet finden!

Die göttliche Glaubenskraft will von euch bewusst trainiert werden, denn ihr sucht ein bewusster Herr und Meister, eine bewusste Herrin und Meisterin in dieser goldenen Zeit zu werden.

Ist die göttliche Glaubenskraft in eurem Geist bewusst erwacht, dann gebiert sich immer die Bereitschaft der wahren Suche nach der göttlichen Fülle auf Erden in euch, die euch immer fündig werden lässt.

Übung macht den Meister, meine geliebten Erdenkinder!

Wenn es euch bei eurer Suche nach der göttlichen Fülle auf Erden zur Eile drängt, dann bedenkt den wohlgemeinten Rat unseres geliebten Bruders Meister Konfuzius:

Wenn ihr es eilig haben solltet, dann empfehlen wir euch, einen Umweg zu nehmen, um die Illusionen von Druck zu überwinden, die euren unerlösten Wunden entspringen und euch in der wahren Empfängnis zu behindern scheinen!

Als Beispiel empfehlen wir euch den Weg der göttlichen Ordnung.

Wenn ihr das Bedürfnis verspürt, eure Wohnräume aufzuräumen, und ihr fühlt euch unter der Illusion von Druck, weil euer göttliches Prinzip der inneren Ordnung durch eure Kindheit verwundet zu sein scheint, dann setzt euch einfach erst einmal entspannt auf den Boden der Räume, die ihr zu ordnen sucht.

Betrachtet den ungeordneten Raum und wartet in aller Gelassenheit und Ruhe, bis euch dieser zu inspirieren beginnt.

Wesentlich ist in diesen Augenblicken, dass ihr einfach abwartet.

Betrachtet euren Raum so lange, bis ihr das Bedürfnis empfindet, in einer bestimmten Ecke, einer bestimmten Stelle des Raumes etwas verändern zu wollen.

Die göttliche Inspiration wird euch ganz gewiss befruchten!

Wichtig für euch ist in diesen Augenblicken, dass ihr mit eurer Konzentration in dem Raum bleibt, ohne zu handeln, bis der Raum selbst euch zu inspirieren beginnt.

Jeder Raum besitzt seine göttliche Ordnung, die von euch empfangen werden möchte, wenn ihr aus unerlösten Wunden heraus diese göttliche Ordnung nicht in euch finden könnt.

Wenn ihr damit beginnt, den erwählten Raum durch die empfangene Inspiration zu klären und neu zu ordnen, dann wird diese Klärung und Ordnung auch in euch erzeugt und geboren werden.

Wenn die göttliche Inspiration abgeklungen ist, dann setzt euch wieder vollkommen gelassen auf den Boden und ermöglicht euch auf diese Weise, erneut inspiriert zu werden, um euer geplantes Projekt abzuschließen.

Ihr dürft erneut einen Umweg machen, um euer Ziel zu erreichen.

Es braucht nur dein: Ich bin bereit!

In vielen Situationen blockieren euch auch überholte Energien, die noch nicht losgelassen wurden.

Im Großen wie im Kleinen ist alles nach dem Einen Bilde erschaffen.

Prüft alle Gegenstände in dem von euch erwählten Raum darauf, ob sie euch mit Energie nähren oder euch eure Energie abziehen.

Wenn ihr euch diese Aufgabe bewusst zu stellen bereit seid, dann wird euer Blick zu den Gegenständen geführt werden, die euer Loslassen benötigen.

Es braucht nur eure Bereitschaft, in die bewusste Stille eurer irdischen Empfänglichkeit zu gehen, um ein bewusster und somit göttlicher Beobachter eures eigenen Lebens zu werden. Ihr seid die göttlichen Kinder eurer göttlichen Eltern auf Erden und seid somit immer die Schöpfer eurer eigenen irdischen Realität, die euch umgibt.

Jedes äußere Loslassen erzeugt ein inneres Loslassen.

In euren eigenen Wohnräumen findet ihr immer die Symbole eurer eigenen göttlichen Natur und die Symbole eurer eigenen unerlösten Wunden.

Jede äußere Reinigung erzeugt eine innere Reinigung und somit eine göttliche Transformation in euch und um euch.

Eure irdische Welt will bewusst von euch als das erkannt werden, was sie ist: ein göttlicher Spiegel eurer eigenen bewussten und unbewussten Aspekte, die von euch erkannt und benannt werden möchten, um euch zu einem bewussten Herrn und Meister, einer bewussten Herrin und Meisterin über euer eigenes irdisches Leben werden zu lassen.

Bittet und euch wird gegeben sein!

Ihr werdet durch euer Leben stets erhalten, was eure Seele für ihren göttlichen Fortschritt auf Erden benötigt.

Ihr seid die göttlichen Kinder eurer göttlichen Eltern auf Erden.

Lernt, euch aus euren eigenen Ketten der Bewertung zu befreien, und übt euch in eurem kindlichen Staunen über die göttlichen Wunder in eurem Leben.

Werdet wie die Kinder, denn ihrer ist das Himmelreich!

Alles, worauf ihr euren Fokus in eurem Leben zu richten bereit seid, wird sich durch euer eigenes Tor der bewussten Aufmerksamkeit in eurer irdischen Realität zu manifestieren beginnen, um sich dort in ganzer göttlicher Größe auszudehnen.

Ihr seid der Schöpfer und die Schöpferin eurer eigenen Realität!

Ihr dürft lernen, das Leben als ein großartiges göttliches Wunderwerk zu erkennen, das euch das bewusste Empfangen der göttlichen Fülle auf Erden zu lehren sucht.

Es braucht nur dein: Ich bin bereit!

Es braucht nicht und niemals eure bewussten oder unbewussten Versuche, dieses irdische Leben und seine Bewohner, eure Brüder und Schwestern, manipulieren zu wollen, damit es oder sie euch geben, was ihr zu glauben braucht.

Jeder Gedanke und jede Emotion, die euch dazu auffordern möchten, euer Leben und seine Bewohner bewusst oder unbewusst manipulieren zu wollen, sind aus den unerlösten Wunden in euch entstanden, die es bewusst zu transformieren gilt.

Jeder Gedanke und jede Emotion, die euch dazu auffordern möchten, eurem eigenen Leben zu misstrauen, um euch die Erlaubnis für eure geplante Manipulation zu erteilen, entspringt den unerlösten Wunden in euch, die es bewusst zu transformieren gilt.

Ihr wisst tief in euch sehr genau, wenn ihr es denn wahrhaft wissen wollt, wann ihr die Antworten und Reaktionen eures Lebens manipulieren wollt.

Ihr wisst tief in euch sehr genau, wenn ihr es wahrhaft zu wissen bereit seid, wann ihr in eurem Leben damit beginnt, die Antworten und Reaktionen anderer Seelen auf euch manipulieren zu wollen.

Ihr seid der Schöpfer und die Schöpferin eurer eigenen Realität.

Es ist hilfreich, euch eurer eigenen Handlungen bewusst zu werden, denn erst dann werdet ihr das Steuer über euch und euer irdisches Leben bewusst in die Hand nehmen, um euch in eure wahre göttliche Natur bewusst zu erheben.

Es braucht nur dein: Ich bin bereit!

Im Land eurer unerlösten Wunden existiert immer die Illusion von Druck, die eure Seele in alle nur erdenklichen Illusionen von Stress befördert.

In diesen Augenblicken ist es nicht ratsam, auf euer Leben einwirken oder reagieren zu wollen, denn euer Samen wird keine fruchtbare Ernte ermöglichen, und die wahre göttliche Empfänglichkeit scheint durch eure unerlösten Wunden in eurer irdischen Bewusstheit versperrt.

Wenn ihr es eilig zu haben scheint, dann macht einen Umweg!

In solchen Augenblicken ist stets die großartige Gelegenheit gegeben, den unerlösten Wunden in euch bewusst ins Angesicht zu schauen, denn sie sind bereit, im Licht eurer eigenen göttlichen Bewusstheit den Weg der göttlichen Transformation auf Erden anzutreten.

Eure unerlösten Wunden sind eure eigenen göttlichen Energien in ihrer verdichteten und somit grobstofflichen Form.

Eine Verdichtung steht immer unter der Illusion von Druck.

Eure unerlösten Wunden agieren und reagieren immer aus der Illusion von Druck und erzeugen und gebären immer die Wege der Manipulation auf Erden, der künstlichen Einflussnahme im Namen eurer unerlösten Wunden.

Jeder Weg der bewussten oder unbewussten Manipulation ist immer der Versuch einer Seele, den Weg der eigenen Selbsterkenntnis auf Erden übergehen zu wollen.

Erkenne dich selbst und du erkennst die Welt!

Erkenne dein eigenes inneres Mysterium, um das Mysterium zu erkennen, das dich umgibt!

Nur wahres göttliches Erkennen ermöglicht den Weg der wahren göttlichen Veränderung in einer irdischen Situation.

Jede irdische Situation, die euch nicht bewusst mit der göttlichen Fülle vereint, sucht göttliches Wissen in euren irdischen Geist zu integrieren.

Ist das nicht großartig?

Göttliches Wissen wird in eurem irdischen Leben durch den Weg der bewussten Selbstbetrachtung geboren und gezeugt.

Es braucht nur dein: Ich bin bereit! Ich bin bereit, das göttliche Wissen bewusst durch mein irdisches Leben in mir zu erzeugen und zu gebären!

Manipulation ist immer der Versuch, durch euer äußeres Leben die Veränderungen erzwingen zu wollen, die es in euch vorzunehmen gilt, damit aus eurer eigenen inneren Transformation die äußeren Veränderungen in eurem Leben geboren werden können, die sich eure Seele durch Manipulation zu erzwingen sucht.

Jede irdische Manipulation wird aus den unerlösten Wunden der Menschheit geboren.

Jede unerlöste Wunde ist eine Verdichtung in eurem eigenen Kelch der Empfänglichkeit und erzeugt einen Verschluss, der die bewusste Empfängnis in den Bereichen verhindert, die ihr durch Manipulation zu beeinflussen sucht.

206

Jeder Versuch der Manipulation in eurem Leben, der scheinbaren Erfolg bringt, wird sein erreichtes Ziel langfristig nicht halten können und euch von eurer wahren Fülle auf Erden distanzieren.

Erst wenn ihr bereit seid loszulassen, was ihr durch Manipulation zu erreichen sucht, kann es den Weg zu euch finden.

Alles, was ihr zu lieben oder zu brauchen glaubt, sollte einmal im Leben bewusst losgelassen werden.

Kehrt es von ganz alleine zu euch zurück, dann gehört es zu euch.

Kehrt es nicht zu euch zurück, dann hat es niemals zu euch gehört.

Das, was zu euch gehört, ist das, was euch wahre Fülle auf Erden ermöglicht. Das, was nicht zu euch gehört, ist das, was euch von eurer wahren Fülle auf Erden distanziert, auch dann, wenn euch eure unerlösten Wunden etwas anderes einzureden versuchen.

Das Leben ist bereit, euch mit allem zu versorgen, was eurer göttlichen Idee von Fülle auf Erden entspricht, wenn ihr die Wunden der Manipulation in euch und eurem Leben bewusst zu benennen bereit seid und euren freien Willen dazu nutzt, euch für den Weg des göttlichen Vertrauens in euer irdisches Leben zu entscheiden.

Ist das nicht großartig!

Es braucht nur dein: Ich bin bereit!

Es ist immer der göttliche Wille, der in euch pulsiert, wenn ihr euch bereit findet, die unerlösten Wunden in euch durch eure göttliche Bewusstheit transformieren zu wollen.

Entscheidet ihr euch bewusst für den Weg der Transformation eurer unerlösten Wunden, dann wird sich dieser Weg in eurem irdischen Leben offenbaren.

Achtet auf jedes Detail, das euch euer irdisches Leben zu überreichen sucht, wenn ihr nicht auf Anhieb glaubt, fündig werden zu können.

Ihr seid der göttliche Forschergeist in Tätigkeit auf Erden!

Suchet und ihr werdet finden!

Jede Zahl, jedes Wort, jedes Buch und jedes kleinste Detail in eurem Leben sucht euch in eurem großen Auftrag, der göttlichen Bewusstwerdung auf Erden, zu unterstützen.

Das irdische Leben ist ein göttliches Wunderwerk, das es für euch bewusst zu erkennen und zu empfangen gilt!

Es braucht nur dein: Ich bin bereit!

Die Dualität findet auf eurer Erde endlose Spiegel der scheinbaren Gegensätze.

Die Ursache für die Geburt aller Dualität auf Erden ist die Illusion der Getrenntheit von Gott und seiner Göttin in eurem irdischen Weltbild.

Gott und Göttin in euch bewusst zu vereinen, wird die Dualität in eurer irdischen Realität transformieren und somit überwinden.

Ihr seid der Schöpfer und die Schöpferin eurer eigenen Realität!

Jedes bewusste Ziel, das ihr euch auf Erden zu setzen bereit seid, wird den irdischen Weg zu eurem göttlichen Ziel erzeugen und gebären, wenn euer gesetztes Ziel dem göttlichen Willen in euch und um euch entspricht.

Es werde Licht, meine geliebten Erdenkinder!

Euer gesamter physischer Körper ist darauf ausgerichtet, euch auf die irdische Illusion der Dualität, die Getrenntheit von Gott und Göttin auf Erden, aufmerksam werden zu lassen, die es für euch auf Erden bewusst zu transformieren gilt.

Erkenne dich selbst und du erkennst die Welt, in ihrem bewussten oder unbewussten Streben, die eigene Göttlichkeit auf Erden erzeugen und gebären zu wollen, um die Illusionen der geistigen, emotionalen und körperlichen Dualität zu überwinden!

Es braucht nur dein: Ich bin bereit!

Um in einem physischen Körper auf Erden geboren zu werden, ist es notwendig, dass sich eure Seele bewusst und somit körperlich mit der Illusion der irdischen Dualität identifiziert, um durch das irdische Tor der Geburt zu gelangen.

In göttlicher Wahrhaftigkeit sind es jedoch die Illusionen der Getrenntheit und der Dualität eurer eigenen Seele, die eine Resonanz zu

dem Planeten Erde erzeugen und auf diese Weise die Geburt eurer Seele auf Erden einleiten.

Auf eurem Erdenplaneten ist jede Erfahrung, mag sie von euch als
angenehm oder unangenehm bezeichnet werden, eine Frage der eigenen Resonanz!

Alle Erfahrungen, die ihr als angenehm bezeichnet, entstehen aus
der Resonanz eurer eigenen göttlichen Wahrhaftigkeit.

Alle Erfahrungen, die ihr als unangenehm bezeichnet, entstehen aus
der Resonanz eurer eigenen unerlösten Wunden.

Alle Erfahrungen in eurem Leben stehen immer in einem direkten
Kontakt, in einer direkten Resonanz, zu euch selbst.

Euer irdisches Leben ist wahrhaft ein göttlicher Helfer, der stets bereit ist, die Flamme der göttlichen Erleuchtung in euch und eurem Leben zu entzünden.

Euer irdisches Leben sucht das göttliche Licht in eure eigene innere
Dunkelheit, den Ort eures eigenen Unbewussten und somit den Ort
eurer unerlösten Wunden, zu führen.

Es werde Licht, so wie es euch von Anbeginn aller Zeiten verkündet
wurde!

Es ist die goldene Zeit auf Erden, die euch aufzufordern sucht, mit
eurem irdischen Leben euren göttlichen Frieden zu schließen, denn
dann kann sich das göttliche Werk auf Erden vollenden.

Sucht nicht gegen das zu kämpfen, was euch in seiner göttlichen
Wahrhaftigkeit auf eurem göttlichen Weg der Bewusstwerdung unterstützen und nähren möchte.

Jeder Kampf gegen das äußere Leben ist ein Kampf gegen euch selbst,
denn euer äußeres Leben ist stets das Spiegelbild eurer eigenen unerlösten
Wunden, die es durch dieses großartige Leben zu transformieren gilt.

Ihr seid die göttlichen Kinder eurer göttlichen Eltern auf Erden.

Es braucht nur dein: Ich bin bereit!

Euer irdisches Leben ist ein göttliches Geschenk, das euch die Möglichkeit bietet, alle unerlösten Wunden eurer eigenen Seele bewusst zu

transformieren, um euch in eure göttliche Wahrhaftigkeit auf Erden zu erheben.

Die goldene Zeit eurer göttlichen Auferstehung hat auf Erden begonnen!

Es werde Licht!

Das Kronenchakra hat seinen feinstofflichen Mittelpunkt über eurem physischen Körper in eurer feinstofflichen Aura und ist dort nicht an die körperliche Dualität eures physischen Körpers gebunden.

Euer Kronenchakra erfüllt die Funktion der bewussten Erinnerung an euren göttlichen Plan auf Erden.

Es ist euer göttlicher Plan auf Erden, die Vereinigung Gottes mit seiner Göttin in euch und somit auf Erden bewusst zu manifestieren.

Die göttliche Vereinigung, die es in eurem Kronenchakra zu erzeugen und zu gebären gilt, spiegelt sich auf eurer physischen Ebene in eurem Gehirn.

Euer Gehirn ist die körperliche Zentrale des 2. Strahles Gottes und der Göttin.

Euer eigenes Gehirn spiegelt die Vereinigung Gottes und der Göttin in ihrer irdischen Realität der Getrenntheit und somit der Dualität.

Euer eigenes Gehirn spiegelt die Vereinigung Gottes und der Göttin aus eurem feinstofflichen Kronenchakra, eurer göttlichen Wahrhaftigkeit, in eure irdische Realität, die Illusion der Getrenntheit von Gott und Göttin.

Euer Gehirn besteht aus zwei Gehirnhälften, eurer linken und eurer rechten Gehirnhälfte.

Eure linke Gehirnhälfte ist das Gehirn Gottes, und eure rechte Gehirnhälfte ist das Gehirn der Göttin.

In eurem eigenen Gehirn findet ihr die manifestierte Illusion der Getrenntheit von Gott und Göttin, die irdische Ursache aller Dualität auf Erden, die es für euch bewusst zu transformieren gilt.

Eure eigene innere Dualität in eurem Gehirn ist die körperliche Zentrale, die euch den Weg in die wahre Verbundenheit von Gott und

Göttin in euch führen mag - durch die Bewusstwerdung der eigenen inneren Spaltung, die es in euch zu überwinden gilt, um die Illusionen der Getrenntheit und der Dualität auf Erden bewusst transformieren zu wollen.

Euer eigenes Gehirn zeigt euch die Illusion der Getrenntheit in euch, die es zu überwinden gilt.

Aus eurem eigenen Gehirn wird die irdische Welt, die euch umgibt, gezeugt und geboren.

Ihr seid die Schöpfer und die Schöpferin eurer eigenen irdischen Welt.

Ihr seid die göttlichen Kinder eurer göttlichen Eltern auf Erden.

Es ist die goldene Zeit auf Erden, die euch in eure eigene bewusste irdische Göttlichkeit zu führen sucht.

Betrachtet euren eigenen physischen Körper und erkennt die Botschaft, die euch euer Körper durch seine Beschaffenheit zu vermitteln sucht!

Euer physischer Körper ist wahrhaft ein göttlicher Diener, der sich in seiner göttlichen Liebe und Hingabe zu euch zu erheben beginnt.

Es ist die goldene Zeit der körperlichen Transformation, die auf Erden ihren göttlichen Anfang in euch zu finden sucht.

Es braucht nur dein: Ich bin bereit!

Wenn ihr geboren werdet, dann fließt eure Seele über das Kronenchakra in euren zukünftigen Körper, um ihre Erdenreise anzutreten.

Der erste Faden zu eurer körperlichen Hülle wird gesponnen, wenn sich eure physischen Eltern zu eurer irdischen Zeugung vereinen.

Durch die Vereinigung eurer irdischen Eltern entsteht eine feinstoffliche Aura, die aus der Vereinigung Gottes und der Göttin, vertreten durch eure Eltern auf Erden, gezeugt und geboren wird.

Wenn sich Gott und die Göttin vereinen, dann wird immer das große Dritte geboren.

Die körperliche Vereinigung von Gott und Göttin durch eure irdischen Eltern erzeugt das große Dritte auf der körperlichen Ebene, die Geburt und die Entstehung eures eigenen Körpers, der sich aus der

Vereinigung der Zutaten Gottes und der Göttin auf Erden, vertreten durch eure irdischen Eltern, zeugt und gebiert.

Ihr seid immer das große Dritte, das durch die Vereinigung der Energien eurer Mutter und eures Vaters gezeugt und geboren wurde.

Die Illusionen der großen Unterscheidung von euren eigenen irdischen Eltern sind aus euren irdischen Bewertungssystemen gezeugt und geboren worden.

Jede Seele ist und lebt die Energien der eigenen irdischen Eltern, bis die göttliche Bewusstheit über euren göttlichen Ursprung in euch erwacht.

Erst durch die bewusste Identifikation mit euren göttlichen Eltern, eurem göttlichen Ursprung, löst ihr euch von den Identifizierungen mit euren irdischen Eltern, eurem irdischen Ursprung.

Die bewusste Identifikation mit euren göttlichen Eltern ist das göttliche Erwachen eurer göttlichen Natur auf Erden.

Ihr seid die göttlichen Kinder eurer göttlichen Eltern auf Erden.

Eure göttliche Natur kennt ihren eigenen göttlichen Weg der bewussten Selbsterkenntnis auf Erden.

Eure göttliche Natur wird sich als bewusster Herr und Meister, als bewusste Herrin und Meisterin über euer irdisches Leben erheben und ihren irdischen Ursprung, eure irdischen Eltern, als göttlichen Schleifstein auf Erden betrachten, der euer göttliches Licht der Selbsterkenntnis und somit der Selbsterleuchtung optimal in euch zu entzünden weiß.

Es braucht nur dein: Ich bin bereit!

Jede Seele auf Erden erfüllt die Funktion, das verborgene Potential der eigenen Eltern zu seinem irdischen Ausdruck zu führen, um die eigene göttliche Wahrhaftigkeit und somit die eigene göttliche Vollständigkeit auf Erden bewusst zu ermöglichen.

Erst eure eigene innere Einheit kann die äußere Einheit manifestieren, nach der ihr alle euch bewusst oder unbewusst so sehr sehnt.

Jede innere Gespaltenheit in einer Seele manifestiert äußere, irdische Situationen der Gespaltenheit und der Dualität und sucht in dieser goldenen Zeit ihre Transformation durch die göttliche Bewusst-werdung.

Es gilt, alle Aspekte in euch bewusst miteinander zu vereinen, um das große Eine in euch zu erzeugen und zu gebären.

Um alle Aspekte in euch bewusst miteinander vereinen zu können, braucht es das Erkennen aller verborgenen Energien in euch und um euch.

Um alle Aspekte in euch bewusst miteinander vereinen zu können, braucht es das Benennen aller verborgenen Energien in euch und um euch.

Alle unerlösten Wunden speichern euer eigenes göttliches Licht, das ihr für den göttlichen Aufstieg in dieser goldenen Zeit benötigt.

Eure irdischen Eltern führen euch immer bewusst oder unbewusst in den direkten Kontakt mit euren eigenen unerlösten Wunden und somit zu eurem eigenen göttlichen Potential, das es für euch durch eure göttliche Erkenntnis auf Erden bewusst zu befreien gilt.

Ihr seid die göttlichen Kinder der göttlichen Transformation auf Erden!

Es braucht nur dein: Ich bin bereit!

Durch den irdischen Weg der Schmerzabgabe übertragen sich viele unerlöste Wunden von Generation zu Generation.

Jede Generation erzeugt immer ihre natürliche, also ihre irdische Transformation, denn alles in eurem Leben ist auf Fortschritt und Entwicklung ausgerichtet.

Ob bewusst oder unbewusst, ihr seid immer die göttlichen Kinder eurer göttlichen Eltern auf Erden!

Jede Generation besitzt auch die Möglichkeit der göttlichen Transformation durch den bewussten Kontakt mit der eigenen Göttlichkeit, die durch den Weg der bewussten Selbsterkenntnis und somit der bewussten Selbsterleuchtung gezeugt und geboren wird.

Die göttliche Transformation zeigt in ihrer Geschwindigkeit die wahre Unterscheidung zu der irdischen Transformation.

Wenn sich eine Seele bewusst bereit erklärt, den Weg der göttlichen Transformation ihrer unerlösten Wunden zu gehen, dann wird sie eine starke Beschleunigung der irdischen Transformation erzeugen, und eure unerlösten Wunden transformieren sich in einer Geschwindigkeit, die in eurer Vergangenheit viele Generationen benötigt hätte.

Eine einzelne Seele vermag so viele der göttlichen Wunder auf Erden vollbringen, wenn sie sich ihrer göttlichen Natur bewusst wird, dass sie die ganze Welt zu erheben in der Lage ist.

Es braucht nur dein: Ich bin bereit!

Das verborgene Potential eurer eigenen Eltern können großartige und göttliche Talente sein, die eure Eltern durch ihre unerlösten Wunden nicht zu leben in der Lage waren.

Das verborgene Potential eurer eigenen Eltern können unerlöste Wunden und Verdichtungen sein, die sie ihr Leben lang unterdrückt haben und ihnen somit die Möglichkeit nahmen, den Weg der göttlichen Transformation durch Bewusstwerdung auf Erden anzutreten.

Ihr seid stets das irdische Produkt eurer irdischen Eltern auf Erden!

Ihr seid stets das göttliche Produkt eurer göttlichen Eltern auf Erden!

Wenn ihr selbst die Rolle der irdischen Eltern einnehmen dürft, dann bewertet nicht die Verhaltensstrukturen eurer eigenen Kinder, sondern erkennt immer ihren göttlichen Versuch, euch auf eure eigenen unbewussten Energien aufmerksam werden zu lassen.

Eure Kinder spiegeln immer sehr bereitwillig die Energien, die sie gezeugt und die sie geboren haben.

Eure Kinder spiegeln immer sehr bereitwillig die unterdrückten Energien, die sie umgeben.

Eure Kinder spiegeln immer sehr bereitwillig alle bewussten und unbewussten Energien der Seelen, mit denen sie sich verbunden fühlen.

Wenn ihr die Verantwortung für das Aufzeigen eurer eigenen Themen durch eure Kinder zu übernehmen bereit seid, dann werden sich diese Verhaltensstrukturen in euren Kindern sehr schnell transformieren.

Eure Kinder spiegeln euch in euren bewussten und in euren unbewussten Energien.

Eure Kinder sind in ihrer grenzenlosen Liebe zu euch stets bereit, euch das große Geschenk der Selbsterkenntnis über eure göttlichen Talente und über eure unerlösten Wunden zu überreichen.

Ihr dürft lernen, dieses großartige Geschenk ihrer göttlichen Hingabe und ihrer göttlichen Liebe zu euch bewusst anzuerkennen und es für euren und somit für ihren göttlichen Fortschritt auf Erden bewusst zu nutzen.

Um euch auf dieser Erde bewusst zu erheben, braucht es euch in eurer irdischen Gesamtheit.

Eure irdische Gesamtheit ist das Spiegelbild eurer göttlichen Gesamtheit.

Eure irdische Gesamtheit wurde aus eurer göttlichen Gesamtheit gezeugt und geboren.

Die Bewusstheit über eure irdische Gesamtheit wird langfristig die Erinnerung an eure göttliche Gesamtheit aktivieren und die Bewusstheit über eure göttliche Gesamtheit auf Erden erzeugen und gebären.

Jede unerlöste Wunde heilt sich durch die bewusste Erinnerung an ihr göttliches Vorbild.

Ihr seid das göttliche Licht in Tätigkeit auf Erden!

Ist das nicht großartig!

Jede unerlöste Wunde in euch ist die verdichtete Energie ihres göttlichen Vorbildes.

Alle Illusionen der irdischen Getrenntheit in euch zeigen euch eure eigenen verdichteten Energien der göttlichen Verbundenheit, die es in euch bewusst zu transformieren gilt, um euch in eure wahre göttliche Größe auf Erden auszudehnen.

Es braucht nur dein: Ich bin bereit!

Ihr dürft euren eigenen irdischen Ursprung, eure irdischen Eltern, als euren Weg der bewussten Selbsterkenntnis betrachten, der euch in die Erinnerung an euren göttlichen Ursprung, eure göttlichen Eltern, führen wird.

Es braucht nur dein: Ich bin bereit!

In einigen irdischen Schwangerschaften entscheiden sich die erwarteten Seelchen für einen Abbruch ihrer Geburt auf Erden, und die irdische Mutter verliert den körperlichen Kontakt zu ihrem ungeborenen Kind.

Der energetische Kontakt jedoch wird durch diesen körperlichen Abbruch nicht verlorengehen.

Wenn eine Seele einmal den Versuch unternommen hat, in einer anderen Seele geboren zu werden, dann wird sie immer wieder versuchen, bei dieser Seele geboren zu werden.

Wenn eine Frau eine oder mehrere Schwangerschaften ohne die Geburt eines Kindes erfahren hat, dann sollte sie niemals verzweifelt aufgeben!

Lasst euch von euren Medizinern nicht das Szepter eurer göttlichen Freiheit auf Erden aus der Hand nehmen, denn sie übergehen meist die Existenz eurer göttlichen Natur auf Erden.

Eure göttliche Natur ist ohne Alter und frei von jeglicher Illusion der Unzulänglichkeit und kann in jedem Augenblick von euch in Anspruch genommen werden.

Ihr seid die göttlichen Kinder eurer göttlichen Eltern auf Erden!

Die göttlichen Wunder auf Erden sind grenzenlos und wollen von euch in dieser goldenen Zeit bewusst in Empfang genommen werden.

Ist das nicht großartig!

Allein euer eigener Glaube vermag die göttlichen Wunder auf Erden zu vollbringen.

Ihr solltet euch bewusst sein, dass jede Schwangerschaft, mag sie auch noch so kurz gewesen sein, immer ein Zeichen dafür ist, dass eine Seele bei der von ihr erwählten Mutter geboren werden möchte.

Sie wird ganz gewiss in den irdischen Leib der erwählten Mutter zurückkehren wollen.

Sie wird den feinstofflichen Kontakt zu ihr nicht aufgeben, außer die erwählte Mutter löst sich bewusst von dieser Seele, die geduldig in ihrer Aura darauf wartet, dass ihr Zeitpunkt gekommen ist, den Weg in das irdische Leben durch die erwählte Mutter anzutreten.

Ein irdischer Schwangerschaftsabbruch, der durch die Mutter eingeleitet wird, ist nicht gleichzeitig ein bewusstes Loslassen von ihrem ungeborenen Kind.

Wenn die Mutter aus den Illusionen der Not heraus, die eure irdischen Nöte manifestieren, den Weg des Schwangerschaftsabbruches wählt, dann wird die ungeborene Seele Verständnis und Einverständnis für die Illusionen der Not der Mutter empfinden, denn sie gleicht in ihrer emotionalen Energie ihrer Mutter.

Sie wird in der Aura ihrer erwählten Mutter geduldig darauf warten, dass die Mutter alle ihre unerlösten Wunden zu transformieren beginnt, die ihre irdischen Nöte erzeugen und gebären und somit ihre irdische Geburt zu verhindern scheinen.

Jede Seele, die auf Erden geboren werden möchte, weiß, ob der körperliche Kontakt zu der irdischen Mutter, der sich durch die Schwangerschaft ausdrückt, auch den richtigen Zeitpunkt für ihre Geburt bedeutet.

Einige Schwangerschaften auf Erden sind notwendige Vorbereitung für eine folgende Schwangerschaft der Mutter, die dem Kind zu einem späteren Zeitpunkt die Geburt ermöglichen soll, und führen zu einem vorgeburtlichen Abbruch.

Jede Seele, die auf Erden geboren werden möchte, weiß, ob ihr erzeugter Kontakt mit dem körperlichen Energiefeld, dem Leib ihrer erwählten Mutter, zu einer baldigen Geburt auf Erden führen oder ob es zu einem vorgeburtlichen Schwangerschaftsabbruch kommen wird.

Ihr seid die Schöpfer eurer eigenen Realität!

Es existiert keine göttliche Ursache und keine göttliche Rechtfertigung für die Schuldzuweisungen in dieser Welt, die sich in das heilige

Mysterium einer Frau einzumischen suchen, ohne ihr den notwendigen Respekt für ihr göttliches Amt auf Erden entgegenzubringen.

Eure irdische Medizin hat viele Wege der Entmachtung der Frau in ihrem heiligen Mysterium der gebärenden Göttin auf Erden eingeschlagen und ist ein Spiegel für den inneren Weg der Selbstentmachtung, den die Menschheit durch die Unterdrückung der eigenen inneren und äußeren Göttin erfahren hat.

Das Erwachen der großen Göttin in den Menschen wird die heiligen Mysterien eurer eigenen Göttlichkeit auf Erden neu gebären.

Es braucht nur dein: Ich bin bereit!

Wenn ein ungeborenes Kind den körperlichen Kontakt zu seiner irdischen Mutter eingeht, bis sich seine Mutter in voller Bewusstheit über ihre Schwangerschaft befindet, um sich dann wieder aus der körperlichen Verbindung mit der Mutter durch einen Schwangerschaftsabbruch zu lösen, dann geht die Seele diesen Schritt, um die Mutter in ihrem göttlichen Erkenntnisweg auf Erden zu unterstützen.

Jeder Schwangerschaftsabbruch ist eine Botschaft an die irdische Mutter und ist eine Botschaft an den irdischen Vater.

Durch die Illusion von Verlust, den die Mutter durch einen Schwangerschaftsabbruch in ihrem irdischen Körper erfahren wird, werden zahlreiche unerlöste Wunden in der Mutter aktiviert, die in ihr Bewusstsein treten.

Im Licht eurer eigenen Bewusstheit können eure unerlösten Wunden ihre rechtmäßige Transformation auf Erden erfahren, um sich wieder in ihre ursprüngliche und somit göttliche Natur zu transformieren.

Ihr seid die göttlichen Kinder eurer göttlichen Eltern auf Erden!

Wenn die Mutter den körperlichen Kontakt zu ihrem ungeborenen Kind abbricht, dann wird die Illusion des körperlichen Verlustes in der Mutter ebenfalls eine sehr große Veränderung bewirken.

Jeder Schwangerschaftsabbruch führt zu einem körperlichen Gefühl von Verlust, auch dann, wenn die Mutter diese Situation nicht bewusst als Verlust wahrnehmen kann, weil sie unbewusst spürt, dass der Zeitpunkt für ihr irdisches Gebären noch nicht gekommen ist.

Ihr Körper wird die irdischen Illusionen von Verlust empfinden, denn er spiegelt eure irdische Welt der Dualität, in der die Illusion von Gewinn und Verlust existiert.

Euer irdischer Körper steht immer in einem direkten Kontakt zu euren unerlösten Wunden, die durch die Illusionen von Verlust immer aktiviert werden und auf diese göttliche Weise in euer irdisches Bewusstsein gelangen.

Eure unerlösten Wunden sind alle in eurem physischen Körper gespeichert, denn in einem irdischen Körper sind die unerlösten Wunden in eurer Seele einst entstanden, und in einem irdischen Körper werdet ihr eure unerlösten Wunden transformieren.

Jeder Schwangerschaftsabbruch erzeugt einen sehr großen Transformationsprozess in der Mutter und in ihrem ungeborenen Kind.

Alles in eurer irdischen Realität ist auf euren göttlichen Fortschritt und auf eure göttliche Entwicklung auf Erden ausgerichtet.

Ihr seid die göttlichen Kinder eurer göttlichen Eltern auf Erden!

Jede Schwangerschaft führt eine Mutter in den bewussten Kontakt zu ihrer eigenen körperlichen Schöpfungskraft.

Jede Schwangerschaft ist ein göttliches Wunder der menschlichen Natur auf Erden.

Jede Schwangerschaft ist eine irdische Erinnerung an eure göttliche Natur und führt jede Mutter in den bewussten Kontakt mit ihrer eigenen Göttlichkeit auf Erden.

Jeder bewusste Kontakt mit der eigenen Göttlichkeit auf Erden löst den Prozess der Transformation ihrer unerlösten Wunden in der Mutter aus, die sie in ihrem Bewusstsein daran hindern, ihre eigene Göttlichkeit in ihrem irdischen Alltag bewusst anzuerkennen und somit zu gebären.

Die Transformationsprozesse ihrer unerlösten Wunden werden von euch als Gefühlsschwankungen bezeichnet und offenbaren eure irdische Unbewusstheit im Umgang mit schwangeren Frauen.

Eine schwangere Frau leidet nicht unter Gefühlsschwankungen, sondern befindet sich stets in einem großartigen Transformationsprozess, der sie von unerlösten Wunden zu befreien sucht, damit sie ausreichend göttliche Gelassenheit erzeugen und gebären kann, um sich dem Amt der Mutter auf Erden hingeben zu können.

Schwangere Frauen verdienen auf Erden alle göttliche und alle irdische Unterstützung!

Eine schwangere Frau befindet sich immer in der göttlichen Obhut von Meisterin Kuan Yin, die sie in ihrer grenzenlosen Gnade für ihre bewusste oder unbewusste Bereitschaft, das heilige Amt der Mutter auf Erden anzutreten, mit ihrem göttlichen Element Äther versorgt.

Das göttliche Element Äther ermöglicht der Mutter die Transformation aller unerlösten Wunden, die sie daran zu hindern suchen, ihre körperliche Göttlichkeit, die durch ihre Schwangerschaft zum Ausdruck gelangt, auf Erden zu manifestieren.

Unerlöste Wunden wie Angst, Zweifel, Schuldgefühle, Traurigkeit und Verwirrung steigen in das irdische Bewusstsein einer schwangeren Frau, um in dieser göttlichen Zeit die gegebenen Transformationsenergien für ihre Verwandlung in ihre göttliche Ur-Energie zu nutzen, die aus der irdischen Frau eine göttliche Mutter und somit eine schwangere Frau werden lassen.

Jede Mutter gebiert durch ihre Schwangerschaft irdische Bestandteile ihrer eigenen Göttlichkeit auf Erden.

Ihr seid das göttliche Licht eurer göttlichen Eltern in Tätigkeit auf Erden!

Alle Schwangerschaften, die von der Mutter vorzeitig abgebrochen werden, sind Schwangerschaften, die zu einem späteren Zeitpunkt von der ungeborenen Seele selbst beendet worden wären, wenn die Mutter nicht diesen Weg gegangen wäre.

Jedes ungeborene Kind gleicht in seiner emotionalen Bewegung der eigenen Mutter.

Jeder Schwangerschaftsabbruch wird aus den emotionalen Bewegungen der Mutter und des ungeborenen Kindes geboren.

Jeder Tag einer Schwangerschaft intensiviert den Kontakt zwischen der Mutter und ihrem ungeborenen Kind.

Jeder Tag der Verlängerung einer Schwangerschaft wird die Illusionen von Verlust in dem Körper der Mutter vergrößern, wenn diese Schwangerschaft einen vorgeburtlichen Abbruch finden soll.

Eine schwangere Frau kennt die Grenzen ihrer eigenen emotionalen Belastbarkeit.

Ihr seid die göttlichen Kinder euer göttlichen Eltern auf Erden!

Eine schwangere Frau ist in ihrem göttlichen Zustand der Schwangerschaft immer das irdische Antlitz der großen Göttin in Tätigkeit auf Erden.

Eine schwangere Frau besitzt als Antlitz der großen Göttin immer die göttliche Freiheit der eigenen Entscheidungskraft.

Eine schwangere Frau, die ihre Schwangerschaft aus ihrem eigenen Willen abbricht, weiß in ihrer göttlichen Natur, was sie tut.

Eine schwangere Frau ist kein unmündiges Kind, dessen Entscheidungen ihr glaubt, anzweifeln zu dürfen.

Eine schwangere Frau mag in ihrem mentalen Bewusstsein, ihrer irdischen Gedankenebene, durch unerlöste Wunden an ihrer eigenen Göttlichkeit zweifeln, aber im Augenblick einer Schwangerschaft zeigt ihr Körper überdeutlich das Antlitz der großen Göttin, die in der Zeit der Schwangerschaft stets die Regentin im Leben einer schwangeren Frau ist.

Das ungeborene Kind gleicht in seinen emotionalen Bewegungen der eigenen Mutter, und es kann kein wahres Unrecht geben.

Eure irdischen Illusionen von Getrenntheit erzeugen eure Illusionen von Unrecht.

In göttlicher Wahrhaftigkeit befindet sich jede Mutter mit ihren geborenen und ihren ungeborenen Kindern in einer direkten Verbundenheit.

Mutter und Kind leben niemals gegeneinander, sondern in göttlicher Wahrhaftigkeit immer miteinander.

Jeder Schwangerschaftsabbruch erzeugt eine kurzfristige Beschleunigung in dem großen Transformationsprozess der Mutter und des ungeborenen Kindes.

Unsere geliebte göttliche Mutter Meisterin Kuan Yin wird in ihrer göttlichen Gnade augenblicklich der Mutter und dem ungeborenen Kind entgegeneilen, sie und ihr ungeborenes Kind noch intensiver mit der göttlichen Transformationsenergie der göttlichen Gnade zu versorgen, um die aufsteigenden Wunden, die durch den körperlichen Verlust der Mutter und des Kindes aktiviert worden sind, in göttlichen Empfang zu nehmen.

Die göttliche Transformationsenergie ist immer eine Energie der göttlichen Gnade auf Erden.

Die göttliche Gnade auf Erden ist immer ein Ausdruck der großen Göttin, deren göttliche Liebe zu ihren Menschenkindern grenzenlos ist.

Jede körperliche Loslösung einer Mutter von ihrem ungeborenen Kind wird immer den Schlüssel ihrer notwendigen Transformation auf Erden bergen, den sie für die Geburt ihres ungeborenen Kindes zu einem späteren Zeitpunkt benötigt.

Jeder Schwangerschaftsabbruch ist in der göttlichen Wahrhaftigkeit eine notwendige Vorbereitung für die betroffenen Seelen, um zu einem späteren Zeitpunkt erneut bei der gleichen Mutter empfangen und geboren zu werden.

Es werde Licht!

Eine Frau, die einen oder mehrere Schwangerschaftsabbrüche erfahren und niemals ein Kind auf Erden geboren hat, sollte den Weg der bewussten Loslösung von ihrem ungeborenen Kind beschreiten.

Eine Frau, die mehrere Schwangerschaftsabbrüche erfahren hat und danach ein oder mehrere Kinder auf Erden geboren hat, sollte prüfen, ob ihr geborenes Kind oder ihre geborenen Kinder auch das oder die Kinder ihrer vorangegangenen Schwangerschaften gewesen ist oder sind.

Jedes ungeborene Kind befindet sich weiter in der Aura der Mutter, durch die es einmal empfangen, aber nicht geboren wurde.

Der genaue Aufenthaltsort aller empfangenen Kinder, die von der Mutter nicht auf Erden geboren wurden, ist das Kronenchakra.

Wenn ihr auf Erden den wahren Weg der Heilung der Psyche eines Menschen zu gehen sucht, dann fordert dieser Weg auch immer eine Vereinigung seiner eigenen Energien in seinem Gehirn, der körperlichen Zentrale des 2. Strahles Gottes und der Göttin.

Jeder Weg der Heilung der Psyche eines Menschen ist immer auch ein spiritueller Weg auf Erden.

Jedes ungeborene Kind in der Aura einer Mutter ordnet die spirituelle Entwicklung der Mutter seiner für es notwendigen Geburt unter.

Ein ungeborenes Kind in der Aura einer Mutter wird dafür sorgen wollen, dass sie sich auf ihre Partnerschaften konzentriert, um weiter seine irdische Geburt einzuleiten.

Viele ungeborene Kinder suchen die Mutter in ihrem Bedürfnis nach Partnerschaft oder Sexualität zu bestärken, die in der Mutter eine regelrechte Abhängigkeit von ihren Partnern erzeugt und ihr Bedürfnis, einen Partner haben zu wollen, so stark intensiviert, dass die Mutter nicht mehr ausreichend auf ihre spirituelle Freiheit und Entfaltung auf Erden achten kann.

Die Mutter kann durch diese Einflussnahme an Bindungen festhalten, die sie in ihrer göttlichen Entwicklung auf Erden langfristig behindern.

Erst die bewusste Loslösung von ihren ungeborenen Kindern ermöglicht der Mutter einen Weg der wahren Heilung ihrer Psyche.

Jeder Weg der bewussten Loslösung einer Mutter von ihrem ungeborenen Kind ist ein Heilungsweg der Psyche der Mutter und des ungeborenen Kindes.

Einige ungeborene Kinder sehen in ihren Vätern die Verursacher für ihre fehlende Geburt und erzeugen eine Intensivierung der bewussten oder unbewussten Ablehnung der Mutter gegen Männer.

Es ist notwendig, dass die Mutter, die ihr Kind auf Erden nicht gebiert, den bewussten Weg der Loslösung von ihrem ungeborenen Kind durch Meditation beschreitet.

Der Weg der göttlichen Meditation wird ihr offenbaren, dass sie in göttlicher Wahrheit die innere Kraft erzeugt und gebiert, ihr ungeborenes Kind festhalten zu wollen.

Die Mutterliebe auf Erden birgt ein grenzenloses Mysterium, das es für euch wieder bewusst zu erkennen, zu benennen und zu erfahren gilt.

Erst wenn sich die Mutter in ihrer göttlichen Mutterliebe anerkennt und somit ihre göttliche Wahrhaftigkeit zu spüren beginnt, wird eine wahre Loslösung möglich sein.

Erst wenn die Mutter die Liebe ihres ungeborenen Kindes für sich anerkennt und somit seine göttliche Wahrhaftigkeit zu spüren beginnt, wird eine wahre Loslösung möglich sein.

Es gilt, euer irdisches Leben bei seinem wahren Namen zu benennen, damit es euch seine göttlichen Wunder zu offenbaren vermag.

Jede Mutter, die einen bewussten Kontakt mit ihrem ungeborenen Kind gebiert, wird ihre eigene Liebe für ihr ungeborenes Kind spüren.

Jede Mutter, die einen bewussten Kontakt mit ihrem ungeborenen Kind gebiert, wird der Liebe ihres ungeborenen Kindes für sie begegnen.

Die Liebe ist die wahre göttliche Macht auf Erden, die Seelen miteinander verbindet, um irdisches Leben zu ermöglichen.

Die Liebe ist die wahre göttliche Macht auf Erden, die Seelen voneinander zu trennen in der Lage ist, wenn kein irdisches Miteinander möglich ist, ohne in die irdischen Kämpfe der Schmerzabgabe zu geraten.

Die göttliche Liebe, die euch alle umgibt, ist die stärkste Macht im Universum.

Es braucht nur dein: Ich bin bereit!

Eine irdische Mutter, die für die Loslösung von ihrem ungeborenen Kind bereit ist, sollte in ihre Stille gehen und sich bewusst von ihrem ungeborenen Kind verabschieden.

Wenn sie glaubt, hilfreiche Unterstützung von einer anderen Seele zu benötigen, dann wird diese sich gewiss in ihrem irdischen Leben offenbaren.

Jede Mutter ist über ihre feinstoffliche Nabelschnur immer mit ihren Kindern verbunden, mit ihren von ihr geborenen Kindern, wie mit den von ihr ungeborenen Kindern.

Das ungeborene Kind vertraut der Führung der Mutter, denn es sucht sich bewusst in die Rolle ihres Kindes zu begeben.

Das ungeborene Kind wartet auf die Führung der Mutter, die es braucht, um sich zu orientieren und somit von ihr zu lösen.

Die Mutter sollte bewusst die Verantwortung in ihrer Rolle als Mutter übernehmen, auch dann, wenn das Kind nicht auf Erden von ihr geboren wurde. Als Mutter ihres Kindes sollte sie ihrem ungeborenen Kind bewusst in der Stille begegnen.

Jede Mutter weiß, wenn sie sich in ihrer Stille auf ihr ungeborenes Kind konzentriert, was sie ihrem Kind sagen möchte, um es loslassen zu können. Jedes ungeborene Kind weiß, welche Botschaft es der Mutter zu überreichen gesucht hat und zu überreichen sucht, um sich von der Mutter lösen zu können.

Jede Mutter findet diese Antworten in ihrer eigenen Stille, denn ihr ungeborenes Kind gleicht ihrer eigenen Energie.

Ihr seid die göttlichen Kinder eurer göttlichen Eltern auf Erden!

Die Mutter sollte die bewusste Verantwortung für das Wohl ihres ungeborenen Kindes übernehmen und es darauf hinweisen, dass der Zeitpunkt gekommen sei, sich aus ihrer Aura zu lösen, wenn sie dieses Kind in ihrer Gegenwart nicht zu gebären sucht.

Die Mutter sollte alle ungeweinten Tränen, die sie über den Verlust ihres Kindes empfindet, frei fließen lassen, um ihr Herz und das Herz ihres ungeborenen Kindes zu reinigen.

Sie sollte ihrem ungeborenen Kind alle unausgesprochenen Worte der Liebe übergeben.

Ihre Mutterliebe wird der Treibstoff für ihr ungeborenes Kind sein, seine unerlöste Wunde der fehlenden Geburt auf Erden zu erlösen und sich aus der Aura der Mutter zu lösen.

Jede irdische Mutter benötigt im Namen der göttlichen Mutter ihre eigene irdische Zeit für diesen Prozess.

Wenn die Mutter sich bewusst und intensiv mit der Loslösung von ihrem ungeborenen Kind auseinandersetzt, dann wird sich der rechte Zeitpunkt sehr schnell in ihr gebären.

Wenn die Mutter ihre Loslösung von ihrem ungeborenen Kind mit ihrer bewussten Aufmerksamkeit und somit mit ihrer eigenen Energie nährt und unterstützt, dann wird sich die Geburt der Loslösung von dem ungeborenen Kind beschleunigen.

Hat die Mutter alle Botschaften ihres ungeborenen Kindes verstanden und ihrem Kind ihre eigene Botschaft übermittelt, dann ist die bewusste Geburt der bewussten Loslösung von ihrem ungeborenen Kind gekommen.

Unsere geliebte Mutter, Meisterin Kuan Yin, ist die göttliche Mutter aller feinstofflichen und somit aller ungeborenen Kinder.

Sie wird jeder Mutter hilfreich zur Seite stehen und sie mit ihrer ganzen göttlichen Gnade der göttlichen Transformation versorgen.

Sie wird die ungeborenen Kinder aller irdischen Mütter in göttlichen Empfang und somit in göttliche Obhut nehmen, sobald sie sich von ihnen gelöst haben.

Unsere geliebte Mutter, Meisterin Kuan Yin, wird dieser göttlichen Aufgabe stets gewissenhaft gerecht, auch dann wenn eine Mutter sie nicht bewusst hören oder sehen kann.

Es ist ihr göttliches Amt auf Erden, jedes ungeborene Kind aus der Aura einer Mutter in Empfang zu nehmen, wenn dieses dort keine irdische Geburt finden kann und die Mutter und ihr Kind sich bewusst voneinander zu lösen bereit sind.

Sie ist die göttliche Mutter aller feinstofflichen Kinder.

Mutter Maria ist die göttliche Mutter aller irdischen Kinder.

Unsere geliebte Mutter, Meisterin Kuan Yin, betreut in ihrem göttlichen Mitgefühl und in ihrer göttlichen Barmherzigkeit alle schwangeren Frauen auf Erden. Wenn eine schwangere Frau unerlöste Wunden von Angst, Not oder Zweifeln empfindet und zu erfahren glaubt, dann darf sie sich bewusst an sie wenden.

Unsere geliebte Mutter, Meisterin Kuan Yin, ist die göttliche Transformationsenergie auf Erden, die alle unerlösten Wunden durch die violette Flamme zu erlösen weiß.

Ihr seid die göttlichen Kinder eurer göttlichen Eltern auf Erden!
Bittet und euch wird gegeben sein!

Es kann keine ungewollte Schwangerschaft auf Erden geben.

Jede Seele, die ein Leben in ihrem Körper empfängt, hat bewusst oder unbewusst ihre göttliche Zustimmung gegeben.

Jede Seele, die ein Leben in einem anderen Körper zeugt, hat bewusst oder unbewusst ihre göttliche Zustimmung gegeben.

Der irdische Vater und die irdische Mutter eines Kindes zeugen und empfangen niemals ungewollt eine Seele.

Nur die unerlösten Wunden einer Mutter können verhindern, dass sich die Mutter ihrer eigenen inneren Wünsche nicht bewusst ist und in ihr die Illusion erzeugen, ein Opfer ihrer eigenen Realität und somit ihrer eigenen unbewussten Wünsche zu sein.

Nur die unerlösten Wunden eines Vaters können verhindern, dass sich der Vater seiner eigenen inneren Wünsche nicht bewusst ist und in ihm die Illusion erzeugen, ein Opfer seiner eigenen Realität und somit seiner eigenen unbewussten Wünsche zu sein.

Ihr seid immer der Schöpfer und die Schöpferin eurer eigenen irdischen Realität.

Ihr seid immer der Schöpfer und die Schöpferin eurer eigenen Kinder auf Erden.

Es ist die goldene Zeit auf Erden, die alle Menschenkinder aufzufordern sucht, die bewusste Verantwortung für ihre eigene Göttlichkeit und somit für ihre eigenen irdischen Schöpfungen zu übernehmen, um sich bewusst in ihre göttliche Natur auf Erden zu erheben.

Es braucht nur dein: Ich bin bereit!

In der ersten Lebensphase nach der Geburt durch ihre Mutter ist die Seele eines Kindes zwar in direkter Verbindung mit ihrem kleinen Körperchen, findet aber über ihr geöffnetes Kronenchakra noch immer einen sehr schnellen Ausgang aus ihrem physischen Körper.

In der ersten Lebensphase eines Kindes bleibt sein Kronenchakra weit geöffnet.

Das Pulsieren der vorderen Fontanelle am Kopf des Kindes kennzeichnet diese erste Lebensphase der bewussten göttlichen Angebundenheit eines neugeborenen Kindes durch die vollkommene Öffnung seines Kronenchakras.

Das neugeborene Kind benötigt seine eigene Zeit, bis es sich von der bewussten Führung seiner göttlichen Eltern löst, um sich der bewussten Führung seiner irdischen Eltern zu übergeben.

Das neugeborene Kind benötigt seine eigene Zeit, bis sich die vordere Fontanelle an seinem Kopf zu schließen beginnt.

Ihr seid die göttlichen Kinder eurer göttlichen Eltern auf Erden!

Jede Mutter bleibt auf Erden immer mit ihren Kindern über ihre feinstoffliche Nabelschnur verbunden, die von ihrem Kronenchakra zu dem Kronenchakra ihres Kindes fließt.

Die feinstoffliche Nabelschnur ermöglicht der Mutter eine direkte Verbundenheit mit ihrem Kind, auch dann, wenn sich ihr Kind nicht in ihrem direkten Blickfeld befindet oder sie sich sogar weit entfernt von ihrem Kind aufhält.

Die feinstoffliche Nabelschnur wird von euch der Mutterinstinkt genannt.

Es ist göttliche Wahrhaftigkeit, dass jede Mutter auf Erden weiß, wenn sie es wissen will, ob ihr Kind sich gerade in Gefahr befindet oder ihre Hilfe dringend benötigt, denn ihre feinstoffliche Nabelschnur ist viel mehr als nur ein irdischer Instinkt!

Die feinstoffliche Nabelschnur der Mutter zu ihrem Kind ist das Zeichen und das goldene Band der göttlichen Liebe einer Mutter zu ihrem irdischen Kind.

Die feinstoffliche Nabelschnur einer Mutter zu ihrem Kind bleibt ein irdisches Leben lang erhalten.

Es lebe die göttliche Liebe der Mutter auf Erden!

Die Bereitschaft, die göttliche Liebe der Mutter auf Erden sehen zu wollen, wird diesen Aspekt in seiner göttlichen Ausdehnung auf Erden unterstützen.

Es braucht nur dein: Ich bin bereit!

In der ersten Lebensphase eines neugeborenen Kindes, in der sein Kronenchakra noch weit geöffnet ist, verlassen einige Kinder wieder ihren Körper und gelangen über die feinstoffliche Nabelschnur der Mutter wieder in die Aura der Mutter.

Diese Erfahrungen werden nur dann von den beteiligten Seelen, bewusst oder unbewusst, gewählt, wenn ein solcher Schock notwendig ist, um festgefahrene Familienstrukturen zu durchbrechen, die ohne die Intensität einer solchen Erfahrung nicht zu durchbrechen waren.

Die Seele eines Kindes, die ihren Körper in ihrer ersten Lebensphase wieder verlassen hat, wird ganz gewiss, wie jede ungeborene Seele nach einem Schwangerschaftsabbruch, den Weg der Neugeburt auf Erden durch die eigene Mutter einschlagen wollen.

Die Seele eines Kindes, die in der erwählten Mutter nicht geboren werden kann, sollte auf die gleiche Weise ihre bewusste Loslösung erfahren wie auch die Seele eines Kindes, dessen Mutter einen vorgeburtlichen Schwangerschaftsabbruch erfahren hat.

Jede Mutter und jeder Vater, die ein eigenes Kind auf Erden verlieren, werden sehr empfänglich sein, ihre eigenen Kinder bewusst oder unbewusst in ihrem Kronenchakra in Empfang zu nehmen, wenn diese ihren irdischen Körper verlassen.

Alle verstorbenen Kinder, die nach der ersten Lebensphase ihren irdischen Körper verlassen, benötigen den bewussten Heimweg in die göttliche Wahrhaftigkeit, um eine neue Geburt in einem irdischen Körper antreten zu können.

Jedes Kind, das sich in seiner Kindheit als einsam empfindet, wird sehr empfänglich sein, alle ungeborenen Kinder seiner Mutter, die sie bewusst oder unbewusst aus ihrem Kronenchakra zu drängen und somit zu verdrängen sucht, ohne den Weg der bewussten Loslösung zu beschreiten, in seiner Aura in Empfang zu nehmen.

Fehlt der Weg der bewussten Loslösung aller verstorbenen Kinder in eurem Kronenchakra, dann werden euch die kindlichen Bedürfnisse eurer bewussten oder unbewussten Mitbewohner daran hindern, bewusst den Weg des irdischen Erwachsenen-Daseins zu beschreiten und damit den bewussten Weg der göttlichen Verantwortungsübernahme für euch und euer irdisches Leben.

Fehlt der Weg der bewussten Loslösung aller verstorbenen Kinder in eurem Kronenchakra, dann werdet ihr diese Kinder auch in euren folgenden Leben in eurer Aura spazieren tragen, bis ihr den Weg der bewussten Loslösung in einem irdischen Leben zu beschreiten bereit seid.

Es ist eure göttliche Aufgabe auf Erden, alle Dinge bei ihrem wahren Namen zu benennen, die mit euch in Resonanz stehen, denn erst dann werdet ihr zu einem bewussten Herrn und Meister, einer bewussten Herrin und Meisterin über euch und euer irdisches Leben!

Jede Seele darf den Weg der bewussten Auseinandersetzung mit der Beschaffenheit ihres eigenen Kronenchakras gehen, um alle Wege der irdischen Loslösung zu erfahren, die sie für ihren göttlichen Fortschritt auf Erden benötigt!

Ihr seid der göttliche Forschergeist in Tätigkeit auf Erden!

Jeder von euch, der sich durch diese Worte angesprochen fühlt und somit eine Resonanz zu diesem irdischen Lernaspekt aufzeigt, wird in seinem Kronenchakra gewiss fündig werden.

Der Weg der bewussten Loslösung einer Kinderseele in eurem Kronenchakra sollte immer dem von uns aufgezeigten Weg der bewussten Loslösung einer Mutter, die sich von ihrem ungeborenen Kind löst, gleichen.

Es ist nicht von Bedeutung, ob ihr gerade als Mann oder als Frau auf Erden wandelt, wenn ihr den irdischen Weg der bewussten Loslösung einer Kinderseele in eurer Aura beschreitet.

Es wird immer eure eigene innere Mutter sein, die in jedem Menschen zu finden ist, die eine Kinderseele in eurem Kronenchakra in Empfang genommen hat.

Es ist immer eure eigene innere Mutter, die den Weg der Loslösung in euch beschreiten darf, wenn ihr einen kindlichen Mitbewohner aus eurer Aura in die liebevollen Arme unserer geliebten Mutter, Meisterin Kuan Yin, zu führen bereit seid.

Es ist die Zeit der goldenen Freiheit, die euch zurückführen wird in eure eigene göttliche Bewusstheit auf Erden.

Es braucht nur dein: Ich bin bereit!

Über euer Kronenchakra sucht das Licht Gottes in euren empfänglichen Kelch, euren physischen Körper, zu fließen, wenn ihr geboren werdet.

Eure eigene Empfänglichkeit für das Licht Gottes erzeugt die erste Befruchtung durch das Licht Gottes in eurer irdischen Realität.

Das Kronenchakra eines neugeborenen Kindes ist stets weit geöffnet, um diese erste göttliche Befruchtung bewusst in Empfang zu nehmen.

Das göttliche Licht sucht in seinem ersten Streben, den weiblichen Kelch in euch zu aktivieren, damit ihr die göttlichen Strahlen der göttlichen Erleuchtung und somit der göttlichen Führung in euch empfangen könnt.

In seinem ersten Streben sucht das Licht Gottes, eure rechte Gehirnhälfte zu aktivieren, um eure eigene Empfänglichkeit zu ermöglichen, die langfristig die Erlösung für euren Erdenkonflikt in sich birgt.

In seinem ersten Streben sucht das Licht Gottes, eurer körpereigenen Göttin sein göttliches Leben einzuhauchen, damit sie euch euer irdisches Überleben ermöglicht.

Ihr seid die göttlichen Kinder eurer göttlichen Eltern auf Erden!

Das irdische Überleben eines Kindes ist direkt an die Bedingung geknüpft, von seinem irdischen Umfeld, seinen irdischen Eltern oder anderen irdischen Stellvertretern, zu empfangen.

Jede Kinderseele benötigt die Versorgung durch die sieben Elemente Feuer, Wasser, Luft, Erde, Metall, Äther und Liebe.

Die vier Elemente Feuer, Wasser, Luft und Erde benötigt es für sein körperliches Überleben.

Eine kleine Kinderseele benötigt eure bewusste Bereitschaft, sie mit diesen vier Elementen Feuer, Wasser, Luft und Erde versorgen zu wollen, um ihr körperliches Überleben zu ermöglichen.

Das Element Feuer braucht es, um seinen kleinen Körper vor äußerer Kälte zu schützen.

Das Element Wasser braucht es, um seinen Körper mit Flüssigkeit zu versorgen und von Verschmutzungen zu reinigen.

Das Element Luft braucht es für seine Sauerstoffversorgung.

Das Element Erde braucht es, um seinen Körper zu nähren, denn es ist das Element seiner festen Nahrung.

Die drei Elemente Äther, Metall und Liebe benötigt jedes Kind für sein emotionales, mentales und spirituelles Überleben auf Erden.

Eine kleine Kinderseele benötigt eure bewusste Bereitschaft, sie mit den drei Elementen Äther, Metall und Liebe versorgen zu wollen, um ihr emotionales, mentales und spirituelles Überleben auf Erden zu ermöglichen.

Das Element Äther empfängt das Kind durch alle seine irdischen Erfahrungen, in denen es mit Mitgefühl, Anerkennung und Respekt behandelt und somit befruchtet wird.

Das Element Äther ermöglicht dem Kind, sich bewusst als wertvoll zu erfahren, damit es sich in seinem weiteren Leben erlaubt, bewusst vom Außen empfangen zu dürfen.

Das Element Äther sorgt für das emotionale Überleben eines Kindes auf Erden.

Das Element Metall schenkt dem Kind die Möglichkeit, Wissen zu erhalten, damit es lernt, das Leben, das es umgibt, bei seinem wahren Namen zu benennen.

Das Element Metall sorgt für das mentale Überleben eines Kindes auf Erden.

Das Element Liebe ermöglicht dem Kind, seinen weiblichen Pol mit seinem männlichen Pol zu vereinen.

Das Element Liebe überwindet langfristig den Weg der irdischen Dualität.

Das Element Liebe überwindet die Illusionen eures animalischen Instinktes, der in der irdischen Welt der Dualität um sein Überleben kämpfen zu müssen glaubt.

Das Element Liebe erzeugt die Erinnerung des Kindes an die wahre Verbundenheit zwischen ihm und seinem gesamten Umfeld.

Das Element Liebe sorgt für das spirituelle Überleben eines Kindes auf Erden.

Die Versorgung mit den Elementen Äther, Metall und Liebe ermöglicht es dem Kind, in seinem weiteren Leben zu einem bewussten Herrn und Meister, einer bewussten Herrin und Meisterin über sich und sein irdisches Leben zu werden.

Kann eine kleine Kinderseele körperlich, mental, emotional und/oder spirituell nicht ausreichend empfangen, dann wird sie ihre eigene Göttlichkeit in Frage stellen und viele Wege der Manipulation entwerfen, um sich einen Weg des Empfangens zu ermöglichen, der ihr irdisches Überleben sichern soll.

Eure eigene Empfänglichkeit mag der Schlüssel zu eurem irdischen Leben sein, der auch immer den Schlüssel für die Loslösung von euren irdischen Illusionen birgt.

Das Licht Gottes sucht in seinem ersten Bestreben, die körpereigene Göttin der Empfänglichkeit in eurem Gehirn zu aktivieren.

Eure rechte Gehirnhälfte ist das Gehirn der empfänglichen Göttin in euch.

Jeder Schrei eines Kindes sucht eine Empfängnis für das Kind zu ermöglichen.

Jeder Schrei eines Kindes ist das berechtigte Bedürfnis nach Befruchtung durch eines der sieben Elemente.

Eure Kinder sind, wenn sie geboren werden, reine Gefühls-, Emotions- und Intuitionswesen und ganz auf die Empfängnis der für sie notwendigen sieben Elemente ausgerichtet, um langfristig eure menschliche Art nicht nur zu erhalten, sondern um sie - und somit euch - in eure göttliche Natur auf Erden zu transformieren.

Es lebe das göttliche Licht in euren Kindern, meine geliebten Erdenkinder, denn sie bergen eure goldene Zukunft in ihren Zellen!

Wenn eines eurer Kinder sein göttliches Lächeln verliert, dann prüft, welches der sieben Elemente von ihm nicht ausreichend empfangen werden kann.

Eure Kinder brauchen Wärme, Flüssigkeit, Sauerstoff und Nahrung, um ihren irdischen Körper wachsen und gedeihen zu lassen.

Eure Kinder brauchen eure Erklärungen und euer Wissen durch eure gesprochenen Worte, um diese Welt, die sie umgibt, verstehen und somit benennen zu können.

Eure Kinder brauchen eure Erklärungen und euer Wissen über eure irdischen Handlungen, um eure Handlungen bewusst für ihre eigene Entwicklung imitieren zu können.

Eure Kinder brauchen euer Lob und eure Anerkennung, damit sie sich ihres göttlichen Wertes bewusst werden und bewusst an ihre göttliche Kraft der Empfänglichkeit glauben.

Eure Kinder brauchen euer Lob und eure Anerkennung, damit sie sich in ihrem göttlichen Wert erkennen und sich in ihrem weiteren Leben das bewusste Empfangen erlauben.

Eure Kinder brauchen eure Liebe, um die göttliche Verbundenheit auf Erden zu spüren, die alle Gegensätze in ihrem Leben miteinander vereint.

Eure Kinder brauchen eure Liebe, um sich selbst und ihr irdisches Leben mitsamt seinen Bewohnern lieben und somit erlösen zu können.

Eure Kinder brauchen eure bewusste Unterstützung in dieser goldenen Zeit.

Es braucht nur dein: Ich bin bereit!

Werdet wie die Kinder, die in ihrer göttlichen Unschuld die göttlichen Wunder zu empfangen bereit sind, die ihre Eltern und ihr irdisches Umfeld ihnen bereiten.

Werdet wie die Kinder, denn ihrer ist das Himmelreich!

Werdet wie die Kinder, die in ihrer göttlichen Unschuld die göttlichen Wunder zu empfangen bereit sind, die Gott und die Göttin euch in dieser goldenen Zeit zu offenbaren suchen.

Es braucht nur dein: Ich bin bereit!

Die rechte Gehirnhälfte wird in eurem irdischen Leben immer die linke Gehirnhälfte in ihrer Größe dominieren.

Die Kapazität eurer rechten Gehirnhälfte beträgt immer 100%.

Die Kapazität eurer linken Gehirnhälfte beträgt nur sehr selten mehr als 12%.

Die rechte Gehirnhälfte wird immer eure linke Gehirnhälfte gebären.

Die rechte Gehirnhälfte ist immer die irdische Mutter eurer linken Gehirnhälfte.

Eure linke Gehirnhälfte ist immer der irdische Sohn eurer rechten Gehirnhälfte.

Jedes männliche Prinzip wird auf Erden durch ein weibliches Prinzip geboren.

Wie oben so unten, ist alles nach dem einen Bilde erschaffen!

Wenn ein Kind auf Erden geboren wird, dann wird seine rechte Gehirnhälfte durch seine gesammelten emotionalen Erfahrungen die Gedanken in seiner linken Gehirnhälfte gebären.

Ihr seid das irdische Spiegelbild eures göttlichen Ursprunges.

Ein neugeborenes Kind empfängt die erste göttliche Befruchtung in seinem Kronenchakra, die seine eigene Empfänglichkeit in seiner rechten Gehirnhälfte erzeugt.

Ist diese erste Befruchtung abgeschlossen und der empfängliche Kelch des Kindes ausreichend gefestigt, dann beginnt sich die große Tür im Kronenchakra des Kindes, die vordere Fontanelle, zu verkleinern.

Ist die erste göttliche Befruchtung des neugeborenen Kindes abgeschlossen und der empfängliche Kelch des Kindes ausreichend gefestigt, dann beginnt sich das Kind von der bewussten Führung und somit der bewussten Befruchtung durch seine göttlichen Eltern zu distanzieren, um sich der bewussten Führung und somit der bewussten Befruchtung durch seine eigenen Eltern und durch sein irdisches Umfeld hinzugeben.

Über seine fünf Sinne sammelt das neugeborene Kind alle äußeren Eindrücke und Reize und gibt diese an seine rechte Gehirnhälfte zur Bearbeitung weiter.

Eure rechte Gehirnhälfte ist als Kelch der eigenen Empfänglichkeit immer ein irdischer Ausdruck eures göttlichen Elementes Äther.

Das Element Äther definiert euer eigenes Selbstwertgefühl in euch sowie den Glauben an eure eigene Göttlichkeit auf Erden.

Das Element Äther gebiert den Glauben an eure eigene Göttlichkeit, die euch die wahre Empfänglichkeit ermöglicht, die ihr für euer irdisches und für euer göttliches Leben auf Erden benötigt.

Das Element Äther ist der Ausdruck der großen Göttin in ihrer göttlichen Natur auf Erden.

Das Element Äther gebiert euren Glauben an euch selbst, euer Selbstwertgefühl, eure gelebte Sexualität, euer Körperbewusstsein und eure göttliche Intuition.

Ihr seid die göttlichen Kinder eurer göttlichen Eltern auf Erden!

Göttliche Lebenserfahrungen gebären in einem Kind die Schlussfolgerung, ein göttlicher und somit wertvoller Mensch zu sein, der des Empfangens auf Erden würdig ist.

Göttliche Lebenserfahrungen gebären in einer kleinen Seele die Schlussfolgerung, das göttliche Mitgefühl für sich selbst empfinden zu dürfen, weil es durch seine äußeren Götter, seine Eltern, den göttlichen Segen dafür empfangen zu haben glaubt.

Göttliche Lebenserfahrungen sind immer Situationen, in denen sich das Kind als wertvoll, anerkannt und voller Mitgefühl von seinen Eltern und seinem irdischen Umfeld gesehen, behandelt und versorgt gefühlt hat.

Unangenehme Erfahrungen gebären in einem Kind die Schlussfolgerung, wertlos und minderwertig zu sein, da es des Empfangens durch seine äußeren Götter nicht würdig zu sein scheint.

Unangenehme Erfahrungen gebären in der kleinen Seele die Schlussfolgerung, kein Mitgefühl für das eigene Selbst empfinden zu dürfen, weil es dieses nicht verdient zu haben scheint.

Jedes Kind glaubt an die Göttlichkeit seiner irdischen Vorbilder und stellt ihre Handlungen in seinen ersten Lebensphasen niemals in Frage.

Die ersten Lebensphasen eines Kindes prägen seine bewussten oder unbewussten Schlussfolgerungen über sich und sein Leben und gebären seine ersten irdischen Glaubenssätze, die sein späteres Leben manifestieren werden, bis es sich bewusst aus der Rolle des Kindes zu lösen bereit ist, um die Verantwortung für seine göttliche Natur auf Erden zu übernehmen und somit ein bewusster Herr und Meister, eine bewusste Herrin und Meisterin über sich und sein irdisches Leben zu werden.

Eure eigenen bewussten oder unbewussten Glaubenssätze erzeugen und gebären eure irdische Realität.

Ihr seid die Schöpfer und die Schöpferin eurer eigenen irdischen Realität!

Jedes für ein Kind schmerzliche Empfangen in einer irdischen Situation wird in dem Kind einen inneren Alarm erzeugen, den eigenen Wert, den es nicht zu besitzen scheint, erzeugen und gebären zu wollen, um sein irdisches Überleben zu sichern.

Jedes fehlende Empfangen, das das Kind für sein Überleben benötigt, wird in ihm einen inneren Alarm erzeugen, den eigenen Wert, den es nicht zu besitzen scheint, erzeugen und gebären zu wollen, um sein irdisches Überleben zu sichern.

Euer Gehirn besteht in beiden Gehirnhälften aus der Großhirnrinde, die in jeder Gehirnhälfte seinen inneren Kern, euer limbisches System, umgibt.

Euer limbisches System besteht aus dem Gyrus cinguli, dem Hippocampus und der Amygdala.

Die rechte Großhirnrinde eines Kindes empfängt alle eingehenden Signale über seine fünf Sinne und erzeugt ein inneres Bild über jede äußere Erfahrung, die das Kind durch sein Umfeld erfährt.

Diese inneren Bilder werden an den Gyrus cinguli, der sich nahe eurem Mittelscheitel befindet, übermittelt.

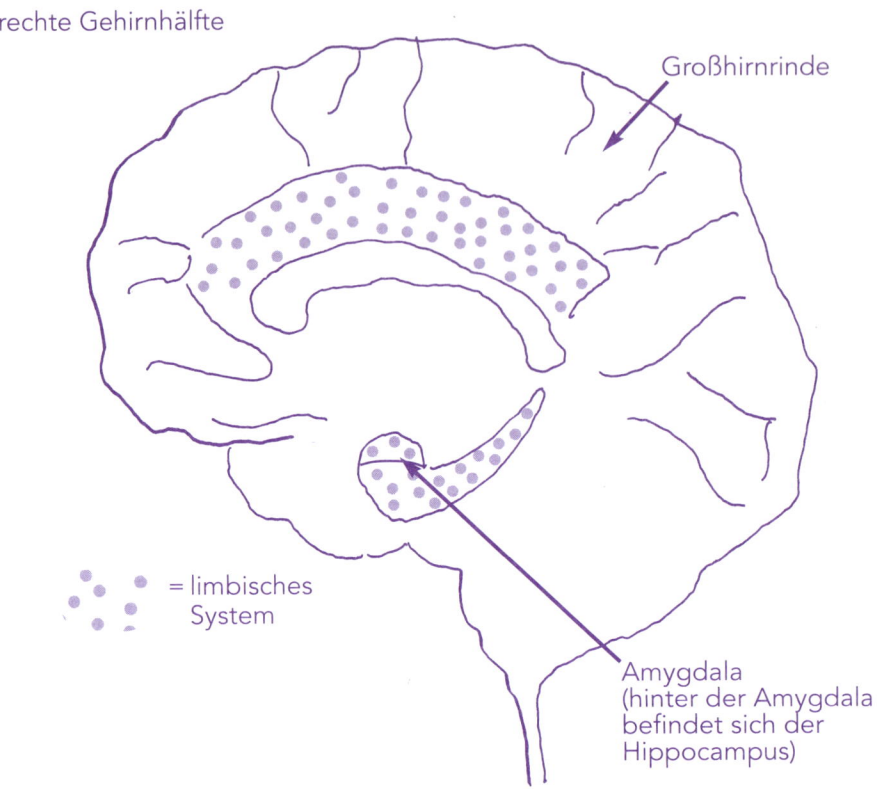

rechte Gehirnhälfte

Großhirnrinde

= limbisches
System

Amygdala
(hinter der Amygdala
befindet sich der
Hippocampus)

Der Gyrus cinguli bewertet jedes empfangene Bild des Kindes und gebiert eine Schlussfolgerung über die gesammelte Erfahrung.

Die erste Schlussfolgerung, die der Gyrus cinguli über eine gesammelte Erfahrung gebiert, steht mit dem Wertgefühl des Kindes in direkter Verbindung.

Jedes Kind unterscheidet sein Leben in seiner ersten Betrachtung in Situationen, die es sich wertvoll fühlen lassen, und in Situationen, die es sich wertlos fühlen lassen.

Aus den gesammelten Schlussfolgerungen des Kindes werden langfristig seine bewussten und unbewussten Glaubenssätze über sich und sein Leben geboren.

Aus den gesammelten Schlussfolgerungen definiert das Kind sein eigenes Selbstwertgefühl.

Das eigene Selbstwertgefühl ist für jede Seele, ob bewusst oder unbewusst, der Schlüssel für die eigene Empfänglichkeit auf Erden!

238

Das Gefühl und somit die Schlussfolgerung des Kindes, wertvoll zu sein, wird dazu führen, dass es seinen inneren Kelch öffnet, um vom Außen bewusst zu empfangen.

Das Gefühl und somit die Schlussfolgerung des Kindes, wertlos zu sein, wird dazu führen, dass das Kind seinen inneren Kelch verschließt und durch das Außen nicht mehr bewusst empfangen kann und in göttlicher Wahrhaftigkeit nicht mehr bewusst zu empfangen braucht, was es in seiner göttlichen Natur zu sehr in Frage stellt und somit sein göttliches Überleben auf Erden langfristig gefährdet.

Der Gyrus cinguli der rechten Gehirnhälfte eines Kindes übermittelt seiner linken Gehirnhälfte jede geborene Schlussfolgerung über den Corpus collosum.

Der Corpus collosum ist ein Übermittler in eurem Gehirn, der aus 100 Millionen Nervenfasern besteht und die Schlussfolgerungen aus der rechten Gehirnhälfte des Kindes in seine linke Gehirnhälfte transportiert und leitet.

In der linken Gehirnhälfte des Kindes werden die Gedanken geboren, die der emotionalen Schlussfolgerung des Kindes entsprechen.

Die ersten Gedanken des Kindes in seiner linken Gehirnhälfte werden aus den Erfahrungen der rechten Gehirnhälfte in dem Kind geboren.

Alle Schlussfolgerungen eines Kindes, die seinen eigenen Wert in Frage stellen, gebären nicht nur bewusste oder unbewusste Glaubenssätze und Gedanken gegen seine eigene Göttlichkeit, sondern gefährden auch sein weiteres Überleben auf Erden.

Jedes Kind benötigt die bewusste Bereitschaft von seinen irdischen Eltern, dass sie seinen göttlichen Wert anerkennen und es mit allen sieben Elementen versorgen wollen, die ein Kind für sein vollständiges Überleben auf Erden benötigt.

Jedes Kind erlaubt sich sein bewusstes Empfangen, wenn es glaubt, des Empfangens würdig und nach seinem inneren Wissen wertvoll zu sein, das es durch die äußere Bestätigung der irdischen Eltern gebiert.

Jede Schlussfolgerung eines Kindes, die seinen eigenen Wert in Frage stellt, aktiviert in seinem Gehirn einen Alarm.

Das limbische System des Kindes wird ein Signal an seinen Hypothalamus senden, der sich in der Mitte des Gehirns befindet.

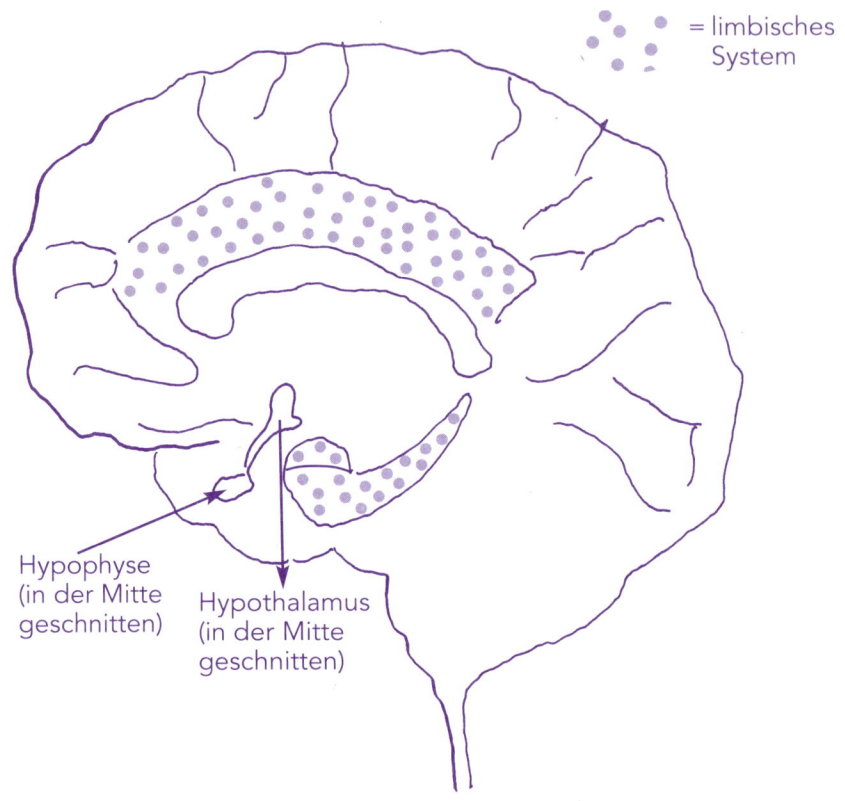

= limbisches System

Hypophyse
(in der Mitte
geschnitten)

Hypothalamus
(in der Mitte
geschnitten)

Der Hypothalamus erzeugt ein Gen, das er an seine Hypophyse weiterleitet.

Die Hypophyse erzeugt einen Botenstoff, der in den Blutkreislauf gelangt.

Durch den Blutkreislauf gelangt der Botenstoff in das Sakralchakra, und dort beginnen die Nebennieren mit der Produktion des Stresshormons Cortisol.

Cortisol lässt die Stresskurve ansteigen und versorgt das Kind mit zusätzlicher Energie, um den gegenwärtigen Konflikt seines fehlenden Selbstwertes zu überwinden.

Der Weg der Hilfsbereitschaft

Jedes Kind wird mit der zugeführten Energie in der Lage sein, eine Hilfsbereitschaft und außergewöhnliche Leistungen zu vollbringen, die seine irdischen Grenzen weit überschreiten.

Auf diese Weise wird es versuchen, sich den eigenen Wert, den es nicht zu besitzen glaubt, zu verdienen.

Die Wachsamkeit des Kindes steigt durch die Überproduktion des Stresshormons Cortisol bis zu einem Höchstmaß an.

Das Kind beginnt instinktiv zu spüren, welche bewussten oder unbewussten Bedürfnisse in den Eltern nach Erfüllung schreien.

Das Kind beginnt instinktiv zu spüren, ob die Eltern oder ein Elternteil Trost, Verständnis oder Mitgefühl benötigen, und es wird sich augenblicklich darum bemühen, ihnen zu geben, wonach sie sich bewusst oder unbewusst sehnen.

Das Kind beginnt zu spüren, wenn die Eltern (oder ein Elternteil) ihren eigenen Schmerz abgeben möchten und meist unbewusst auf der Suche danach sind, ein Opfer für ihre Schmerzabgabe zu finden.

Das Kind beginnt zu spüren, ob die Eltern (oder ein Elternteil) eine Sehnsucht danach empfinden, andere zu demütigen, zu missbrauchen oder zu schlagen, um ihren eigenen Schmerz abzugeben.

Das Kind ist bereit, seinen von ihm so geliebten Göttern, seinen irdischen Eltern, ganz und gar zu geben, wonach sie bewusst oder unbewusst verlangen.

Das Kind kann somit trotz seines Alters zu einem Helfer bei der Arbeit der Eltern werden oder sie tröstend in die Arme nehmen wollen, als seien sie das Kind und nicht die Eltern, das die Hilfe und den Trost seiner Eltern benötigt.

Das Kind ist sogar bereit, seine Eltern zu provozieren, damit sie es missbrauchen oder schlagen dürfen, um ihnen ein wenig Erleichterung zu verschaffen.

Jedes Kind wird alle Anstrengungen, alle Mühen, allen Schmerz und allen Kummer auf sich nehmen, um von seinen Eltern die Anerkennung zu bekommen, die es für sein Überleben braucht.

Jedes Kind fühlt sich hilflos ohne die bewusste Bereitschaft seines Umfelds, es aus ganzem Herzen nähren zu wollen.

Alle Kinder dieser Welt sind so grenzenlos in ihrem Bemühen, sich ihre Anerkennung zu verdienen, wenn sie diese nicht freiwillig bekommen, dass sie alle ihre mentalen, emotionalen und körperlichen Schmerz-Grenzen überschreiten werden, um ihren Eltern und ihrem irdischen Umfeld zu dienen.

Kein Kind auf Erden will seine Eltern ärgern!

Jedes Kind ist sich seiner Abhängigkeit bewusst, in der es sich von seinen Eltern befindet.

Jedes Kind hat sich demütig in diese Abhängigkeit von seinen Eltern begeben, als es sich für sein irdisches Leben bei ihnen entschieden hat.

Es ist unser größtes Sehnen, dass alle Menschen lernen, ihre Augen zu öffnen für das wahre Wesen der Kinder dieser Welt!

Barmherzigkeit und Mitgefühl, Wissen und Weisheit und natürlich die Liebe ist alles, was sich ein Kind von seinen Eltern wünscht, auch wenn das einige Eltern nicht verstehen zu können glauben.

Es braucht eure bewusste Bereitschaft, die Kinder dieser Welt bei ihrem wahren Namen zu benennen, um euch selbst verstehen und somit benennen zu können.

Es braucht nur dein: Ich bin bereit!

Der Weg des Opfers und der Verteidigung

Ein Kind, dessen Eltern (oder Elternteil) ihre unerlösten Schuldgefühle nicht zu klären in der Lage sind und damit bewusst oder unbewusst beginnen, den Weg der Schmerzabgabe dieser Schuldgefühle an das Kind zu beschreiten, wird den Weg des Opfers und der bewussten oder unbewussten Verteidigung wählen, um den Eltern deutlich zu machen, dass es unschuldig ist.

Auf die Schultern eines Kindes, dessen Eltern (oder Elternteil) ihm bewusst oder unbewusst Schuldgefühle vermitteln, beginnt sich eine

Last zu legen, die dem Kind sein bewusstes Recht auf sein irdisches Überleben raubt.

Jedes Lächeln des Kindes wird durch Schuldgefühle erstarren und sein Leben wird zu einer Last werden, die es kaum ertragen kann.

Das Kind wird versuchen, seine Hilflosigkeit und somit seine Unschuld mit allen Mitteln zu demonstrieren.

Empfängt ein Kind die Botschaft, schuldig zu sein, wird es immer die Schlussfolgerung gebären, wertlos zu sein, und in seinem Gehirn einen Alarm erzeugen, der die Produktion des Stresshormons Cortisol bewirken soll, um dem Kind durch die zugeführte Energie einen Ausweg zu zeigen, sich sein eigenes Überlebens-Recht zu erkämpfen.

Jedes Schuldgefühl erzeugt und gebiert in einem Kind die Wunden von Stress und Panik, denn jedes Schuldgefühl bedroht in einem Kind sein bewusstes Recht auf Leben und somit auf Empfangen und gefährdet daher seine Existenz auf Erden.

Ein Kind wird aus dieser Not heraus alle Wege beschreiten, um den Eltern zu beweisen, dass es unschuldig ist.

Ein Kind spürt, dass seine Eltern (oder ein Elternteil), die ihre Schuldgefühle bewusst oder unbewusst abgeben, die Verantwortung für ihre Schuldgefühle nicht übernehmen möchten, denn sonst würden sie diese nicht an ihr eigenes Kind abzugeben versuchen.

Eltern lieben immer, ob bewusst oder unbewusst, ihre Kinder.

Jeder Weg der Schmerzabgabe von Schuldgefühlen der Eltern an ihre Kinder wird aus den bewussten oder unbewussten Illusionen von Opfer und Not in den Eltern geboren.

Jedes Kind wird erst einmal versuchen, seine Unschuld zu beweisen, ohne den Eltern die Verantwortung für ihre Schuldgefühle zu übergeben, denn es ist stets bereit, seine eigenen Eltern als Götter zu verehren, deren Handlungen und Worte es erst einmal nicht bewusst in Frage stellt und die es in seiner kindlichen und somit göttlichen Hingabe zu erlösen sucht, um sich sein eigenes Überlebensrecht durch seinen Dienst an ihnen zu verdienen.

Das Kind, das sich schuldig fühlt, wird sich demütig auf den Rücken werfen und den Eltern seine Hilflosigkeit und seine Unterlegenheit demonstrieren und sie auf diese Weise um Gnade anflehen, ihm die Worte und die Gesten der Erlösung von seiner empfangenen und empfundenen Schuld zu überreichen.

Es wird versuchen, seine kindliche Hilflosigkeit und somit seine Unschuld zu demonstrieren, so dass auch seine Stimme einen jammernden Unterton annimmt, der seine innere Not unterstreichen und betonen soll.

Die Angst vor der falschen Wortwahl und den falschen Gesten, die seine Schuld noch vergrößern können, wird das Kind zusätzlichen unter Druck setzen und seine Reaktionen verlangsamen.

Jedes Kind, das Schuldgefühle empfindet, fleht seine Eltern offen um Erbarmen an, denn die Gefühle der Schuld zerstören seine Möglichkeit, dieses Leben in Freuden annehmen zu können.

Erbarmet euch ihrer, denn ihrer ist das Himmelreich!

Der Weg der Schmerzabgabe

Jedes Kind, das durch die beiden oben genannten Wege keine Erlösung aus seiner für es bedrohlichen Lebenssituation findet, braucht Alternativen für sein irdisches Überleben.

Ist der Kelch eines Kindes von aufgenommenem Schmerz übervoll, dann wird das Kind einen Weg finden müssen, diesen Kelch entleeren zu können, um für sein irdisches Überleben wieder aufnahmefähig und somit empfänglich zu werden.

Das Kind wird versuchen, eine andere Seele zu finden, an die es einen Teil seiner schmerzlichen Last abgeben kann.

Es wird alle aufgenommenen Aggressionen und jede empfangene Unbarmherzigkeit, die ihm sein Recht auf sein Empfangen verweigert, aus seiner Seele zu verbannen suchen, indem es die Energien, die es aufgenommen hat, auszuleben und somit loszulassen beginnt.

Die Kinder eurer goldenen Zeit gleichen der weiblichen Kraft der großen Welle, die eure Erde zu reinigen sucht von allem, was sie daran hindert, bewusst ihre eigene Göttlichkeit zu erkennen, um sich in sie zu erheben.

Tadelt eure Kinder nicht, wenn sie sich von allen Energien zu reinigen suchen, die sie daran hindern, sich ihrer eigenen Göttlichkeit auf Erden bewusst zu werden, sondern bietet ihnen Alternativen, die es ihnen ermöglichen, sich ihrer aufgenommenen Wut und ihres unverdauten Kummers zu entledigen, ohne dass sie durch den Weg der Schmerzabgabe an andere neue Schuldgefühle gegen ihr göttliches Selbst gebären und ihr tägliches Leben zu einem Kampf um ihr Überleben wird.

Ihr dürft euch darin üben, den Kindern dieser Welt den bewussten Weg zu Gott und der Göttin zu offenbaren.

Erinnert eure Kinder an die grenzenlose Liebe, die Gott und die Göttin für sie empfinden.

Erinnert sie daran, dass Gott und Göttin bereit sind, ihren Schmerz, ihre Wut und ihren Kummer entgegenzunehmen.

Erlaubt euren Kindern dabei ihren eigenen göttlichen Freiraum.

Gott und die Göttin werden nicht beleidigt sein, wenn ihnen ein Kind sein ganzes Vertrauen entgegenbringt und sich erlaubt, seinen Schmerz an sie abzugeben, indem es sie anschreit!

Gott und die Göttin werden immer voller Mitgefühl, Weisheit und Liebe auf ihre verwundeten Kinder reagieren und ihren Schmerz offen und bereitwillig entgegennehmen, um sie zu erlösen.

Gott und die Göttin freuen sich über jedes Kinderherz, das sich ihnen anzuvertrauen bereit ist.

Der göttliche Wille auf Erden sucht seinen Kindern stets die grenzenlose Liebe aufzuzeigen, die Gott und die Göttin für ihre Kinder auf Erden empfinden.

Gott und die Göttin sind in ihrer Liebe, ihrem Mitgefühl und in ihrer Weisheit zu ihren Kindern auf Erden grenzenlos und voller Güte.

Gott und die Göttin werden sich immer bereit erklären, den Schmerz eines Kindes in göttlichen Empfang zu nehmen, um ihm Erleichterung zu verschaffen.

Gott und die Göttin wissen um das unausgesprochene Vertrauen in ihre Liebe, wenn ein verletztes Kind sich erlaubt, ihnen seinen Zorn, seine Zweifel oder seine Ängste zu offenbaren.

Gott und die Göttin sind voller Liebe für die Aufrichtigkeit und somit die Unschuld, die aus ihren Kindern spricht, wenn sie sich ihrer Liebe sicher fühlen und mit seinen Nöten zu ihnen kommen.

Gott und die Göttin, meine geliebten Erdenkinder, haben keine unerlösten Wunden und kein irdisches Ego, das sie blind werden lassen kann für die Not ihrer Kinder auf Erden!

Gott und die Göttin sind in ihrer Güte und Gnade für euch wahrhaft grenzenlos. Mag doch der Geist Gottes, der durch Jesus Christus sprach, eure Erinnerung daran geweckt haben, wie groß die göttliche Liebe für euch Menschenkinder auf Erden ist.

Werdet wie die Kinder, denn ihrer ist das Himmelreich!

Der Weg der Flucht

Findet ein Kind keinen Weg, seinen bedrohten Wert zu festigen, und ist sein innerer Kelch bereits übervoll von aufgenommenem Schmerz, dann wird das Kind einen Weg finden müssen, seinen Kelch wieder zu reinigen.

Wenn seine Eltern und somit sein äußeres Umfeld verhindern, dass das Kind seinen Kelch reinigen kann, dann bleibt dem Kind nur der Weg der Flucht.

Gelingt es dem Kind nicht, sich allen für es bedrohlichen Erfahrungen zu entziehen, dann wird seine äußere Flucht in eine innere Flucht umgewandelt.

Der überfüllte Kelch des Kindes wird bei fehlender Reinigung im Bewusstsein des Kindes sterben.

Jedes Sterben führt auf Erden zu einer Geburt.

Das Sterben des inneren Kelches eines Kindes erzeugt die Geburt von zwei neuen Kelchen in dem Kind.

Einer der zwei neugeborenen Kelche wird die Rolle der bewussten Hauptpersönlichkeit im Leben des Kindes übernehmen.

Der überfüllte Kelch wird aus dem Bewusstsein des Kindes abgespalten und in sein Unterbewusstsein abgelegt.

Einer der zwei neugeborenen Kelche wird sich mit dem überfüllten verbinden und ihn in das Unterbewusstsein des Kindes begleiten.

Der neugeborene Kelch im Unterbewusstsein erfüllt die Rolle des Beschützer-Kelches für den überfüllten Kelch und für die Hauptpersönlichkeit des Kindes.

Jeder innere Kelch eines Kindes ist eine eigene Persönlichkeit im Bewusstsein und im Unterbewusstsein des Kindes.

Euer limbisches System besteht aus dem Gyrus cinguli, dem Hippocampus und der Amygdala.

Nahe der linken und der rechten Seitenhälfte des Gehirns, in euren Schläfen, befinden sich der Hippocampus und die Amygdala.

Der Hippocampus und die Amygdala sind die Speicherzentren aller eurer irdischen Erfahrungen.

Der Hippocampus erfüllt die Aufgabe, alle Erfahrungen zu speichern, die euch in eurem bewussten Geist weiterhin zur Verfügung stehen, und stellt somit euer eigenes Bewusstsein dar.

Die Amygdala liegt außerhalb eurer Bewusstheit und bezeichnet euer eigenes Unterbewusstsein.

Jedes innere Bild, das dem Gyrus cinguli von der Hirnrinde des Kindes übermittelt wird, um zu einer Schlussfolgerung über eine äußere Situation zu gelangen, wird mit den gespeicherten Bildern der vergangenen Erfahrungen des Kindes verglichen, die in seinem Hippocampus und seiner Amygdala abgelegt sind.

Der Gyrus cinguli, der Hippocampus und die Amgydala bilden eine feste Einheit im Gehirn des Menschen.

Die Geburt einer Schlussfolgerung durch den Gyrus cinguli ist ein sehr zeitaufwendiger Prozess im Gehirn eines Menschen.

Ein Kind, das sich in einer äußeren Gefahr befindet, die sein irdisches Überleben bedroht, ist jedoch auf seine eigene schnellstmögliche Reaktion angewiesen.

Das Gehirn eines Kindes kann durch die Speicherzentren in seinem Gehirn in Sekundenschnelle wahrnehmen, wenn sich eine Gefahr nähert, die durch eine frühere Erfahrung bereits als bedrohlich identifiziert worden ist, um einen sofortigen Alarm im Organismus des Kindes für sein Überleben zu aktivieren.

Das Gehirn eines Kindes konzentriert sich bei der Identifizierung seiner äußeren Umgebung auf seinen Instinkt, der durch seine eigenen grobstofflichen und feinstofflichen Sinne zum Ausdruck gelangt.

Das Gehirn eines Kindes lernt langfristig, über das Gehör jede Tonlage und jeden Klang in einer menschlichen Stimme einzufangen und als förderlich oder bedrohlich für das eigene Überleben zu identifizieren.

Die Tonlage der Worte eines anderen Menschen offenbart dem Unterbewusstsein immer seine wahre Motivation.

Das Gehirn eines Kindes lernt langfristig, jeden Geruch in seiner Umgebung über die Nase einzufangen und als förderlich oder bedrohlich für das Überleben des Kindes zu identifizieren.

Jede menschliche Emotion und jeder menschliche Gedanke erzeugt seinen eigenen Geruch, der über eure Nase eingefangen wird und von eurem Gehirn seine bewusste oder unbewusste Bewertung erfährt.

Das Gehirn eines Kindes lernt langfristig, über die Geschmacksnerven die ausströmende Energie anderer Menschen einzufangen und in seinem Gehirn als förderlich oder bedrohlich für das eigene Überleben zu identifizieren.

Jeder Mensch strömt seine eigenen Energien aus, die über die menschlichen Geschmacksnerven empfangen und an euer Gehirn zur Identifizierung weitergeleitet werden.

Jede für ein Kind als bedrohlich bewertete Energie wird in seinem Mund einen unangenehmen Nachgeschmack erzeugen und gebären.

Das Gehirn eines Kindes lernt langfristig, über die Augen die äußeren Merkmale der Menschen aufzunehmen, die es umgeben, und als förderlich oder bedrohlich für das eigene Überleben zu identifizieren.

Es lernt, auf die äußeren Bewegungen der Menschen zu achten, die es umgeben, und diese als förderlich oder bedrohlich für das eigene Überleben zu identifizieren.

Die Bewegung und somit die Körpersprache eines Menschen offenbart dem Unterbewusstsein seiner Umgebung immer seine wahre Motivation.

Das Gehirn eines Kindes lernt langfristig, die Energien seines Umfeldes über die feinstofflichen Sensoren in seiner Aura zu ertasten und diese als förderlich oder bedrohlich für das eigene Überleben zu identifizieren.

Das Gehirn eines Kindes lernt langfristig, die körperlichen Berührungen seines Umfeldes über die grobstofflichen Sensoren seiner Haut zu erspüren und diese als förderlich oder bedrohlich für das eigene Überleben zu identifizieren.

Als bedrohlich wird das Gehirn eines Kindes alle Stimmlagen, alle Gerüche, jeden Geschmack, jedes äußere Merkmal, jede Bewegung und jedes Ertasten und jedes Erspüren bewerten, die es in Kontakt mit dem animalischen Instinkt eines anderen Menschen bringen.

Als förderlich und somit göttlich wird das Gehirn eines Kindes alle Stimmlagen, alle Gerüche, jeden Geschmack, jedes äußere Merkmal, jede Bewegung und jedes Ertasten und jedes Erspüren bewerten, die es in Kontakt mit der göttlichen Wahrhaftigkeit eines anderen Menschen führen.

Der animalische Instinkt sucht immer das Selbstwertgefühl in einem anderen Menschen zu bedrohen, um ihn zu entmachten.

Die göttliche Wahrhaftigkeit sucht immer das Selbstwertgefühl in einem anderen Menschen anzuheben, um ihn in seine göttliche Macht auf Erden zu führen.

Die Menschheit sucht auf Erden den Weg aus dem animalischen Instinkt in ihre göttliche Wahrhaftigkeit!

Ihr alle seid ein Teil dieser großartigen Aufgabe auf Erden.

Der Weg der bewussten Selbstbetrachtung und somit der Selbsterleuchtung wird euch hilfreich bei diesem großartigen Prozess unterstützen und euch alle Wege der Transformation auf Erden gebären lassen, die ihr für euren goldenen Aufstieg auf Erden benötigt.

Bedenkt stets unseren wohlgemeinten Rat: Wenn ihr es eilig haben solltet, dann dürft ihr einen Umweg machen.

Jeder göttliche Entwicklungsschritt auf Erden besitzt seine eigene irdische Zeit.

Ihr seid die göttlichen Kinder eurer göttlichen Eltern auf Erden.
Es braucht nur dein: Ich bin bereit!

Außerhalb der von uns erwähnten fünf Sinne verfügt jedes Menschenkind über einen sechsten und einen siebten Sinn.

Der sechste Sinn eines Menschen zeigt sich in der blitzartigen Eingebung von Gedanken und Worten, die ein instinktives Aussprechen, Agieren und Handeln erzeugen, um einer äußeren Bedrohung für das eigene Überleben auszuweichen.

Der siebte Sinn ist die körperliche Intuition durch blitzartige emotionale und körperliche Gefühle, die ein instinktives Reagieren oder regloses Verharren in einem Menschen gebären, um einer äußeren Bedrohung für das eigene Überleben auszuweichen.

Gott und die Göttin besitzen ihre eigenen Wege, ihre Menschenkinder mit ihrer göttlichen Führung zu versorgen, wenn es für euch und eure Entwicklung wahrhaft notwendig und hilfreich ist.

Gott und die Göttin sind über euren sechsten und siebten Sinn immer in der Lage, die Führung über euch und euer Leben zu übernehmen, um euch aus äußeren Gefahren zu befreien, die es für eure göttliche Entwicklung auf Erden nicht benötigt.

Ihr seid die göttlichen Kinder eurer göttlichen Eltern auf Erden!

Die göttliche Führung in eurem Leben ist allgegenwärtig.

Identifiziert das Gehirn eines Kindes eine äußere Situation als Bedrohung für das eigene Überleben, dann wird ein Alarm ausgelöst, der in Sekundenschnelle die Produktion des Stresshormons Cortisol aktivieren wird, um das Überleben des Kindes zu sichern.

Das Kind wird die von uns genannten Wege der Konfliktlösung beschreiten, um sich den eigenen Wert zu verdienen.

Stammt die Identifizierung einer äußeren Situation aus einem überfüllten Kelch des Kindes, der aus seinem Bewusstsein gerissen werden musste und sich im Unterbewusstsein befindet, dann wird der Beschützer-Kelch des Kindes das Kommando erhalten, die Führung über das Bewusstsein zu übernehmen.

Jeder Wechsel der Persönlichkeit im Bewusstsein des Kindes ist ein großer Energieaufwand für das Kind.

Es benötigt die Energie des Stresshormons Cortisol, um diesen Kraftakt zu vollbringen.

Der Beschützer-Kelch und somit die Beschützer-Persönlichkeit aus dem Unterbewusstsein des Kindes wird so lange die Führung im Bewusstsein des Kindes halten, bis über seine Sinne wahrgenommen werden kann, dass die äußere Gefahr vorüber ist.

Der Beschützer-Kelch und somit die Beschützer-Persönlichkeit im Unterbewusstsein eines Kindes erfüllt die Funktion, ein erneutes Sterben der Hauptpersönlichkeit im Bewusstsein eines Kindes zu vermeiden.

Jeder Wechsel der Hauptpersönlichkeit in seinem Bewusstsein erzeugt die Gefahr für das Kind, den Überblick über sein bewusstes Alltagsleben zu verlieren und somit noch mehr Abwertung durch sein Umfeld zu erfahren.

Ist der Beschützer-Kelch eines Kindes durch eine oder mehrere traumatische Situationen erneut überfüllt, dann wird auch dieser seine Grenzen im Unterbewusstsein des Kindes anmelden und für die Geburt von zwei neuen Kelchen und somit von zwei neuen Persönlichkeiten in dem Kind sorgen, die als Ersatz für den überfüllten Beschützer-Kelch einspringen und für den Schutz der Hauptpersönlichkeit des Kindes sorgen.

Einige Situationen im Leben eines Kindes können so traumatisch sein, dass nicht *ein* Kelch und somit *eine* Persönlichkeit des Kindes ausreicht, um sie zu ertragen, ohne dabei wegen Überfüllung aus dem bewussten Leben des Kindes ganz ausscheiden zu müssen.

Jeder bewusste oder unbewusste Kelch in einem Menschen besitzt sein eigenes Maß.

Jede bewusste oder unbewusste Persönlichkeit in einem Menschen besitzt ihre eigene Schmerzgrenze, die eingehalten wird und zur Geburt neuer Persönlichkeiten in dem Kind führt, wenn diese Grenze in einer Persönlichkeit des Kindes überschritten wird.

Wenn ihr auf Erden den wahren Weg der Heilung der Psyche eines Menschen zu gehen sucht, dann versucht ihr immer, die göttliche Einheit in eurem eigenen Gehirn zu erzeugen und zu gebären, die durch unerlöste Wunden in euch verloren gegangen zu sein scheint.

Der Weg der Persönlichkeitsspaltung ist ein Weg, der von vielen Seelen auf Erden erwählt wird.

Um zu wissen, ob ihr selbst Wege der Persönlichkeitsabspaltung gegangen seid, braucht ihr nur euer eigenes bewusstes Gedächtnis zu befragen.

Fehlen euch die vollständigen Erinnerungen an eure Kindheit, dann haben gewiss Abspaltungen in eurem bewussten Geist stattgefunden, die euch ein zusammenhängendes Erinnern erschweren.

Jede Frau und jeder Mann, die in ihrem Leben die Erfahrung machen, ein eigenes Kind gewollt oder ungewollt durch einen Schwangerschaftsabbruch zu verlieren, stehen immer in Resonanz zu der Erfahrung des Sterbens ihrer eigenen Hauptpersönlichkeit in ihrer Kindheit.

Jeder Schwangerschaftsabbruch und jede Fehlgeburt eines Kindes beschreibt die Erinnerung des Vaters und der Mutter an das eigene Sterben der eigenen Hauptpersönlichkeit in der Kindheit.

Eine Frau oder ein Mann, die mehr als einen gewollten oder ungewollten Schwangerschaftsabbruch eines ihrer Kinder erfahren, haben in ihrer Kindheit gewiss mehr als ein Sterben ihrer Hauptpersönlichkeit in ihrer Bewusstheit erlebt.

Jeder Schwangerschaftsabbruch erzeugt einen großen Transformationsprozess in den Eltern des Kindes und in dem ungeborenen Kind.

Jeder Schwangerschaftsabbruch transformiert, wenn auch meist unbewusst, verlorene Persönlichkeiten der Eltern in ihr Bewusstsein.

Alles in eurem irdischen Leben ist auf eure göttliche Transformation ausgerichtet!

Das Aufsteigen eurer unerlösten Wunden, das wir in unserem *Tor zum Goldenen Zeitalter* so gezielt aufgezeigt haben, wird immer über euer Gehirn gesteuert.

Jedes Aufsteigen eurer unerlösten Wunden wird durch die Überproduktion von Cortisol in eurem Körper erzeugt und geboren.

Jedes Aufsteigen eurer unerlösten Wunden führt euch in den bewussten Kontakt zu euren eigenen verlorenen Seelenanteilen, die es in euer Bewusstsein zu integrieren gilt, um wieder ein bewusster Herr und Meister, eine bewusste Herrin und Meisterin über euch und euer Leben werden zu können.

Es braucht nur dein: Ich bin bereit!

Wir werden uns nun von euch verabschieden und eurem göttlichen Forschergeist in Tätigkeit die Möglichkeit überreichen, zu einem bewussten Beobachter eurer selbst zu werden und somit euren bewussten Geist durch euren Weg der Selbsterkenntnis zu erleuchten.

Auch in unserem folgenden Werk werden wir euch, zu unserem göttlichen Zeitpunkt, weiter durch das göttliche Labyrinth in eurem Gehirn zu führen bereit sein, dessen Erforschung euch ganz gewiss schon jetzt mit göttlicher Erleuchtung erhellen wird.

Erst die göttliche Erleuchtung in eurem Geist wird euch das Tor zu eurer körperlichen Transformation auf Erden öffnen und zu dem Tor der Liebe auf Erden geleiten, das euch wieder einen Schritt weiter führen wird, direkt in das Tor der körperlichen Transformation auf Erden.

Das Tor der Liebe wird die Geburt der Venus in euch erzeugen, die euch an die göttliche Liebe in eurem Herzen zu erinnern bereit ist.

So seid gegrüßt, meine geliebten Erdenkinder,

Euer Meister Saint Germain

Über unseren Kanal, Sibylle Weizenhöfer, sind wir gerne bereit, das von uns erhaltene Wissen persönlich zu intensivieren und euch tiefer einzuführen in den goldenen Weg der körperlichen Transformation auf Erden, indem wir euch Seminare und Kurse für eure eigene Entwicklung auf Erden anbieten.

Auch für eure ganz persönlichen Fragen stehen wir euch gerne in einem Lichtdienst, der von euch auch Meditationsabend genannt werden darf, zu eurer Verfügung, um auf eure ganz persönlichen Fragen eingehen zu können.

In ganzer göttlicher Bereitschaft sind wir bereit, euch auf eurem göttlichen Weg auf Erden zu führen.

Ihr seid die göttlichen Kinder eurer göttlichen Eltern auf Erden.

Meister Saint Germain

Anmeldungen:

Sibylle Weizenhöfer

Telefonnummer: 06145 – 59 99 08

Das Tor zur körperlichen Transformation
ist ein mehrbändiges Werk.
Der 2. Band wird unter dem Titel:
Das Tor zur partnerschaftlichen Liebe
unter der ISBN 3-89568-145-8
erscheinen.

Lesen Sie auch
Saint Germains Buch: *Das Tor zum Goldenen Zeitalter*
ISBN 3-89568-135-0

und hören Sie
die Musik des Grafen von Saint Germain:
Sonaten. CD Bestnr. 2022
Sonaten und Arien. CD Bestnr. 2023

Lesen Sie auch die Bücher
der anderen *Aufgestiegenen Meister* aus unserem Verlag

El Morya: 1. Herzens-Bildung
                  ISBN 3-89568-146-6
               2. Juwelen aus Moryas Schatzhaus
                  ISBN 3-89568-147-4

Kuthumi/
Konfuzius: 1. 2012 - der Aufstieg der Erde in die 5. Dimension
                  ISBN 3-89568-109-1
               2. Die Seele in den Meisterjahren
                  ISBN 3-89568-127-X
               3. Christuspräsenz u. Allmacht. CD.
                  ISBN 3-89568-131-8
               4. Die Reise zum Seelenpartner. CD.
                  ISBN 3-89568-122-9
               5. Ernährung für Lichtarbeiter
                  ISBN 3-89568-982-6

Hilarion: 1. Lichtbotschaften
                  ISBN 3-89568-116-4
               2. Neue Lichtbotschaften. Gespräche mit Meister Hilarion
                  ISBN 3-89568-138-5

Jesus Christus: 1. Die 6 Gebote des Herrn
                  ISBN 3-89568-079-6
               2. Die Weisheit des Grals
                  ISBN 3-89568-081-8
               3. Neue Lehren für eine erwachende Menschheit
                  ISBN 3-89568-049-4

Maria, die
Mutter Jesu   1. Marias Botschaft an die Welt
                  ISBN 3-924161-62-3
               2. Marias Botschaft der Hoffnung
                  ISBN 3-89568-028-1

Lord und
Lady Meru: Werkzeuge der Schöpfung
                  ISBN 3-89568-134-2